ZHAOBIAO TOUBIAO DIANXING ANLI PINGXI

招标投标·

典型案例评析

2019

主编／白如银　　副主编／张志军　孙 逊

中国电力出版社
CHINA ELECTRIC POWER PRESS

内容提要

　　本书按照案例解析、法条阐释、实务经验相结合的思路，精选招投标实践中发生的典型案例和司法案件共 100 件进行评析，归纳案例焦点，解析法律条文，揭示风险隐患，提出实务经验，以案释法、以法析案，具有较强的可读性、可操作性和参考借鉴价值，旨在帮助读者精准理解《招标投标法》《政府采购法》及配套的法规规章中重点、常用法条内涵，准确运用这些法条和经验分析、解决招投标实务中的类似问题，有针对性地防控法律风险，改进招标采购管理。

　　本书适合从事法律服务、招标投标、政府采购、工程建设管理、物资管理、招标代理、行政监督及纪检监察等相关专业人员阅读，也可供学习研究《招标投标法》《政府采购法》参考。

图书在版编目（CIP）数据

　　招标投标典型案例评析 / 白如银主编 . — 北京：中国电力出版社，2017.4（2023.10重印）
　　ISBN 978-7-5198-0549-4／01

　　Ⅰ . ①招… Ⅱ . ①白… Ⅲ . ①招标投标法—案例—中国
Ⅳ . ① D922.297.5

　　中国版本图书馆 CIP 数据核字 (2017) 第 059996 号

出版发行：中国电力出版社
地　　址：北京市东城区北京站西街 19 号（邮政编码 100005）
网　　址：http://www.cepp.sgcc.com.cn
责任编辑：赵　鹏（115550641@qq.com）赵云红
责任校对：王小鹏
装帧设计：赵姗姗　张　娟
责任印制：钱兴根

印　　刷：廊坊市文峰档案印务有限公司
版　　次：2017 年 4 月第一版
印　　次：2023 年 10 月北京第十三次印刷
开　　本：880 毫米 ×1230 毫米 32 开本
印　　张：11.25
字　　数：291 千字
定　　价：36.00 元

本书编委会

前　言

　　承蒙读者厚爱，《招标投标典型案例评析》一书自 2017 年 4 月出版以来，两年间印刷 3 次，说明这本书为大家所接受，也激励我们持续关注国家最新立法和最新典型案件，并将他们补充进来，使这本书不断增添新的养分、注入新的活力。

　　2017 年以来，国家修订或新颁布了《民法总则》《招标投标法》《招标投标法实施条例》《政府采购货物和服务招标投标管理办法》《必须招标的项目规定》《必须招标的基础设施和公用事业项目范围规定》《招标公告和公示信息管理办法》《政府采购质疑和投诉办法》《建筑工程设计招标投标管理办法》等法规规章，废止了《工程建设项目招标范围和规模标准规定》《工程建设项目招标代理机构资格认定办法》等规章，实行"放管服"改革，取消了招标代理机构资格，开始推行工程保证保险，加大了失信联合惩戒力度，中国招标投标协会也颁布了行业推荐性标准《招标采购代理规范》，这些立法和政策深刻调整了招标投标和政府采购活动。为了适应立法、

实践的新变化，也响应一些读者要求增加政府采购项目招投标案例篇幅的呼声，我们对原书进行了全面修订，根据 2018 年版《招标投标常用法律法规便查手册》更新引用了最新法条，删除了不合时宜的案例，新增将近 50% 的内容，全书典型案例数由 70 件增加到 100 件，体量更为厚实、内容更为丰富。

再次感谢各位朋友对这本书的关爱。

编　者
2019 年 4 月

第一版前言

　　法律风险伴随着招投标活动的全过程。对招投标法律法规的理解把握或实务操作稍有偏差，都可能影响招投标活动的合法性，侵害招标人、投标人和其他主体的合法权益。这样的情形在招投标实践中时常发生，由此也产生了大量的纠纷案例。分析这些一手的案例，可以发现其中的法律风险绝大多数是常见、可控的。

　　本书的编写，坚持问题导向，针对招投标实践中常见的突出问题，依据《中华人民共和国招标投标法》《中华人民共和国招标投标法实施条例》及配套规定，以案释法、以法析案，从剖析实务中的典型案例和司法案件（为行文需要，内容均作适当修改）入手，结合常用法条，揭示法律风险隐患，提炼风险控制经验，提出防范措施建议，供招标人、投标人、招标代理机构及监管部门规范招投标管理、分析和处理招标采购疑难问题时学习、参考、借鉴。

　　本书收录典型案例 70 篇，有对实际案例的精微解析，有对法律条文的深入诠释，有对招投标实务经验的提炼阐述，期望对招投标实务工作能提供有益的指导和帮助。全书依据各篇内容要点，依序按招标、投标、开标、评标、定标、订立合同及处理投诉七部分编排。每篇案例统一按照"案情""分析""启示"三部分编写。首先，简述案情发展、主要观点或裁判结果；其次，阐释案例争议焦点，解析适用的法律条文，帮助读者理解重点法条内涵，

掌握运用这些法条分析、解决实务问题的思路和方法；最后，就招投标实践中需要重点关注或防控风险的关键环节提出措施建议，在告诉什么事情有风险的同时，也建议如何做能规避风险、改进管理。

希望读者通过阅读本书，能将本书中的相关案例、观点与自身实践中的习惯做法、认识对照，引发一些思考，对《招标投标法》及配套的行政法规、部门规章中枯燥乏味的关键、常用法条有更深刻的认识，在招投标实践中能准确地理解、运用这些法条解决实践中出现的类似问题。关于招投标工作的常用法条，可参考中国电力出版社出版的《招标投标常用法律法规便查手册》一书。

本书编者均是来自招投标实践一线的研究、管理、监督、法律或业务专家。尽管我们秉承严谨细致、精益求精的态度编写每一篇案例，但受学识、经验所限，不足之处在所难免，敬请各位读者批评指正。

相关问题及建议，可反馈至编者邮箱：449076137@qq.com，特此致谢。

编　者
2017 年 4 月

目　录

第二部分 投标

第五部分 定标

第六部分 订立合同

第七部分 处理投诉

第一部分 招 标

01 依法必须招标项目未招标先签合同无效

【案情】

2011年4月21日，某县人民政府与某实业集团达成合作协议，同意由该实业集团代建廉租住房、公共租赁住房和限价商品住房，该实业集团将其作为国际时代项目工程组织开发。

2011年6月1日，某建筑公司给该实业集团出具投标保证金约定确认书，载明建筑公司就国际时代项目工程施工投标并交纳投标保证金10万元。6月17日，双方签订《工程施工协议书》，约定：实业集团确保将其开发的国际时代项目五标段6栋楼施工工程承包给建筑公司；建筑公司支付给实业集团履约保证金500万元，如实业集团不能让建筑公司在8月15日前正式开工建设，则无条件退还500万元，如不能按期返还则按每日万分之六支付违约金；若实业集团收到保证金后无法提供本项目工程给建筑公司承包施工或由第三方施工，视为严重违约，则返还建筑公司履约保证金并支付履约保证金10%的罚金。施工协议签订后，建筑公司向实业集团支付了500万元，后实业集团因故未能进行协议所涉工程项目的开发，建筑公司也未能施工，实业集团将该500万元退还给建筑公司。建筑公司起诉，要求实业集团支付违约金。

法院认为：（1）关于工程施工协议书的效力问题。根据双方所签施工协议约定的工程内容及规模，该建设工程项目属于必须招投标的工程范围。案涉工程公开招标，发布了招标公告，建筑公司交纳了投标保证金，但是无证据表明其提交了投标文件，也没有开标、评标等程序，没有发出中标通知书，签订的工程施工协议书也没有在相关部门备案，由此分析案涉工程实质上并未进行招投标。此外，工程施工协议书有实业集团"确保"建筑公司承包工程、"甲方无法提供本工程给乙方承包施工或发生本项目工程及所属地块由第三方施工……"的约定，也说明没有进行招投标即签订施工协议。综上，案涉工程为必须进行招投标的工程，但双方未经过招投标程序即签订了工程施工协议书，违反了法律强制性规定中的效力性规定，协议应为无效。

（2）关于建筑公司要求实业集团支付违约金的请求能否成立的问题。因工程施工协议书无效，导致违约条款亦无效，其后果是在当事人之间产生返还财产及赔偿损失的请求权，不存在追究违约责任的问题，建筑公司不能主张违约金。协议无效后实业集团已经返还了500万元保证金，但其自2011年6月即占用建筑公司500万元至2012年9月才陆续还清，由此确实会导致建筑公司产生占用资金的损失，且实业集团在协议无效的问题上有较大过错，由其赔偿一定的费用较为合理，故酌情认定实业集团赔偿建筑公司占用资金的经济损失20万元。

综上，法院判决实业集团赔偿建筑公司经济损失20万元，驳回其他诉讼请求。

【分析】

1. 如果属于依法必须进行招标的项目，应当招标。《中华人民共和国招标投标法》（简称《招标投标法》）确立了特定项目实行强制招标制度。本案适用《工程建设项目招标范围和规模标准规定》（国家计委3号令），该《规定》对工程建设项目必须进行招标的范围和规模标准作了具体规定，其中第三条规定："关系社会公共利益、公众安全的公用事业项目的范围包括：……（五）商品住宅，包括经济适用住房"。第四条规定："使用国有资金投资项目的范围包括：（一）使用各级财政预算资金的项目；（二）使用纳入财政管理的各种政府性专项建设基金的项目；（三）使用国有企业事业单位自有资金，并且国有资产投资者实际拥有控制权的项目。"

第七条规定："本规定第二条至第六条规定范围内的各类工程建设项目，包括项目的勘察、设计、施工、监理以及与工程建设有关的重要设备、材料等的采购，达到下列标准之一的，必须进行招标：（一）施工单项合同估算价在 200 万元人民币以上的……（四）单项合同估算价低于第（一）、（二）、（三）项规定的标准，但项目总投资额在 3000 万元人民币以上的。"从本案来看，涉案工程施工从工程性质及规模来看，都属于依法必须进行招标的项目（亦简称为"强制招标项目"），应当通过招标投标方式进行工程发包。需要说明的是，自 2018 年 6 月 1 日起，《工程建设项目招标范围和规模标准规定》已经废止，代之以《必须招标的工程项目规定》（国家发展改革委令第 16 号）。2018 年 6 月 6 日，国家发展改革委又发布《必须招标的基础设施和公用事业项目范围规定》（发改法规规〔2018〕843 号）。对《招标投标法》第三条中的工程建设项目必须招标的范围明确界定如下：

（1）全部或者部分使用国有资金投资或者国家融资的项目包括：①使用预算资金 200 万元人民币以上，并且该资金占投资额 10% 以上的项目；②使用国有企业事业单位资金，并且该资金占控股或者主导地位的项目。

（2）使用国际组织或者外国政府贷款、援助资金的项目包括：①使用世界银行、亚洲开发银行等国际组织贷款、援助资金的项目；②使用外国政府及其机构贷款、援助资金的项目。

（3）不属于上述（1）（2）规定情形的大型基础设施、公用事业等关系社会公共利益、公众安全的项目，必须招标的具体范围包括：①煤炭、石油、天然气、电力、新能源等能源基础设施项目；②铁路、公路、管道、水运，以及公共航空和 A1 级通用机场等交通运输基础设施项目；③电信枢纽、通信信息网络等通信基础设施项目；④防洪、灌溉、排涝、引（供）水等水利基础设施项目；⑤城市轨道交通等城建项目。

2. 依法必须招标项目未经过招标签订的合同无效。《招标投标法》第四条规定："任何单位和个人不得将依法必须进行招标的项目化整为零或者以其他任何方式规避招标"，第四十九条进一步规定，将必须进行招标的项目化整为零或者以其他任何方式规避招标的，将依法追究其相应的法律责任。《中华人民共和国合同法》（简称《合同法》）第五十二条第（五）项规定："有下列情形之一的，合同无效：……（五）违反法律、行政法规的强制性规定。"《最高人民法院关于适用〈中华人民共和国合同法〉若干问题的解释（二）》第十四条规定："合同法第五十二条第（五）项规定的'强制性规定'，是指效力性强制性规定。"《最高人民法院关于审理建设工程施工合同纠纷案件适用法律问题的解释》第一条规定："建设工程施工合同具有下列情形之一的，应当根据合同法第五十二条第（五）项的规定，认定无效：……（三）建设工程必须进行招标而未招标或者中标无效的。"结合本案来看，涉案工程项目属于依法必须招标的项目（当然，根据《必须招标的工程项目规定》，该工程也属于依法必须招标的项目），未经招标即发包，该施工合同无效。

3. 合同无效，违约责任条款自然无效。《合同法》第五十六条规定："无效的合同或者被撤销的合同自始没有法律约束力。合同部分无效，不影响其他部分效力的，其他部分仍然有效。"第五十八条规定："合同无效或者被撤销后，因该合同取得的财产，应当予以返还；不能返还或者没有必要返还的，应当折价补偿。有过错的一方应当赔偿对方因此所受到的损失，双方都有过错的，应当各自承担相应的责任。"结合本案，工程施工协议无效，包含其中的违约责任自然无效，当事人一方无权要求对方承担违约责任，其诉请支付违约金无法律依据。鉴于协议双方对于未经招标即签署合同都存在过错，由过错较大的一方适当赔偿过错较小一方所受损失是适当的。

【启示】

1.招标人对于依法必须招标项目范围内的项目,必须实施招标,不得以任何理由规避招标。招标投标活动必须依照法定程序规范操作。评标尚未进行,"中标人"即已经确定,属于明招暗定或规避招标的典型表现,为法律所禁止。

2.承揽合同项目的合同当事人应当审慎审查所承担项目是否属于依法必须招标的项目,是否履行了招标程序或者不招标的审批手续。依法必须招标项目未实施招标即签订合同的,即为规避招标行为,存在合同无效及后续自行承担损失的风险。

02 非强制招标项目可自主选择采购方式

【案情】

某建筑公司与某制造公司签订《建设工程承包合同》,约定:制造公司(民营企业)经议标将其新建厂房工程发包给建筑公司施工。工程完工后,双方签订补充协议,约定:①建筑公司已按《建设工程承包合同》完成该项工程;②工程造价经双方结算为1655万元,已付648万元工程款;③房屋所有权证由双方共同办理,建筑公司提供房屋所有权证后,制造公司支付余款;④制造公司如未按期付款,按小额贷款的月息5%计息给建筑公司。

之后,建筑公司办妥房产证,但制造公司未支付工程款余款。建筑公司起诉,请求法院判决《建设工程承包合同》及补充协议合法有效,制造公司向其支付工程款及逾期损失。

法院认为:(1)关于《建设工程承包合同》《补充协议》的效力。根据《招标投标法》第三条及《工程建设项目招标范围和规模标准规定》第二条规定,案涉工程为新建厂房,并不属于关系社会公共利益、公众安全的基础设施或公用事业项目，不属于依法必须进行招标的工程建设项目。双方签订的《建设工程承包合同》《补充协议》是双方的真实意思表示，未违反法律、行政法规的强制性规定，制造公司也未提交证据证明存在《合同法》第五十二条规定的合同无效情形之一，因此前述合同、协议合法有效。

（2）关于制造公司应当向建筑公司支付的工程款及利息。案涉工程造价为 1655 万元，减去制造公司已支付的 648 万元及质量整改维修费用 188 万元而得出的数额 819 万元即为制造公司欠付工程款。制造公司未按《补充协议》约定支付欠付工程款构成违约，应当按约定支付利息。根据《最高人民法院关于人民法院审理借贷案件的若干意见》第六条规定，因《补充协议》中约定的利息计算方式为月息 5%，超过了中国人民银行同期同类贷款利率的四倍，对超过的利息部分不予支持。依据《补充协议》，工程款余款扣除工程质保金（工程总造价的 10%，165 万元）后的部分 654 万元应当计付逾期利息。

综上，法院判决：《建设工程承包合同》《补充协议》合法有效；制造公司向建筑公司给付工程款 819 万元及 654 万元的逾期利息（以中国人民银行同期同类贷款利率的四倍计算）。

【分析】

1. 强制招标项目必须通过招标方式采购，不在强制招标范围之内的工程建设项目可以不招标。《招标投标法》设置了强制招标制度，要求一定范围内的工程、货物和服务项目，达到规定的规模标准的，必须以招标方式采购。这些项目习惯上称为"强制招标项目"。非依法必须招标的项目（亦简称为"非强制招标项目"），不要求必须招标。

强制招标项目主要分布在工程建设项目领域，如《招标投标法》第三条第一款规定："在中华人民共和国境内进行下列工程建设项目包括项目的勘察、设计、施工、监理以及与工程建设有关的重要设备、材料等的采购，必须进行招标：（一）大型基础设施、公用事业等关系社会公共利益、公众安全的项目；（二）全部或者部分使用国有资金投资或者国家融资的项目；（三）使用国际组织或者外国政府贷款、援助资金的项目"。对于"工程建设项目"的含义，《中华人民共和国招标投标法实施条例》（简称《招标投标法实施条例》）第二条中规定："是指工程以及与工程建设有关的货物和服务。前款所称工程，是指建设工程，包括建筑物和构筑物的新建、改建、扩建及其相关的装修、拆除、修缮等；所称与工程建设有关的货物，是指构成工程不可分割的组成部分，且为实现工程基本功能所必需的设备、材料等；所称与工程建设有关的服务，是指为完成工程所需的勘察、设计、监理等服务。"2000 年 5 月 8 日原国家计委令第 3 号《工程建设项目招标范围和规模标准规定》对《招标投标法》第三条规定的三类项目具体范围和规模标准进行了界定和列举，增强了操作性。2018 年 6 月 1 日起，该《规定》废止，代之以《必须招标的工程项目规定》（国家发展改革委令第 16 号）和《必须招标的基础设施和公用事业项目范围规定》（发改法规规〔2018〕843 号）。

就本案而言，法院认定制造公司新建厂房工程并不涉及公共利益，且该公司为民营企业，其使用自有资金并非国有资金投资或者国家融资采购，故该项目不在《工程建设项目招标范围和规模标准规定》所规定的强制招标项目之列，制造公司可以任意选择采购方式。

需要强调的是，强制招标的范围不限于工程建设项目，《招标投标法》第三条第三款同时规定，"法律或者国务院对必须进行招标的其他项目的范围有规定的，依照其规定"。实际上，现行法律法规已将强制招标的范围扩大到科研课题、特许经营权、药品采购、城市基础设施等领域，如《城镇燃气管理条例》第十四条第一款规定："政府投资建设的燃气设施，应当通过招标投标方式选择燃气经营者。"

2.议标不是法定的招标方式。《招标投标法》只规定了公开招标和邀请招标两种招标方式，未将议标作为法定的招标方式。实践中"议标"方式应用比较广泛，实质上就是谈判性采购。与公开招标和邀请招标方式相比，议标允许就报价等进行面对面谈判，因此一些项目采用议标方式省时省力，双方当事人对于交易条件可以进行充分沟通，有其独特的优势。但是，因议标方式规范性、公开性较弱，易产生幕后交易、暗箱操作。凡属强制招标项目，都不得通过议标方式采购。对于非强制招标的项目，采购人可自主决定采用包括议标在内的其他采购方式。正如本案，制造公司新建厂房工程不属于强制招标项目，因此可以选用议标方式。

3.合同当事人约定的违约金比例过高的，法院可以调整。《合同法》规定的违约责任以填补损失为原则，合同当事人约定的违约金数额原则上应与损失相当。《合同法》第一百一十四条第二款规定："约定的违约金低于造成的损失的，当事人可以请求人民法院或者仲裁机构予以增加；约定的违约金过分高于造成的损失的，当事人可以请求人民法院或者仲裁机构予以适当减少。"对于占用他人资金、延期支付合同款等，其损失主要以银行贷款利息衡量。根据法（民）发〔1991〕21号司法解释《最高人民法院关于人民法院审理借贷案件的若干意见》第六条规定，民间借贷的利率可以适当高于银行的利率，但最高不得超过银行同类贷款利率的四倍（包含利率本数），超出此限度的，超出部分的利息不予保护。本案中，因约定的月息5%远高于该意见规定的标准，故法院参照该意见以银行利息四倍为限调整了违约金。需要说明的是，前述《最高人民法院关于人民法院审理借贷案件的若干意见》已经失效，2015年8月6日起适用新的司法解释《最高人民法院关于审理民间借贷案件适用法律若干问题的规定》法释〔2015〕18号），其中第二十九条规定借贷双方对逾期利率约定以不超过年利率24%为限。

【启示】

1. 在强制招标项目范围内的工程建设项目必须依法招标，不办理招标即发包或者签署合同，属于规避招标行为，该发包或签约行为无效，签署的合同根据《合同法》第五十二条规定亦属于无效合同。对于非强制招标项目，采购人可以自主决定采用包括议标在内的其他采购方式，也可以选择招标方式采购。

2. 招标人和中标人可以在合同中约定一方违约时应当根据违约情况向对方支付一定数额的违约金，但是合同约定的违约金比例必须合理，不能过分高于损失金额，如本案违约金以银行同期贷款利息四倍计算为限，否则就此发生争议后当事人可以申请法院或仲裁机构进行调整。

03 非强制招标项目在招标前所签合同有效

【案情】

2007 年 6 月 27 日某实业公司与某建设集团商定，由建设集团承建实业公司的酒店及商场工程，并签订《建设工程施工合同》，约定：在签订合同后 5 个工作日内，承包人提交 3300 万元履约保证金；工程在履约保证金支付之日起一个月内必须开工，如超出约定时间未开工则从超出之日起按月利率 1.0% 计息作为违约金。还约定：发包人实业公司应在开工前完成"三通一平"，由发包人办理的施工所需证件、批件于开工前五天完成等内容。

2007 年 7 月 4 日，建设集团交纳 3300 万元保证金。2007 年 8 月，实业公司作为招标人将其酒店及商场工程进行招标，建设集团中标。后双方未再按中标通知书签订新的书面合同，双方一致确认仍按原《建设工程施工合同》执行。2007 年 11 月 8 日，实业公司致函建设集团，要求其抓紧备齐办理酒店及商场工程桩基施工许可证的全套资料。建设集团当日答复正在办理中，后于12月10日提供了办证所需资料，12月20日致函实业公司要求其加快完成前期工作，以便早日进场；2008年2月26日又致函实业公司要求明确告知工程开工日期。2008年3月17日，实业公司通知建设集团，规划许可证已领取，现准备办理施工许可证，请建设集团在3月31日前提供有关办证资料。2008年3月24日建设集团回函要求实业公司立即返还3300万元履约保证金及违约金。2008年5月13日实业公司书面通知建设集团："解除双方签订的《建设工程施工合同》。"5月16日建设集团复函反对解除合同。

2008年5月4日，建设集团向法院提起诉讼，请求判决实业公司支付违约金353万元。

法院认为：（1）关于建设工程施工合同的效力问题。首先，本案工程项目是民营企业投资建设的酒店及商场，不是公用事业项目，不属于《招标投标法》及《工程建设项目招标范围和规模标准规定》所规定的必须进行招标的工程建设项目。实业公司主张本案工程项目属于关系社会公共利益、公共安全的旅游项目，是必须进行招标的工程项目，无法律依据。其次，根据查明事实，可认定实业公司2007年8月就本案工程项目进行招标，仅具有招标之形，无招标之实。所以双方签订《建设工程施工合同》，不属于在确定中标人前就投标价格、投标方案等实质性内容进行谈判，不违反《招标投标法》第四十三条的规定。综上，双方签订的《建设工程施工合同》虽为草签的合同，但意思表示真实，内容齐备且不违反法律、行政法规的强制性规定，应认定有效。

（2）关于逾期开工的违约金问题。根据《建设工程施工合同》约定，实业公司应确保在2007年8月3日前符合开工条件，使建设集团能够进场施工。但是，根据查明的事实，实业公司于2008年3月11日取得建设工程规划许可证，2008年4月3日向建设集团提供施工图纸，至今尚未取得工程施工许可证，应认定本案工程项目尚不具备开工条件，其原因在于实业公司，建设集团请求其支付逾期开工违约金，符合合同约定。

综上，法院判决实业公司支付 2007 年 10 月 4 日至 2008 年 3 月 3 日间违约金 3372573.6 元。

【分析】

1. 本案工程不属于强制招标项目，是否招标由项目单位自行决定。根据《招标投标法》第三条及《工程建设项目招标范围和规模标准规定》，涉案的工程项目从项目资金来源来讲，不属于使用国有资金投资、国家融资以及使用国际组织或者外国政府资金的项目；从项目性质来讲，也不属于商品住宅等关系社会公共利益、公众安全的基础设施项目或公用事业项目，因此不属于依法必须招标的项目，项目单位可自行决定其采购方式。依据 2018 年 6 月 1 日起实施的《必须招标的工程项目规定》（国家发展改革委令第 16 号），案涉工程也不属于依法必须招标的项目。

2. 本案中签订的《建设工程施工合同》有效。《招标投标法》对依法必须招标项目和非依法必须招标项目的管控要求不同。对于依法必须招标的工程建设项目，该类项目必须经招标投标程序确定项目承担单位，并且应按照招标文件和中标人的投标文件签订合同，这是强制性法律规定，违反该强制性规定的，法律给予否定性评价，正如《最高人民法院关于审理建设工程施工合同纠纷案件适用法律问题的解释》第一条规定的"建设工程必须进行招标而未招标或者中标无效的"，"应当根据合同法第五十二条第（五）项的规定，认定无效"，因此所签合同无效。但对于非依法必须招标的项目，法律并没有强制其必须办理招标投标程序，所以其未经招标即签订合同不属于"规避招标"，不违反强制性法律规定，不影响所签合同的法律效力。至于虽后续办理招标程序，但未再另行签订合同，双方权利义务关系应以已签合同为准，处理双方纠纷、追究违约责任也应以此为依据。

【启示】

1. 非强制招标项目是否采取招标方式进行采购由项目单位自主决定。常见的采购方式有公开招标、邀请招标、竞争性谈判、询价、单一来源采购、竞争性磋商、反向竞拍等。对于不属于《招标投标法》第三条规定的依法必须进行招标的工程建设项目，可由项目单位（采购人）根据市场竞争状态、项目特点、采购目标等因素自主决定是否采用招标方式进行采购。

2.《招标投标法》的适用范围包括强制招标项目和非强制招标项目。非强制招标项目可以不招标，该类项目如果采用招标方式的，须依法接受《招标投标法》的约束。但《招标投标法》对强制招标项目的约束比对非强制招标项目更为严格，该法有部分法条专门针对强制招标项目而设，如给予投标人编制投标文件的时间不得少于 20 日，但非强制招标项目如招标人在招标文件中规定投标人编制投标文件的时间少于 20 日并不违法。

04 涉密工程建设项目不适宜进行招标的可以不招标

【案情】

某招标公司接受某机关委托就涉密工程某宾馆翻建工程项目邀请招标，其发布的《灯具采购及安装招标文件》规定：不接受逾期送达或不符合规定的投标文件；投标人须具有国家相关部门认定的设计、制造与招投标设备相同、相近设备资质，并具有生产、销售与本项目类似设备的业绩。

招标人邀请照明公司、灯饰公司及安装公司递交了投标文件。经评标委员会评审，由于安装公司的投标文件中存在不合格文件，未能通过初步评审，导致有效投标人不足三家，评标委员会否决了全部投标，第一次招标失败。

第二次招标时，招标人仍邀请上述 3 家公司投标。2013 年 10 月 21 日投标截止时，照明公司未按时递交投标文件，实际投标人不足三家。招标人决定改采用竞争性谈判方式采购。

招标公司再次邀请此 3 家公司参与竞争性谈判，均提交了响应文件。竞争性谈判小组推荐照明公司为第一成交供应商。2013 年 11 月 8 日，招标公司向照明公司发出《签约通知书》。

灯饰公司认为照明公司规模太小、不具有履约能力，且第二次招标故意迟到，与招标公司之间弄虚作假、串通招投标；招标公司擅自变更采购方式违法，给其造成严重损害，请求法院判令照明公司中标无效，并赔偿其直接经济损失 5 万元。

法院认为：（1）关于照明公司是否存在不正当竞争行为。灯饰公司主张照明公司在没有投标权利、不符合中标条件的情况下参与了第二次投标和竞争性谈判并中选，招标公司同意照明公司参与第二次投标和竞争性谈判并确定其为成交供应商，二者存在串通行为。照明公司、招标公司对此均予以否认。法院注意到，灯饰公司主张，照明公司两次报价差异大，对照明公司资质、经营能力提出质疑，认为其没有投标权利，但未提交充分证据予以证明。照明公司在第二次投标中迟到，但没有证据显示系故意所为。相关法律法规中并未规定递交投标文件迟到会影响投标权利。因此，灯饰公司主张照明公司有不正当竞争行为，缺乏事实和法律依据。

（2）关于招标公司是否存在不正当竞争行为。本案证据显示，涉案项目经两次招标、一次竞争性谈判及确定成交单位等程序，招标公司均按照招标人的意见执行。至于灯饰公司提出变更招标方式，非招标公司的行为，且因涉案项目为涉密工程，并无法律法规明确规定变更招标方式需要履行相关强制性要求。另外，灯饰公司也未能提交证据证明照明公司与招标公司存在串通行为。故灯饰公司主张招标公司存在不正当竞争行为，亦缺乏事实和法律依据。

综上，法院判决驳回灯饰公司的全部诉讼请求。

【分析】

1.涉密工程不适宜进行招标，属于可以不进行招标的项目。《招标投标法》第三条规定了依法必须进行招标的工程建设项目范围，但也有一些强制招标项目客观上有不可能或者不适宜进行招标的特殊情形，《招标投标法》第六十六条对此作出了可以不进行招标的例外规定："涉及国家安全、国家秘密、抢险救灾或者属于利用扶贫资金实行以工代赈、需要使用农民工等特殊情况，不适宜进行招标的项目，按照国家有关规定可以不进行招标。"《招标投标法实施条例》第九条第一款又补充了可以不招标的五种情形，即：（一）需要采用不可替代的专利或者专有技术；（二）采购人依法能够自行建设、生产或者提供；（三）已通过招标方式选定的特许经营项目投资人依法能够自行建设、生产或者提供；（四）需要向原中标人采购工程、货物或者服务，否则将影响施工或者功能配套要求；（五）国家规定的其他特殊情形。其中涉及国家秘密的项目考虑到因不能公开披露相关信息，招标投标的公开性要求与保密规定之间存在着无法回避的矛盾，故这类项目一般不适宜采用招标方式，其中一些项目尽管可以招标，但不宜扩大投标人范围，可以邀请招标，正如本案涉及的工程项目因属于涉密工程，故仅邀请了符合保密要求的三家单位投标。

2.投标截止时投标人不足三家不得开标，是否重新招标根据项目实际决定。不管是强制招标项目还是非强制招标项目，只要采用公开或者邀请招标方式采购的，都应当有3个及以上的投标人才可以开标，以确保招投标活动的竞争性。投标人少于3个的，根据《招标投标法》第二十八条第一款和《招标投标法实施条例》第四十四条第二款规定，不得开标；招标人应当重新招标，以免在重新招标前泄露投标人的投标信息，使其在后续投标中处于不利竞争地位。其中，投标人少于3个"不得开标"是针对所有招标项目而言的，但"应当重新招标"仅针对强制招标项目而言。对于非强制招标项目，本身可以不招标，在招标失败后可以重新招标也可以自主决定采用其他采购方式。就本案而言，因涉案工程属于涉密工程，原本依法可以不进行招标，故第二次招标失败后，项目建设单位改用竞争性谈判方式采购，不违反法律规定。

【启示】

1. 在强制招标范围之列但属于《招标投标法》第六十六条和《招标投标法实施条例》第九条规定的涉及国家安全、国家秘密、抢险救灾等不适宜进行招标的项目，在报项目审批、核准部门履行审批、核准手续后，可以不进行招标。

2. 强制招标项目因投标人不足 3 个或者否决全部投标导致招标失败后，应当依法重新招标，如果确实不适宜招标项目而应取消招标活动改用其他采购方式的，应经项目审批、核准部门审批核准后终结招投标活动，按照规定的程序和重新确定的采购方式采购。如果属于非强制招标项目，则招标人可以自行决定重新招标，也可以采取竞争性谈判、单一来源采购等其他采购方式。

05 施工专业分包应否招标

【案情】

某国有施工企业通过投标，在某一国有资金投资的大型工程建设施工总承包项目中中标，其中有一项金额 500 万元的专业工程施工需要分包，也征得建设单位同意，但对于该分包工程选定分包单位的方式产生了分歧。

第一种观点认为，由于需要进行专业分包的工程属于国有资金投资，且其金额已经达到 500 万元，达到了依法必须招标项目的规模标准，故应当采取招标方式选定分包单位。

第二种观点认为，依法必须招标的项目是针对工程发包环节而言的，并非针对工程分包项目，而且是针对工程建设单位作为采购人选定施工承包人的项目，而本专业分包工程是总承包人作为采购人采购，其不属于该工程建设单位，故不符合依法必须招标的项目的条件，总承包人可以采取招标方式，也可以采取其他采购方式选定分包单位。

【分析】

本案例讨论的焦点，实质就是施工总承包单位承包依法必须招标的工程建设项目之后，再就其中部分非主体、非关键性项目进行专业分包时，是否也必须采用招标方式确定分包人。对此，我国法律法规并无明确规定，按照"法无禁止皆可为"的原则，可以认定不在强制招标项目范围内，施工总承包单位有权自主决定是否采用招标方式，理由如下。

第一，《招标投标法》建立了工程建设项目强制招标制度，主要针对的是工程建设项目的发包行为，该法及《依法必须招标的项目规定》都没有明确将工程分包列入依法必须招标项目范围。工程总承包单位承揽工程后再作为"招标人"分包，与《工程建设项目施工招标投标办法》规定的"工程施工招标人"和《建筑法》规定的"建设单位"不同。《工程建设项目施工招标投标办法》第七条规定工程施工招标人是依法提出施工招标项目、进行招标的法人或者其他组织。再结合该办法第八条、第十条来讲，依法必须招标的工程施工招标人就是办理工程项目核准和初步设计及概算审批手续、落实项目资金的建设单位。从这一点来说，工程承包单位并不办理上述手续，如果其分包专业工程，并不具备前述依法必须招标的工程施工招标的要件，该办法也没有规定分包工程必须招标。

第二，《建筑法》第十九条明确规定："建筑工程依法实行招标发包，对不适于招标发包的可以直接发包。"该条款规定在该法第三章"建筑工程发包与承包"下第二节"发包"部分，也就是说只要求发包工程需要建设单位依法招标，同为第三章下第三节"承包"的法律条款，第二十九条规定了"建筑工程总承包单位可以将承包工程中的部分工程发包给具有相应资质条件的分包单位"，其中该条及本法其他条款都未规定工程总承包单位分包工程必须招标。从该法的体系来说，"发包"和"承包"两个环节是不同的，"分包"又包含在"承包"环节之中，因此，即使施工总承包项目依法必须招标，总承包单位中标后分包工程也无须招标。

第三，《招标投标法实施条例》第二十九条规定："以暂估价形式包括在总承包范围内的工程、货物、服务属于依法必须进行招标的项目范围且达到国家规定规模标准的，应当依法进行招标。"也就是说，只有包含在施工总承包范围内的以暂估价形式列支的工程，如果在依法必须招标的项目范围之内，才应当招标，这个属于特殊规定。反过来讲，如果分包工程一律需要招标，则对惜字如金、力求简练的立法来讲，也就没有必要再多此一举专门作出该条规定。

第四，对"工程分包应否招标"的问题，最为直接有力给予回应的法律依据是《国务院办公厅关于促进建筑业持续健康发展的意见》（国办发〔2017〕19号），该意见明确规定："除以暂估价形式包括在工程总承包范围内且依法必须进行招标的项目外，工程总承包单位可以直接发包总承包合同中涵盖的其他专业业务。"该条款采用"直接发包"的用词，明确无误、直截了当地澄清了理解上的混乱。以前地方政府也确实出台了工程分包应当招标的规定，如《北京市建设工程施工分包招标投标管理办法》，但这些规定逐渐已失效或被废止，尤其在原国家计委3号令《工程建设项目招标范围和规模标准规定》废止后，该规定允许各地方政府自行制定本地依法必须招标项目范围的规定也随之废止，代之实行的国家发展改革委令第16号《必须招标的工程项目规定》，大幅缩小必须招标项目的范围，这更符合当前国家大力推行"放管服"改革、放宽强制招标项目范围的初衷。

综上，如果要求施工总承包单位中标后对工程分包必须履行招标程序，不符合立法规定和国家"放管服"改革的精神，一定程度上也涉嫌干涉承包人的经营自主权，影响其工期。因此，工程承包单位分包工程（暂估价项目除外）不论其工程性质、规模，也不论其使用资金是否为国有、财政或民营资金，都不在依法必须招标项目之列，工程承包人可以自行决定采用招标方式或竞争性谈判等非招标采购方式确定工程分包单位。

【启示】

施工总承包单位可以通过竞争性谈判、竞争性磋商、单一来源采购等非招标方式确定工程分包项目的分包人，或通过与分包人组成联合体形式投标，这样就可以事先与该分包人确定附以其中标为生效条件的分包合同，将该分包合同附在投标文件中参与投标，这样招标人已经掌握工程分包情况，也有利于招标人、投标人控制分包风险。

06 项目资金未落实即招标将承担法律责任

【案情】

2012年10月，某油田医院就其污水处理站扩建工程委托招标代理公司对外招标。2012年10月31日，招标代理公司向包括环保科技公司在内的受邀投标商发出招标文件，其中规定，确定中标供应商后，招标代理公司必须7日内向中标供应商发出中标通知书，中标供应商在成交后 10 日内无正当理由拒签合同的，采购人不予退还投标保证金。环保科技公司参加投标并交纳了投标保证金 30 万元。评标委员会确认环保科技公司为第一中标候选人，但招标人一直未发中标通知书。

2013 年 5 月 12 日，招标代理公司向环保科技公司发出通知书，载明：油田医院污水处理站扩建改造工程项目于 2012 年 11 月 9 日确定贵公司为第一拟中标供应商，但由于采购人对本项目的资金未落实到位，因此取消该项目成交结果及项目采购，现无息退还投标保证金。期间，油田医院将涉案工程发包给其他公司施工。

环保科技公司认为油田医院的行为违反招投标的相关法律规定，使其不能享有合同权利，故诉至法院，请求判令油田医院赔偿可预见利益 122 万元，并返还投标保证金 30 万元及利息损失。

法院认为：招标人在发布招标公告或者发出招标邀请时，应该具有合法的招标资格，主要包括项目已经法定部门审批或核准，资金已经到位等基本条件。油田医院作为招标人，对外发出招标文件后，经过竞标，环保科技公司被确定为第一拟成交供应商，但油田医院却以资金未落实到位为由取消项目，并将工程发包给投标人以外的供应商，严重违背了诚实信用原则，应当承担缔约过失责任。双方尚未签订合同，环保科技公司请求赔偿可得利益损失，不符合法律规定，不予支持。环保科技公司按油田医院要求参加了涉案项目的投标并交纳了投标保证金，油田医院应返还投标保证金及占用期间所产生的孳息。

综上，法院判决油田医院支付环保科技公司投标保证金 30 万元及利息损失 10125 元（按中国人民银行同期同类存款利率计算），驳回其他诉讼请求。

【分析】

1. 招标人必须落实项目资金后再行招标。《招标投标法》第九条规定："……招标人应当有进行招标项目的相应资金或者资金来源已经落实，并应当在招标文件中如实载明"，可见招标应具备的先决条件之一是落实项目资金，这是招标人最终完成招标项目的物质保证。如项目资金不到位而先行招标，中标后就没有充足的资金保障，势必造成工程将因资金短缺不能如期完成，或者竣工后不能支付工程款而引发纠纷，都将损害中标人利益；如果是基础设施、公用事业等工程，还会给公共利益造成损害。因此，招标项目的项目资金或资金来源已落实，方可申请项目审批、核准、办理招标事宜。《国务院关于固定资产投资项目试行资本金制度的通知》（国发〔1996〕35号）规定对于一些固定资产投资项目，国家试行资本金制度；对纳入资本金制度的投资建设项目，必须首先落实资本金才能进行招标、建设，并明确不同项目资本金占总投资的比例，《国务院关于调整和完善固定资产投资项目资本金制度的通知》（国发〔2015〕51号）对最低资本金比例作了调整，如城市轨道交通项目为20%，铁路、公路项目为20%，保障性住房和普通商品住房项目为20%，电力项目为20%。资本金以外的项目资金，可通过银行贷款、发行企业债券等方式融资解决。

2. 招标人对项目资金情况提供虚假信息违反诚实信用原则，应承担缔约过失责任。招投标活动应当遵循诚实信用的原则。不论是招标人还是投标人，只要违反诚实信用原则给对方造成损失的，就应承担缔约过失责任。所谓缔约过失责任，是指在订立合同过程中，一方当事人违反先合同义务，导致合同不能成立，或者合同虽然成立，但不符合法定的生效条件而被确认无效、被变更或被撤销，给对方造成损失时所应承担的民事责任。《合同法》第四十二条规定："当事人在订立合同过程中有下列情形之一，给对方造成损失的，应当承担损害赔偿责任：（一）假借订立合同，恶意进行磋商；（二）故意隐瞒与订立合同有关的重要事实或者提供虚假情况；（三）有其他违背诚实信用原则的行为。"缔约过失责任赔偿应当以受损害当事人的损失为限，这个损失包括直接利益的减少，如谈判中发生的费用，还应当包括受损害当事人因此失去与第三人订立合同的机会损失。在本案中，招标人油田医院以资金未落实为由取消项目，转手又将工程发包给投标人以外的供应商，严重违背了诚实信用原则，应当承担缔约过失责任。环保科技公司请求赔偿可得利益损失 122 万元属于违约责任赔偿范畴，因双方合同关系不成立，故该诉请于法无据。

【启示】

1. 招标人在招标时必须确实拥有相应的资金或者有能证明其资金来源已经落实的合法性文件为保证，并应当将资金数额和资金来源在招标文件中如实载明，不得就项目资金来源提供虚假说明。项目资金来源主要有国家和地方政府的财政拨款、企业的自有资金及包括银行贷款、发行债券、股票在内的各种方式的融资以及外国政府和有关国际组织的贷款、援助资金等。

2. 投标人在投标时应注意审查招标项目的资金数额及资金来源落实的情况，以便决定是否投标或者采取相应的报价策略（比如存在风险时可以提高报价，风险太大时可以放弃投标）。

07 公开招标项目如邀请招标必须经过审批

【案情】

2003 年 4 月 26 日，某市计委向某实业公司、某燃气公司等 13 家企业发出邀请招标函件，组织列入省级重点工程的市接轨"西气东输"工程天然气城市管网项目法人招标。5 月 2 日向各企业发送招标文件。5 月 12 日开标。经评标，市计委向实业公司下发了中标通知书，随后市政府发文同意由实业公司独家经营本市城市天然气管网工程。实业公司遂办理了项目用地手续，购置了管网设施，并开始动工建设管网。

燃气公司认为，市建设局 2000 年已发文批准其为"城市管道燃气专营单位"，取得本市燃气站《建设用地规划许可证》、燃气管网《建设工程规划许可证》和《建设工程施工许可证》等批准文件，也铺设了一些燃气管道。市计委作出的招标文件、中标通知书和市政府授予实业公司独家经营权的文件侵犯了其管道燃气经营权，向法院提起行政诉讼。

另外，2003 年 11 月 9 日，市建设局发文，以其 2000 年 7 月 7 日授予燃气公司管道燃气专营单位资格缺少法律依据，属越权审批为由废止了该文。

法院认为：本案焦点是招标文件、中标通知书和授予实业公司独家经营权的文件是否具有合法性。

市建设局于 2000 年发文批准燃气公司为管道燃气专营单位，据此燃气公司已取得了燃气专营权，且在招标活动开始之前，前述文件仍然有效，这显然对招标文件、中标通知书的作出构成障碍。市计委应在依法先行修正、废止或者撤销该文件，并对燃气公司基于信赖该批准行为的合法投入给予合理弥补之后，方可编制发布招标文件，但市计委置当时仍然有效的授权文件于不顾，径行发布招标文件，属于违反法定程序，亦损害了燃气公司的信赖利益。同理，由于市建设局文件对整个招标活动始终构成法律上的障碍，故市计委、市政府未对前述文件作出处理以排除法律上的障碍，径行对实业公司发出中标通知书及授予实业公司城市天然气管网项目经营权的文件，属于违反法定程序，且损害了燃气公司的信赖利益。

再者，按照《招标投标法》第十一条规定，案涉招标项目是省重点项目，原则上应当公开招标、根据相关法律规定，本项目须符合如下两个要件才能采用邀请招标方式：一是本项目应属于法定邀请招标情形；二是本项目邀请招标须经省、自治区、直辖市人民政府批准。而市计委在没有依法办理批准手续的情况下，径行采用邀请招标方式，违反法定程序。

因此，市计委作出招标文件、发出中标通知书及市政府作出授权文件的行为违反法定程序，且影响了燃气公司的信赖利益，但是如果判决撤销上述行政行为，将使公共利益受到以下损害：一是招标活动须重新开始，如此则市"西气东输"利用工作的进程必然受到延误。二是由于具有经营能力的投标人可能不止实业公司一家，因此重新招标的结果具有不确定性，如果实业公司不能中标，则其基于对被诉行政行为的信赖而进行的合法投入将转化为损失，该损失虽然可由政府予以弥补，但最终亦必将转化为公共利益的损失。根据《最高人民法院关于执行〈中华人民共和国行政诉讼法〉若干问题的解释》第五十八条关于"被诉具体行政行为违法，但撤销该具体行政行为将会给国家利益或者公共利益造成重大损失的，人民法院应当作出确认被诉具体行政行为违法的判决，并责令被诉行政机关采取相应的补救措施"之规定，应当判决确认被诉具体行政行为违法，同时责令市政府和市计委采取相应的补救措施，以实现公共利益和个体利益的平衡。

综上，法院判决：确认市计委作出的招标文件、中标通知书和市政府授权文件违法，责令市政府、市计委采取相应补救措施，对燃气公司的合法投入予以合理弥补，并驳回燃气公司的赔偿请求。

【分析】

1.应当公开招标的项目如有特殊情形可以采用邀请招标方式，但必须履行批准程序。《招标投标法》第十一条规定："国务院发展计划部门确定的国家重点项目和省、自治区、直辖市人民政府确定的地方重点项目不适宜公开招标的，经国务院发展计划部门或者省、自治区、直辖市人民政府批准，可以进行邀请招标。"《工程建设项目施工招标投标办法》第十一条规定："国务院发展计划部门确定的国家重点建设项目和各省、自治区、直辖市人民政府确定的地方重点建设项目，以及全部使用国有资金投资或者国有资金投资占控股或者主导地位的工程建设项目，应当公开招标；有下列情形之一的，经批准可以进行邀请招标：（一）项目技术复杂或有特殊要求，只有少量几家潜在投标人可供选择的；（二）受自然地域环境限制的；（三）涉及国家安全、国家秘密或者抢险救灾，适宜招标但不宜公开招标的；（四）拟公开招标的费用与项目的价值相比，不值得的；（五）法律、法规规定不宜公开招标的。国家重点建设项目的邀请招标，应当经国务院发展计划部门批准；地方重点建设项目的邀请招标，应当经各省、自治区、直辖市人民政府批准……"（注：1.该办法已于 2013 年 3 月 1 日被国家发展改革委等九部委令第 23 号修订，修订后的第十一条与本文引用的有所不同。本案发生在该办法修订之前，故适用修订前的相关表述。2.《招标投标法实施条例》自 2012 年 2 月 1 日起施行，在该日期之后发生的案例，应适用该条例的相关规定。）也就是说，国家发展改革委确定的国家重点项目和省级政府确定的地方重点项目以及国有资金控股或者主导地位的依法必须进行招标的项目原则上应当公开招标，如有前述特殊情形且报经项目审批、核准部门或者有关行政监督部门批准，可以采用邀请招标方式。本案中，涉案项目是省级重点项目，应当公开招标，但市计委在未经政府批准的情况下适用了邀请招标程序，违反法律规定。

2. 强制招标项目招标人给予投标人编制投标文件的时间不得少于 20 日。《招标投标法》第二十四条规定："招标人应当确定投标人编制投标文件所需要的合理时间；但是，依法必须进行招标的项目，自招标文件开始发出之日起至投标人提交投标文件截止之日止，最短不得少于二十日。"依据该法条规定，强制招标项目给予投标人编制投标文件的时间最短不得少于 20 日。但本案中，市计委发出投标邀请函的时间是 4 月 26 日，发出招标文件的时间是 5 月 2 日，开标时间是 5 月 12 日，从招标人发出招标文到开标之日只有 10 天时间，不符合前述编制投标文件时间不少于 20 日的规定。

【启示】

1. 强制招标项目中如属于国家重点项目、地方重点项目或国有资金占控股或者主导地位的招标项目，原则上应当公开招标，如有法定的特殊情形需要采用邀请招标方式的，须报经项目审批、核准部门或者有关行政监督部门批准。对于其他强制招标项目，可以自主选择公开招标或者邀请招标方式。

2. 招标人应当根据招标项目的规模、复杂程度给予投标人编制投标文件所需要的合理时间；但是对强制招标项目，自招标文件开始发出之日起至投标人提交投标文件截止之日止最短不得少于 20 日。非强制招标项目编制投标文件的时间，可由招标人依据项目特点自行决定，可以少于 20 日。

08 未事前约定招标代理服务费有风险

【案情】

某招标公司（具有工程招标代理乙级资格）与某电气公司建立口头形式的建设工程招标代理合同关系，由招标公司为电气公司的厂房及附属用房项目提供施工、监理服务招标代理。后招标公司按合同完成邀请招标、编制招标文件、开标、评标等事宜。电气公司也发放了中标通知书，并与中标单位分别签订了施工合同及监理合同，但未向招标公司支付代理费用。

招标公司起诉称，其依约定完成了招标代理工作，电气公司应按照计价格〔2002〕1980 号文《招标代理服务收费暂行管理办法》

支付施工、监理招标代理费 116450 元及其利息。

法院认定：（1）招标公司与电气公司之间存有事实上的委托合同关系，双方约定由招标公司为电气公司提供工程施工及监理招标代理服务。该口头协议系双方当事人的真实意思表示，且不违反法律法规的强制性规定，故合法有效。合同履行过程中，招标公司依据电气公司的委托履行了组织审查投标人资格、开标、评标、定标等合同义务，完成了合同约定的委托事项。电气公司已与中标单位签订了施工及监理合同，其应及时足额向招标公司支付报酬。

（2）因招标公司未提供充分证据对己方诉讼请求中的代理费数额予以佐证，双方亦未就费用是否协商确定达成一致，法院将依有关政府指导价格对报酬价款酌情予以确定。

（3）招标公司提出电气公司应向其支付利息，因未提供证据对双方之间存有合法有效的付款期限约定予以证实，双方之间即属不定期债权债务，电气公司应在招标公司完成委托事务的合理期间内向招标公司支付报酬，即应在招标公司提交的中标通知书的发放日期后的两个月内向招标公司支付报酬，其在未支付时即应承担利息损失。

综上，法院判决电气公司给付招标公司报酬 65178 元，并按照中国人民银行同期同类贷款利率偿付自中标通知书发放之日始至本判决确定给付之日止本金 65178 元的利息。

【分析】

1.招标人应与招标代理机构签订书面的招标代理合同。招标人与招标代理机构之间是民事代理合同关系。招标代理机构可代理招标人编制招标方案、招标公告（投标邀请书），编制资格预审文件和招标文件并发售和澄清，接收投标文件，组织开标、评标，协助签订中标合同等业务。《招标投标法实施条例》第十四条规定："招标人应当与被委托的招标代理机构签订书面委托合同。

合同约定的收费标准应当符合国家有关规定。"招标人和招标代理机构应当在招标代理书面合同中具体、明确规定招标代理机构在招标、投标、开标、评标、中标、签订合同等环节的职责、权限。根据《招标投标法》第十五条规定，招标代理机构应当在招标人委托的范围内办理招标事宜。如果招标代理机构超过招标代理合同授权范围从事代理权以外的行为，根据《中华人民共和国民法总则》（简称《民法总则》）规定，除非事后获得招标人认可，否则由此发生的法律后果由招标代理机构自行承担。

2. 招标代理合同应明确规定招标代理服务费。招标代理服务费是指招标代理机构接受招标人委托，提供招标代理服务所应当收取的费用、报酬。招标代理合同是双务、有偿合同，招标人应当支付招标代理服务费，招标人与招标代理机构也可以约定由中标人支付招标代理服务费，并应在招标文件中规定招标代理服务费的标准和支付办法。招标代理服务费原实行政府指导价，原国家计委印发的《招标代理服务收费管理暂行办法》（计价格〔2002〕1980号）确定采用差额定率累进法计价，允许上下浮动20%。2015年2月，国家发改委发布《关于进一步放开建设项目专业服务价格的通知》（发改价格〔2015〕299号）后，招标代理费价格实行市场调节价，要求招标代理服务合同双方依据委托服务的内容范围、质量、专业难度、服务成本和市场供求状况等平等协商，并在委托合同中明确服务费用项目、费用计算办法与标准、收取方式与时间。中国招标投标协会发布的《关于贯彻〈国家发展改革委关于进一步放开建设项目专业服务价格的通知〉（发改价格〔2015〕299号）的指导意见》，建议在招标代理服务收费实行市场调节价后，双方可以参考原招标代理服务收费标准，以实际服务的内容、质量要求、市场供需和物价变化为定价基础，结合招标项目规模、工程等级、技术难易程度以及服务深度等确定代理服务费额度，使之客观合理地体现招标代理服务价值。中国招标投标协会发布的《招标采购代理规范》（2016年版）也在12.4.1项中规定："招标代理服务费可以由招标人支付，也可由中标人支付，具体收取方式在招标代理委托合同中约定。招标代理服务费由中标人支付的，收费金额（或收费的计算方法）、收取时间等需在招标文件中进行明示。"

3. 合同未约定招标代理服务费标准的，应根据《合同法》规定确定收费标准。合同条款应当包含价款或者报酬条款，招标代理服务费或者计算标准也应当在招标代理合同中约定清楚。合同中没有约定招标代理服务费的，应当按照《合同法》中合同漏洞的填补规则来确定具体计算标准。根据《合同法》第六十一条、第六十二条第（二）项规定，合同生效后，当事人就价款或者报酬没有约定或者约定不明确的，可以协议补充；不能达成补充协议的，按照合同有关条款或者交易习惯确定；按照该方法仍不能确定的，按照订立合同时履行地的市场价格履行；依法应当执行政府定价或者政府指导价的，按照规定履行。本案发生时，招标代理服务费执行政府指导价，由于涉案双方未签订合同，应执行当时有效的《招标代理服务收费管理暂行办法》规定的计算标准。现在如果没有合同约定的，应当根据市场行情确定。中国招标投标协会发布的《招标采购代理规范》（2016年版）给出了建议方案，即：招标代理服务费由招标代理常规服务费、招标代理增值服务费和招标代理额外服务费三部分组成，招标代理常规服务费是指招标代理机构从事法律法规规定的招标代理常规业务所收取的费用；招标代理增值服务费是指招标人和招标代理机构在签订招标代理委托合同时约定的且属于招标代理常规业务之外的其他增值服务所收取的费用，如工程量清单、标底或最高投标限价编制费；招标代理额外服务费是指在招标代理委托合同签订之后，招标代理机构按招标人要求提供的，且属于委托合同约定服务范围内容之外的其他额外服务所收取的费用。该规范还规定了招标代理常规服务费计算规则，可以参考适用，根据不同项目实际来具体确定招标代理服务费。

【启示】

1.招标人与招标代理机构应当签订招标代理合同，具体、明确约定招标代理业务范围、权限、期限及招标代理服务费的计算标准和支付方式，以便招标人和招标代理机构都能依据合同约定行使权利、履行义务。

2.招标代理服务费标准由招标人和招标代理机构双方协商，根据市场行情合理确定。应考虑招标项目的规模大小、技术复杂程度以及是否有特殊性等考量因素，综合考虑招标代理服务的技术含量、工作量以及服务质量等因素，相对接近招标代理机构的真实成本和合理利润。

3.招标代理服务费有时称"中标服务费"，一般由招标人支付，也可以事前约定向中标人收取。如果由招标人支付，应在招标代理合同中载明；如果由中标人支付，应在招标文件中明确告知投标人本项目招标代理服务费由中标人支付及相应的收费标准，以便于投标人在测算投标报价时，将招标代理费考虑在报价中。招标文件中未载明交纳主体的，由招标人支付。

09 招标文件违反法律的强制性规定应如何处理

【案情】

某大型国企在某市投资开发 F 房地产二标段项目，投资额约 2 亿元，建筑面积约 96000m²，包括 15 号楼 23 层、16 号楼 27 层、17 号楼 28 层、18 号楼 28 层、19 号楼 29 层。经评标委员会评审，A 公司、B 公司、C 公司分别为第一、二、三中标候选人。

B 公司向某市公管局提起投诉称：F 房地产二标段项目招标公告发布的人员资质要求为：项目负责人（项目经理）应具备建筑

工程专业二级及以上注册建造师，但本项目多数楼宇均超过 25 层，项目负责人应由一级注册建造师担任，故招标文件发布的人员资质要求违反了《建筑法》《注册建造师执业管理办法（试行）》（建市〔2008〕48 号）和《关于印发〈注册建造师执业工程规模标准〉（试行）的通知》（建市〔2007〕171 号）的规定，要求修改招标文件后重新招标。但投诉人未提供在投标截止时间前向招标人提出异议的证明材料。

某市公管局经研究认为：B 公司所提起的投诉属于对招标文件内容的投诉，依据《招标投标法实施条例》第二十二条、第六十条之规定，B 公司应在投标截止时间 10 日前向招标人提出异议，且招标人未答复或者对答复不满意时方可提起该投诉。某市公管局遂依据《工程建设项目招标投标活动投诉处理办法》第十二条第（六）项之规定，作出《不予受理告知书》，决定不予受理 B 公司投诉。此外，某市公管局查明，F 房地产二标段项目招标文件发布的人员资质要求违反了《建筑法》第十四条、《注册建造师执业管理办法（试行）》第五条和《关于印发〈注册建造师执业工程规模标准〉（试行）的通知》之规定，遂责令招标人依据《招标投标法实施条例》第二十三条、第八十一条之规定修改招标文件后重新招标。

【分析】

1. 注册建造师应在执业范围内从事执业活动。《建筑法》第十四条规定："从事建筑活动的专业技术人员，应当依法取得相应的执业资格证书，并在执业资格证书许可的范围内从事建筑活动。"《注册建造师管理规定》第三条规定："本规定所称注册建造师，是指通过考核认定或考试合格取得建造师资格证书，并按照本规定注册，取得建造师注册证书和执业印章，担任施工单位项目负责人及从事相关活动的专业技术人员。未取得注册证书和执业印章的，不得担任大中型建设工程项目的施工单位项目负责人，不得以注册建造师的名义从事相关活动。"《注册建造师管理规定》第二十一条第一款规定："注册建造师的具体执业范围按照《注册建造师执业工程规模标准》执行。"《注册建造师执业管理办法（试行）》第五条规定："大中型工程施工项目负责人必须由本专业注册建造师担任。一级注册建造师可担任大、中、小型工程施工项目负责人，二级注册建造师可以承担中、小型工程施工项目负责人。各专业大、中、小型工程分类标准按《关于印发〈注册建造师执业工程规模标准〉（试行）的通知》（建市〔2007〕171号）执行。"《关于印发〈注册建造师执业工程规模标准〉（试行）的通知》对注册建造师执业工程规模标准作了详细规定。上述法律、规章及规范性文件对注册建造师应在执业范围内进行执业活动作出了具体规定，既有上位法的强制性规定，也有下位法对上位法的遵循和细化。招标文件关于施工项目负责人的资质条件应符合上述规定。

2. 案涉项目招标文件载明的人员资质要求违反了法律的强制性规定。根据《注册建造师执业管理办法（试行）》第五条和《关于印发〈注册建造师执业工程规模标准〉（试行）的通知》之规定，建筑物层数超过25层的住宅小区或建筑群体工程为大型工程，应由一级注册建造师担任项目负责人。本案中，F房地产二标段项目多数楼宇均超过25层，属于大型工程，应由一级注册建造师担任项目负责人，但该工程招标文件载明的人员资质要求为：项目负责人（项目经理）应具备建筑工程专业二级及以上注册建造师，违反了《建筑法》第十四条、《注册建造师执业管理办法（试行）》第五条和《关于印发〈注册建造师执业工程规模标准〉（试行）的通知》的规定。《招标投标法实施条例》第二十三条规定："招标人编制的资格预审文件、招标文件的内容违反法律、行政法规的强制性规定，违反公开、公平、公正和诚实信用原则，影响资格预审结果或者潜在投标人投标的，依法必须进行招标的项目的招标人应当在修改资格预审文件或者招标文件后重新招标。"第八十一条规定："依法必须进行招标的项目的招标投标活动违反招标投标法和本条例的规定，对中标结果造成实质性影响，且不能采取补救措施予以纠正的，招标、投标、中标无效，应当依法重新招标或者评标。"本案中，F房地产二标段项目招标文件规定的人员资质要求违反了法律的强制性规定，故某市公管局责令招标人依据《招标投标法实施条例》第二十三条、第八十一条之规定修改招标文件后重新招标。

【启示】

招标文件是招标、投标、评标、定标的依据，也是招标人和中标人签订合同的基础。把好招标文件的质量关，是保障工程建设项目顺利实施的关键。招标文件应当合理合法，否则，可能会导致招标、投标、中标无效。

招标文件应当合法。此处合法是广义上的合法，是指招标文件的内容不得违反法律、法规、规章及相关规范性文件的规定。招标人、招标代理机构应当根据招标项目的特点和需要编制招标文件。招投标行政监督部门发现招标文件有违法内容的，应当及时要求招标人改正。

招标文件应当合理。此处合理是指招标文件设置的技术要求、商务条件等必须依据充分并切合招标项目实际。招标人合理的特殊要求，可在招标文件中列出，但这些条款不应过于苛刻，更不允许将风险全部转嫁给中标人。招投标行政监督部门在受理投诉、举报时，应参考国家关于施工、设备采购、材料采购、勘察、设计、监理等标准招标文件范本的有关要求进行合理性审查，还可以制定招标文件内容的负面清单。

10 招标文件内容既要合法也要符合项目实际

【案情】

某学校 3D 打印实训室设备采购项目公开招标，有供应商提起投诉，反映招标文件有违法的内容，请求市财政局责令招标人重新招标。

市财政局经过调查后认定：

（1）招标文件"投标人资格条件"中要求"供应商应当具备 ISO9001 质量管理体系认证证书、ISO14001 环境管理体系认证证书、OHSAS18001 职业健康安全管理体系认证证书"。因本项目采购主要标的为各类大、中、小型打印机及扫描仪，设置 ISO9001 质量管理体系认证、ISO14001 环境管理体系认证、OHSAS18001 职业健康安全管理体系认证等条件，与本项目实际需要存在关联性，符合项目实际和合同履行需要，不属于《政府采购法实施条例》第二十条规定的"以不合理的条件对供应商实行差别待遇或歧视待遇"。

（2）招标文件"评标办法"中规定："投标人的法定代表人或其授权代理人没有参加开标的，应作废标处理"。此内容不符合《政府采购货物和服务招标投标管理办法》（财政部令第 87 号）第四十二条第三款"投标人未参加开标的，视同认可开标结果"的有关规定。

（3）招标文件评审因素中设置了大量的区间分值，如：产品质量和稳定性评价良 3~4 分，中 1~2 分。但招标文件并未针对同一区间的不同分值设置相对应的评审标准。因此该项目招标文件关于评分因素和评标标准的设置，违反了《政府采购法实施条例》第三十四条第四款"采用综合评分法的，评审标准中的分值设置应当与评审因素的量化指标相对应"的有关要求。

综上，市财政局作出投诉处理决定如下：根据《政府采购质疑和投诉办法》（财政部令第94号）第三十一条第（一）项的规定，投诉部分事项成立，本项目采购活动违法，责令重新开展采购活动。

【分析】

1. 供应商的资格条件应与招标项目实际存在关联性，符合项目实际和履行合同需要。根据《政府采购法》第二十二条第二款的规定，采购人可以根据采购项目的特殊要求，规定供应商的特定条件，但不得以不合理的条件对供应商实行差别待遇或者歧视待遇。同时，《政府采购法实施条例》第二十条规定下列情形属于以不合理的条件对供应商实行差别待遇或者歧视待遇：①就同一采购项目向供应商提供有差别的项目信息；②设定的资格、技术、商务条件与采购项目的具体特点和实际需要不相适应或者与合同履行无关；③采购需求中的技术、服务等要求指向特定供应商、特定产品；④以特定行政区域或者特定行业的业绩、奖项作为加分条件或者中标、成交条件；（五）对供应商采取不同的资格审查或者评审标准；⑥限定或者指定特定的专利、商标、品牌或者供应商；⑦非法限定供应商的所有制形式、组织形式或者所在地；⑧以其他不合理条件限制或者排斥潜在供应商。

本案例中，ISO9001质量管理体系认证、ISO14001环境管理体系认证、OHSAS18001职业健康安全管理体系认证主要是对企业在质量保证、环境影响、安全生产等内控管理上的认可与评定。这三种认证证书不在国务院取消的资格许可和认定事项目录内，且其申请条件中也没有对企业的注册资金、营业收入等业绩规模作出限制。同时，本项目采购的3D打印设备需要专业的环保措施和技术，将上述三种认证设置为资格条件，能在一定程度上反映供应商的管理水平，响应国家环保节能等方面的政策，与本项目

35

本身具有的技术特点和实际需要存在关联性，符合项目实际和合同履行需要，故不属于"以不合理的条件对供应商实行差别待遇或歧视待遇"。

2. 招标人应邀请所有投标人参加开标，但是不能强令投标人必须参加开标。《政府采购货物和服务招标投标管理办法》（财政部令第87号）第四十条规定："开标由采购人或者采购代理机构主持，邀请投标人参加。评标委员会成员不得参加开标活动。"现行法律规定只是要求招标人必须邀请所有投标人参加开标会，这是招标人的义务，以保障所有投标人参与开标会的权利。投标人或其授权代表有权出席开标会，也可以自主决定不参加开标会。投标人有放弃参加开标会的权利，如果投标人不参加开标会，并不影响其投标的有效性。因此，本项目招标文件关于"投标人的法定代表人或其授权代理人没有参加开标的，应作废标处理"的规定是无效的，也不符合《政府采购货物和服务招标投标管理办法》（财政部令第87号）第四十二条第三款"投标人未参加开标的，视同认可开标结果"的规定。

3. 采用综合评分法的政府采购项目，评审标准中的分值设置应当与评审因素的量化指标相对应。《政府采购法实施条例》第三十四条中规定："综合评分法，是指投标文件满足招标文件全部实质性要求且按照评审因素的量化指标评审得分最高的供应商为中标候选人的评标方法"，"采用综合评分法的，评审标准中的分值设置应当与评审因素的量化指标相对应"。一方面，评审因素的指标应当是可以量化的，不能量化的指标不能作为评审因素。评审因素在细化和量化时，一般不宜使用"优""良""中""一般"等没有明确判断标准、容易引起歧义的表述。另一方面，评审标准的分值也应当量化，评审因素的指标量化为区间的，评审标准的分值也必须量化到区间。评审标准中的分值设置与评审因素的量化指标不对应的，应当修改招标文件后重新招标。本项目招标文件"评标办法"评审因素中设置了大量的区间分值，如：

产品质量和稳定性评价良 3~4 分，中 1~2 分。但招标文件并未针对同一区间的不同分值设置相对应的评审标准，违反了《政府采购法实施条例》第三十四条的规定。

【启示】

招标文件应依法、公平设定供应商的资格条件，要使尽可能多的供应商参与投标竞争。在设置资格条件时，应注意：一是设定的投标人资质、业绩、信誉、职业人员等资格条件应符合法律规定，与招标项目的具体特点和实际需要相适应，与合同履行相关，不得要求投标人具有不必要、超出项目实际需要的资格条件，也不得将与招标项目无关的资格证书作为投标人必须具备的资格条件。国家根据行政许可设置和颁发的资格、资质和认证（如建筑业企业资质、CCC 认证）应当作为投标人必须具备的资格条件。二是国家已经停止实施或已经废止的资格、资质（如已取消的物业服务企业资质、城市园林绿化企业资质、计算机信息系统集成企业资质等），不应再设置为投标人的资格条件。三是国际公认的标准和认证，如 FDA 认证、CE 认证、ISO9001 质量管理体系认证、ISO14001 环境管理体系认证、OHSAS18001 职业健康安全管理体系认证等认证证书都可以根据招标项目的实际需要选择性地作为投标人的资格条件，但应保证投标人的足够数量，以避免因这些限制性条件而造成投标人竞争不充分。

11 供应商资格条件应与招标项目相关

【案例】

就省电化教育馆智慧校园建设项目（预算金额 300 万元），投诉人某教育科技公司提出质疑，因对被投诉人的答复不满意，又进行投诉，称：招标文件将投标人具有国家级国家工程实验室、国家科学技术进步奖作为评分依据不合理，属于以不合理条件限制或者排斥潜在供应商，要求修改招标文件重新招标。

省财政厅审理认为：

首先，本项目县区域智慧校园建设项目，采购预算金额 300 万元，其采购内容包含教育云平台及多项系统建设，对供应商技术水平、研发能力等有一定要求，但是，国家工程实验室支持的是符合国家重点战略和重点产业发展，具备先进产业技术研发及成果转化能力的企业和科研机构，国家科学技术进步奖授予的先进科学技术成果一般属于重大科学技术创新或应用，将获得"国家工程实验室""国家科学技术进步奖"作为评分项超出了项目实际需要。

其次，国家工程实验室项目清单授予的实验室类别和国家科学技术进步奖项目类别众多，该评分项无法正确反映投标供应商获得的国家工程实验室或国家科学技术进步奖项目类别与实施本项目相关。

因此，将国家工程实验室和国家科学技术进步奖设为评分项，属于《政府采购法实施条例》第二十条第（二）项的情形，是以不合理的条件对供应商实行差别待遇或者歧视待遇的情形，因采购合同已经签订但尚未履行，依照《政府采购质疑和投诉办法》第三十一条第(三)项之规定，决定如下：撤销合同，责令重新开展采购活动。

【分析】

根据《政府采购法》第二十二条第二款规定，采购人可以根据采购项目的特殊要求，规定供应商的特定条件，但不得以不合理的条件对供应商实行差别待遇或者歧视待遇。为了保证供应商公平参与政府采购活动，促进供应商之间充分竞争，推动形成统一、规范、有序的政府采购市场，《政府采购法实施条例》第二十条专门规定："采购人或者采购代理机构有下列情形之一的，属于以不合理的条件对供应商实行差别待遇或者歧视待遇：……（二）设定的资格、技术、商务条件与采购项目的具体特点和实际需要不相适应或者与合同履行无关；……（八）以其他不合理条件限制或者排斥潜在供应商。"也就说，招标文件设定的供应商资格条件必须与招标项目实际需要相关联，为履行合同所必需，否则就可能构成以不合理条件限制或者排斥供应商。

具体到本案来看，根据《国家工程实验室管理办法（试行）》和国家科学技术奖励工作相关规定，国家工程实验室支持的是符合国家重点战略和重点产业发展，具备先进产业技术研发及成果转化能力的企业和科研机构，国家科学技术进步奖授予的先进科学技术成果一般属于重大科学技术创新或应用，本项目不顾及自身项目的技术难度、规模等因素，将获得"国家工程实验室""国家科学技术进步奖"作为评分项超出了项目实际需要，属于《政府采购法实施条例》第二十条第（二）项"设定的资格、技术、商务条件与采购项目的具体特点和实际需要不相适应或者与合同履行无关"的情形，是以不合理的条件对供应商实行差别待遇或者歧视待遇，故应当予以纠正。

【启示】

招标人可以根据招标项目的特殊要求，在招标公告、投标邀请书和招标文件中要求潜在投标人具有相应的资格、技术和商务条件，设定的资格、技术、商务条件与招标项目的具体特点和实际需要必须要相适应或者与合同履行相关，不得以不合理的条件对投标人实行差别待遇或者歧视待遇，不得脱离招标项目的具体特点和实际需要，随意、盲目地设定投标人资格条件，如在招标文件中将特定行业的合同业绩或奖项作为投标人的资格条件。

在设置投标人的资格条件时，应注意以下几点：一是不在国务院取消的行政审批项目目录内；二是资格条件中没有对企业的注册资本、资产总额、营业收入、从业人员、利润、纳税额等规模条件作出限制；三是与项目的特殊要求存在实质上的关联性；四是满足该资格许可或认证证书要求的供应商数量具有市场竞争性。

12 不得将已取消的资质作为供应商资格条件

【案情】

投诉人某网络科技公司因对某招标代理公司就某国家机关采购的数据传输网建设项目作出的质疑答复不满，向财政部门提起投诉。投诉事项 1：招标文件将国务院取消的"信息系统集成及服务壹级资质"作为招标要求。投诉事项 2、3、4 为：招标文件将魔力象限报告、IDC 市场统计报告、VPN 市场占有率等设置为产品的技术指标，只有某科技股份公司满足，具有排他性。

财政部门受理该投诉后，依法进行了调查并作出处理决定，处理结果如下：

关于投诉事项 1，经审查，国务院在 2014 年 1 月 28 日《国务院关于取消和下放一批行政审批项目的决定》中已经明确将"计算机信息系统集成企业资质认定项目"取消。招标文件将"投标人具备信息系统集成及服务壹级资质"作为实质性条件，构成以不合理的条件对供应商实行差别待遇或者歧视待遇。投诉事项 1

成立。

关于投诉事项 2、3、4，经审查，招标文件将法规没有明确要求的排名作为技术指标缺乏合理性，但招标文件评审标准的分值设置未与评审因素的量化指标相对应，导致无法认定相关技术指标存在指向性和排他性。投诉事项 2、3、4 缺乏事实依据。

综上，根据《政府采购质疑和投诉办法》第二十九条第（二）项的规定，投诉事项 2、3、4 缺乏事实依据；根据第三十一条第（一）项的规定，投诉事项 1 成立，责令重新开展采购活动。

【分析】

1. 不得将不合理的条件设置为供应商的资格条件。《政府采购法》第三条明确规定："政府采购应当遵循公开透明原则、公平竞争原则、公正原则和诚实信用原则"，第五条规定："任何单位和个人不得采用任何方式，阻挠和限制供应商自由进入本地区和本行业的政府采购市场"。《政府采购法实施条例》第二十条规定对实践中常见的采购人排斥、限制潜在供应商的行为作了详细列举，其中特别禁止"设定的资格、技术、商务条件与采购项目的具体特点和实际需要不相适应或者与合同履行无关"。采购人可在采购文件中要求潜在供应商具有相应的资格、技术和商务条件，但不得脱离采购项目的具体特点和实际需要。不得随意、盲目和出于不正当利益设定某一供应商特定的资格、技术、商务条件，排斥合格的潜在供应商，如对非涉密或不存在敏感信息的采购项目，却要求供应商有从事涉密业务的资格即是。

2. 已经取消的资质不能再作为供应商的资格条件。国务院在2014 年 1 月 28 日《国务院关于取消和下放一批行政审批项目的决定》中，明确取消了"计算机信息系统集成企业资质认定项目"条件，即该资质不再是法定资质，将这一资质作为资格性条款的行为，违反了《政府采购法》第二十二条、《政府采购法实施条例》第二十条第（八）项的规定，构成"对供应商实行差别待遇或者歧视待遇"的情形。

　　计算机信息系统集成资质行政审批事项在 2014 年被取消后，工信部指定中国电子企业联合会承担信息系统集成及服务资质和项目经理认定工作。其中"信息系统集成一级资质"要求申请企业"注册资本和实收资本均不少于 5000 万元，或所有者权益合计不少于 5000 万元""近三年的系统集成收入总额不少于 5 亿元，或不少于 4 亿元且近三年完成的系统集成项目总额中软件和信息技术服务费总额所占比例不低于 80%"，对企业的注册资金、营业收入等规模进行了限制，违反了《政府采购货物和服务招标投标管理办法》第十七条规定："采购人、采购代理机构不得将投标人的注册资本、资产总额、营业收入、从业人员、利润、纳税额等规模条件作为资格要求或者评审因素，也不得通过将除进口货物以外的生产厂家授权、承诺、证明、背书等作为资格要求，对投标人实行差别待遇或者歧视待遇"和《政府采购促进中小企业发展暂行办法》（财库〔2011〕181 号）第三条"任何单位和个人不得阻挠和限制中小企业自由进入本地区和本行业的政府采购市场，政府采购活动不得以注册资本金、资产总额、营业收入、从业人员、利润、纳税额等供应商的规模条件对中小企业实行差别待遇或者歧视待遇"的规定。

【启示】

　　招标人在招标文件中设置的投标人资格条件，应符合以下要求：

　　1. 要具有合法性，只能将法律允许设置的资格条件作为投标人的资格条件，或者投标文件设定的资格条件不违反法律的禁止性规定，如国家已经明令取消的资质（如物业服务资质、园林绿化企业资质）不得再设置为投标人的资格条件，否则构成对投标人的歧视。

　　2. 要具有合理性，设置的资格条件门槛或评审因素应与本招标项目的规模相适应，比如小型建筑项目，只需要房屋建筑工程三级资质即可，但如果要求必须是一级资质的企业方可投标，这种限制性条件就不具有合理性。

3. 要与招标项目具有关联性，也就是设置的资格条件为完成该招标项目所必需或者具备该条件后其履约能力才能得到保障，如果不具有此关联性，就属于与招标项目无关，构成歧视性，比如规定印刷服务项目的投标人必须具有某行业的业绩，而一般情况下印刷服务具有通用性质，不会因行业不同而有区别，故该条件与招标项目就不具有关联性。

13 招标文件缺失评标标准的，应当修改补正

【案情】

某港航公司就 2 万吨级码头散装物料中转库建设及装卸作业项目招标，某贸易公司、某物流公司等 5 家公司投标。2014 年 3 月 6 日，港航公司通知各投标人，因招标文件并未设定评标标准，故本项目不开标。2014 年 3 月 28 日，港航公司重新发布招标文件，其中规定"八、选取承包方的评分标准：发包方根据以下各项得分计算总分，选取最高分者为候选承包方。1. 年业务保底量 40 万吨、履约保证金 200 万元，得分 40 分。2. 在起步单价 16 元/吨的基础上，作业单价报价以每增加 0.5 元/吨，得分加 1 分。3. 在业务保底量 40 万吨/年基础上，每增加 1.5 万吨，得分加 1 分。4. 履约保证金在 200 万元的基础上，每增加 100 万元，得分加 1 分，履约保证金最高缴纳额度为 500 万元。5. 承包方现场递交竞标方案，发包方根据承包方报价及评分标准当场选出第一候选承包方和第

二候选承包方。"2014 年 4 月 2 日，贸易公司、物流公司等 4
家公司现场填写和提交投标文件，港航公司当场开标、评标，并
制作了评分结果表，第一名物流公司总得分 87.33 分、第二名贸
易公司总得分 83 分，各投标人均在评分结果表上签名确认。

另外，第一次竞标时，贸易公司承诺"全年保底 64 万吨"；
物流公司承诺"业务量 60 万 ~ 80 万吨"。第二次竞标时，贸易
公司的投标文件显示："吞吐量保底吨位 80.5 万吨 / 年，操作单
价 23 元 / 吨，保证金 400 万元"；物流公司的投标文件显示："年
业务保底量 111 万吨 / 年，起步单价 16 元 / 吨，履约保证金 200
万元"。贸易公司称其第一次提交的投标文件密封，但终止第一
次招标时已被港航公司拆封，且港航公司将其第一次报价泄露给
物流公司，二者存在串通投标行为，致使其在第二次竞标时未能
中标。港航公司称其收到的各投标人的投标文件均未密封。

贸易公司诉至法院，要求确认港航公司涉案招标项目招标程
序违法，评标结果无效。

法院认为：（一）关于港航公司主张涉案招标项目不属于《招
标投标法》第三条规定的必须招标的范围，不适用《招标投标法》
的问题。法院认为：该项目的确不属于《招标投标法》第三条规
定的必须进行招标的建设工程项目，但根据《招标投标法》第二
条"在境内进行招标投标活动，适用本法"的规定，本案纠纷应
受《招标投标法》的规制与调整。

（二）关于贸易公司主张港航公司终止第一次招标时未退还
其投标材料，反而将其泄露给物流公司使该公司中标，存在串
通投标行为的问题。法院认为：第一次招标活动存在投标文件
未密封的瑕疵，但是并不能据此就认定港航公司将贸易公司的
投标信息泄露给物流公司、二公司存在串通投标行为。理由如
下：（1）第二次招标文件的评标标准有作业单价、业务保底量、
履约保证金三项，其得分计算方式为总得分 = 基本分 + 单价得分
+ 保底量得分 + 保证金得分，中标人应当是综合得分最高者，而

物流公司正是综合得分第一名，故确定其为第一中标候选人。（2）物流公司第二次竞标时业务吞吐量的增加系由于企业的投标策略改变，是由企业自主决定的，正如贸易公司第一次竞标时其业务吞吐量为 64 万吨／年，到第二次竞标时增加至 80.5 万吨／年一样。（3）港航公司第二次招标时要求现场递交竞价方案，意味着在开标前各投标人均无法知晓竞争对手的方案。贸易公司、物流公司及其他投标人当场填写和递交投标文件、港航公司当场开标、当场计算各投标人总得分，保证了第二次招标的公开、公平、公正。港航公司制作的《评分结果》，各投标人也共同签名确认。再者，港航公司因缺乏评标标准而终止第一次招标活动，之后对招标文件进行完善后重新发布并组织新的招标活动，已经完全取代第一次招标活动，两次招标活动各自独立存在，第二次招标活动并非是第一次招标活动的延续和组成部分，第一次招标活动过程中存在的瑕疵不能影响第二次招标活动过程与结果的公平、公正。故确认港航公司的第二次招标程序合法，为有效招标。（4）根据《最高人民法院关于民事诉讼证据的若干规定》第二条，当事人对自己提出的主张，有责任提供证据，否则将承担不利后果。贸易公司提供的证据不足以证明港航公司与物流公司存在串通投标行为，应承担举证不能的不利后果，故对贸易公司要求确认港航公司关于涉案招标项目招标程序违法、评标结果无效的诉讼请求，法院不予支持。

综上，法院判决驳回贸易公司的诉讼请求。

【分析】

1. 发现招标文件缺失评标标准的应当修改；如果在投标截止时间之后才发现的，应当在修改招标文件后重新招标。招标人自己发现招标文件存在违法、遗漏、错误、相互矛盾、含义不清或需要调整一些要求等情形，或者潜在投标人提出招标文件存在上述问题要求招标人进行修改完善时，招标人可以通过修改、澄清方式进行修正补救。对此，《招标投标法实施条例》第二十一条规定："招标人可以对已发出的资格预审文件或者招标文件进行必要的澄清或者修改。澄清或者修改的内容可能影响资格预审申请文件或者投标文件编制的，招标人应当在提交资格预审申请文件截止时间至少3日前，或者投标截止时间至少15日前，以书面形式通知所有获取资格预审文件或者招标文件的潜在投标人；不足3日或者15日的，招标人应当顺延提交资格预审申请文件或者投标文件的截止时间。"也就是说，可能影响投标文件编制的，对招标文件进行澄清、修改的时间必须在投标截止时间至少15日前；如果不影响投标文件的编制（如仅仅是变更开标地点），则不受提前15日的限制。

本案中，根据《招标投标法》第十九条"招标文件应当包括招标项目的技术要求、对投标人资格审查的标准、投标报价要求和评标标准等所有实质性要求和条件以及拟签订合同的主要条款"的规定，"评标标准"是招标文件必备的实质性内容，关系到依据何种评审依据进行公正评审，关系到招标人选择交易对象的衡量标准，不可或缺。本案中，恰恰第一次招标时招标文件未设定评标标准，如在投标截止前发现尚可通过修改招标文件弥补，但遗憾的是，在投标截止之后才发现，只能宣布终止当次招标活动，在修改招标文件后重新发布，重新组织招标，成为独立不同的两次招标活动。

2. 递交投标文件必须密封，在开标时才能拆封，如果未予开标即终止招标活动时应当原封不动退还给投标人。根据《招标投标法》第二十八条第一款"招标人收到投标文件后，应当签收保存，不得开启"和第三十六条第一款"开标时，由投标人或者推选的代表检查投标文件的密封情况，也可以由招标人委托的公证机构检查并公证；经确认无误后，由工作人员当众拆封，宣读投标人名称、投标价格和投标文件的其他主要内容"的规定，投标文件在送达给招标人时和开标前应当是密封的，只有在开标时才能当众拆封，确保在递交投标文件之后、开标之前，招标人并未私自拆封，将其内容透露给其他投标人，减少招标人和投标人串通的机会。如果未予开标即终止招标活动，也应当原封不动退还给招标人，对投标人的商业信息予以保密，以便第二次投标时可以公平参与竞争。

【启示】

1. 招标人在投标截止日前发现招标文件有错误和疏漏，确需对招标文件进行澄清、修改，如果该澄清、修改可能影响投标文件编制的，例如对技术规格、质量要求、竣工、交货或提供服务的时间，投标担保的形式和金额，合同条件等内容的改变，应当在投标截止时间至少15日前进行，不足15日的，应当顺延投标截止时间。在投标截止时间之后才发现招标文件存在实质性内容的疏漏错误，导致无法继续评标或者不符合招标人采购要求（如采购数量、关键技术参数错误）的，应当终止当次招标程序，在修改招标文件后重新组织招标。

2. 投标人应当按照招标文件的要求对投标文件进行密封。未密封的投标文件，招标人不予接收；招标人接收招标文件后应当妥善保管，做好保密措施，减少泄露投标信息的嫌疑。招标失败或者终止招标的，应不予拆封招标文件，退还给投标人。

14 招标文件设置的投标人资格条件不当的，应修改后重新招标

【案情】

2012 年 11 月 13 日，某市运管局就本市 71 台出租汽车的经营权进行招标，发布了出租汽车经营权出让项目招标文件。某出租车公司认为招标文件中设置的考评项目不合理，客观上存在定向招标；评分标准不公平、不合理，对投标企业注册资金与车辆规模和办公用房的评分分值计算显失公平，设定不合理条件限制或排斥该公司，侵犯其公平竞争权，提起行政诉讼，请求法院撤销本项目的招标文件。

法院认为：（1）关于市运管局发布招标文件的行为是否具有可诉性。通过招标的方式作出行政许可决定是《行政许可法》第五十三条规定的行政许可的特别程序。发布招标文件的行为是整个行政行为的必经程序，也是一个独立的具体行政行为。出租车公司是在某市从事出租汽车客运的企业，是本次招标的投标人，市运管局发布招标文件的行为对其权利义务产生了实质性影响，与其有法律上的利害关系。因此，市运管局发布招标文件的行为具有可诉性。

（2）市运管局发布的招标文件是否违法。①根据《招投标法实施条例》第十六条规定，招标文件的发售期不得少于 5 日，但本案中招标文件仅规定了 4 天发售期，明显低于法律规定的最低期限，应当认定市运管局程序违法。②《招标投标法》第十八条第二款规定，招标人不得以不合理的条件限制或者排斥潜在投标人，不得对潜在投标人实行歧视待遇；第二十条规定，招标文件不得要求或者标明特定的生产供应者以及含有倾向或者排斥潜在投标人的其他内容。《招标投标法实施条例》第三十二条规定，招标人不得以不合理的条件限制、排斥潜在投标人或者投标人。招标人有下列行为之一的，属于以不合理条件限制、排斥潜在投标人或者投标人："……（二）设定的资格、技术、商务条件与招标项目的具体特点和实际需要不相适应或者与合同履行无关；（三）依法必须进行招标的项目以特定行政区域或者特定行业的业绩、奖项作为加分条件或者中标条件。"本案市运管局招标文件评分办法中规定"注册资本达到500万元及以上的计5分；达到100万元及以上低于500万元的计2分；低于100万元的不计分"；"投标人或其控股公司参与某市出租汽车新能源建设的计15分；没有参加的不计分。"以上评分内容、标准违反了上述法律、行政法规的强制性规定，显失公平、公正，有倾向性地偏向部分投标人，排斥其他投标人。应当认定市运管局的招标文件有违法之处，因此构成行政行为违法。

综上，市运管局发布的招标文件违反法定程序和有关法律规定，应予撤销。市运管局在被诉的行政行为被撤销后，应依法修改出租汽车经营权出让招标文件和评分标准，按照法定程序重新组织招标。因此，法院判决撤销市运管局发布的招标文件，责令市运管局重新作出具体行政行为。

【分析】

1. 涉及稀缺资源分配的行政许可事项，行政许可机关可通过招标方式作出决定。《行政许可法》第五十三条规定："实施本法第十二条第二项所列事项的行政许可的，行政机关应当通过招标、拍卖等公平竞争的方式作出决定。但是，法律、行政法规另有规定的，依照其规定。行政机关通过招标、拍卖等方式作出行政许可决定的具体程序，依照有关法律、行政法规的规定。行政机关按照招标、拍卖程序确定中标人、买受人后，应当作出准予行政许可的决定，并依法向中标人、买受人颁发行政许可证件。行政机关违反本条规定，不采用招标、拍卖方式，或者违反招标、拍卖程序，损害申请人合法权益的，申请人可以依法申请行政复议或者提起行政诉讼。"该法第十二条规定："下列事项可以设定行政许可：……（二）有限自然资源开发利用、公共资源配置以及直接关系公共利益的特定行业的市场准入等，需要赋予特定权利的事项……"。交通运输部《出租汽车经营服务管理规定》第十三条规定："国家鼓励通过服务质量招投标方式配置出租汽车的车辆经营权。设区的市级或者县级道路运输管理机构应当根据投标人提供的运营方案、服务质量状况或者服务质量承诺、车辆设备和安全保障措施等因素，择优配置出租汽车的车辆经营权，向中标人发放车辆经营权证明，并与中标人签订经营协议。"根据 2016 年 8 月 26 日交通运输部令 2016 年第 64 号《关于修改〈出租汽车经营服务管理规定〉的决定》，该规章名称修改为《巡游出租汽车经营服务管理规定》，其第十三条规定："国家鼓励通过服务质量招投标方式配置出租汽车的车辆经营权。县级以上地方人民政府出租汽车行政主管部门应当根据投标人提供的运营方案、服务质量状况或者服务质量承诺、车辆设备和安全保障措施等因素，择优配置巡游出租汽车的车辆经营权，向中标人发放车辆经营权证明，并与中标人签订经营协议。"

本案中，出租车经营权的配置属于有数量限制、排他性，且取得者需要付出对价的行政许可，按照前述法律规定，可通过公开的招标方式作出行政许可决定，这样有利于增强行政机关作出决定程序的规范性、透明度，建立公平竞争的秩序，防范暗箱操作、权力寻租，增强行政行为的公信力，促进资源配置的效益。因此，市运管局出租汽车经营权招标属于行政行为，某出租车公司认为其违法，有权提起行政诉讼，请求法院撤销具体行政行为。

2. 招标文件设置的投标人资格条件限制或排斥竞争的，应当进行修改后重新招标。行政机关通过招标方式作出行政许可决定，除了应执行有关行政法律法规外，也应遵照招标投标法的规定。《招标投标法》第五条规定："招标投标活动应当遵循公开、公平、公正和诚实信用的原则。"依据这一规定，招标人提出的投标人资格条件、合同条件以及采购规则对所有潜在投标人应当是公平无歧视的。该法第十八条第二款规定招标人不得以不合理的条件限制或者排斥潜在投标人，不得对潜在投标人实行歧视待遇；第二十条规定招标文件不得要求或者标明特定的生产供应者以及含有倾向或者排斥潜在投标人的其他内容。《招标投标法实施条例》第三十二条列举了招标人以不合理的条件限制、排斥潜在投标人或者投标人的常见情形，其中有两项为"设定的资格、技术、商务条件与招标项目的具体特点和实际需要不相适应或者与合同履行无关"和"依法必须进行招标的项目以特定行政区域或者特定行业的业绩、奖项作为加分条件或者中标条件"。结合本案来看，招标文件的评分办法中按照注册资本多少、是否参加某特定项目评分的规定违反了公平原则，涉嫌排斥部分投标人。这些内容违法导致市运管局发出招标文件的具体行政行为违法，应当予以撤销，故本案市运管局应重新组织招标。

【启示】

1. 对于土地、森林、草原、水流、矿产资源和海域等有限自然资源的开发利用、公共运输线路和电信资源（包括无线电频率、卫星轨道位置、电信网码号等）等公共资源配置以及电力、铁路、民航和通信等直接关系公共利益的特定行业的市场准入等涉及稀缺资源分配、需要赋予特定权利的事项，原则上行政机关应当通过招标、拍卖等公平竞争的方式作出行政许可决定。

2. 潜在投标人如认为资格预审文件、招标文件以不合理的条件限制或者排斥潜在投标人，对潜在投标人实行歧视待遇的，有权提出异议，要求招标人修改资格预审文件、招标文件，纠正其违法行为。强制招标项目的招标人应当在修改资格预审文件、招标文件后重新招标，非强制招标的项目招标人可以在修改资格预审文件、招标文件后重新招标，也可以采用其他采购方式。

15 招标文件违反法律规定的应修改后重新招标

【案情】

某建筑公司具有建筑工程施工总承包三级资质，就某企业新建办公楼工程施工招标项目按时递交了投标文件和投标保证金150万元。某企业组织了开标、评标，但一直没有确定和公布中标人。某建筑公司向某企业发函，恳请某企业就签订合同一事给予回复。某企业复函称已将其办公楼工程承包给某工程公司施工，请某建筑公司尽快办理投标保证金退还手续。某企业将150万元退还至某建筑公司。某建筑公司根据公开的报价和招标文件规定，认定本公司应确定为中标单位，某企业应当与其签订施工承包合同但未签订，已构成违约，故向法院起诉，请求判令某企业双倍返还投标保证金，赔偿合同预期利益。

法院认为，第一，某企业进行招投标的办公楼建筑面积为1.4万平方米，依据《建筑业企业资质标准》中《建筑工程施工总承包资质标准》的规定，该项工程应当交由具有建筑工程施工总承包二级资质及以上的施工单位承包；某企业在招标文件中降低标准，只要求具有建筑工程施工总承包三级资质及以上的单位参与投标，违反国家法律法规的强制性规定，该招标投标行为无效。

第二，某建筑公司认为其根据开标结果应确定为中标人，而某企业拒不与某建筑公司签订施工总承包合同是违约行为，应当承担双倍返还投标保证金和赔偿合同预期利益的违约责任，没有事实依据和法律依据，法院不予支持。但是，某企业的违法行为是造成本项目工程招投标无效的唯一原因，应当承担缔约过失责任，某建筑公司因此造成的经济损失，可以另行处理。

综上，法院最终判决驳回某建筑公司的诉讼请求。

【分析】

1. 国家法律法规对投标人资格条件（如建筑业企业资质）有规定的，必须严格执行该规定。《招标投标法》第十八条第一款规定："招标人可以根据招标项目本身的要求，在招标公告或者投标邀请书中，要求潜在投标人提供有关资质证明文件和业绩情况，并对潜在投标人进行资格审查；国家对投标人的资格条件有规定的，依照其规定。"第二十六条规定："投标人应当具备承担招标项目的能力；国家有关规定对投标人资格条件或者招标文件对投标人资格条件有规定的，投标人应当具备规定的资格条件。"投标人的资格条件可以由国家法律法规作出明确规定，也可以由招标人根据招标项目实际需要设定一些资格条件（如关于投标人业绩的要求）。其中，建筑业企业资质是国家法律强制性规定的必备资格条件，《建筑法》第十三条明确规定："从事建筑活动的建筑施工企业、勘察单位、设计单位和工程监理单位，按照其拥有的注册资本、专业技术人员、技术装备和已完成的建筑工程业绩等资质条件，划分为不同的资质等级，经资质审查合格，取得相应等级的资质证书后，方可在其资质等级许可的范围内从事建筑活动。"具体依据住房城乡建设部印发的《建筑业企业资质标准》规定执行，案涉工程应由建筑工程施工总承包二级及以上资质的施工单位才可承包，而招标文件仅要求"三级资质及以上"，违反了法律的强制性规定。建筑公司仅具有"三级资质"，明显不满足本项目应达到的"二级资质"的法定要求，其投标无效。

2. 招标文件违反国家法律、行政法规的强制性规定的，应当在修改后重新组织招标。如前所述，本案招标文件违反《建筑法》第十三条和《建筑业企业资质标准》的规定，错误地将施工单位资质要求为"三级及以上"，根据《民法总则》第一百五十三条关于违反法律、行政法规的强制性规定的民事法律行为无效的规定，该招标文件无效。《招标投标法实施条例》第二十三条规定："招标人编制的资格预审文件、招标文件的内容违反法律、行政法规的强制性规定，违反公开、公平、公正和诚实信用原则，影响资格预审结果或者潜在投标人投标的，依法必须进行招标的项目的招标人应当在修改资格预审文件或者招标文件后重新招标。"也就是说，招标文件的内容违反法律、行政法规的强制性规定时，对于依法必须招标项目，应当对其进行修改后重新招标；如属于非依法必须招标项目，可以修改招标文件后重新招标，也可以终止招标活动采取其他方式采购。

3. 投标人要求招标人双倍返还投标保证金无法律依据，其如有损失，可要求招标人承担缔约过失责任。某建筑公司诉求的"双倍返还"类似《合同法》第一百一十五条及《担保法》确定的"定金罚则"。但是在本案中，投标人交付于招标人的款项名称为"投标保证金"，是由投标人单方向招标人提供的制约投标人必须依照法律法规和招标文件的要求进行投标活动的担保或承诺，并非具有可以"双倍返还"性质的定金，并无担保合同双方必须依法签约或履约的功能。现行招标投标法也没有规定招标人违法或违反招标文件时向投标人双倍返还投标保证金之说。而且，某企业并未发出中标通知书，双方之间的合同也并未成立，更无适用"定金罚则"之前提。至于因招标人发布不满足法律强制性规定的招标文件导致招标活动无效，而给投标人带来的损失，根据《民法总则》第一百五十七条规定，因招标人存有过错，故应由其进行赔偿。

另外，本案在投标人范围之外确定中标人的行为违反了《招标投标法》第四十条"招标人根据评标委员会提出的书面评标报告和推荐的中标候选人确定中标人"的规定。

【启示】

1. 招标人应当依法合规编制招标文件，并加强招标文件的合法性审查，对于投标人的资格条件等实质性内容，要特别注意既要符合法律规定，也要符合招标项目实际需求，避免出现违反法律、行政法规的强制性规定的情形。

2. 招标文件在发布后才发现有错误或者违反法律法规的规定的，应及时澄清修改。在开标以后，才发现内容有违法之处的，招标人应及时终止招标，并在分析出现违法的原因并修改招标文件后重新组织招标。

16 禁止以不合理条件限制、排斥潜在投标人

【案情】

2013 年 1 月 14 日，现代公司委托某招标公司通过国际公开竞争性招标，采购"虚拟现实评审系统"1 套。招标文件主要内容为：①如果提供的货物不是投标人自己制造的，投标人应得到货物制造商针对本次投标的正式授权书（后附《制造商出具的授权函》的具体格式）。②招标文件的技术规格中指出的工艺、材料和设备的标准以及参照的品牌或型号仅起说明作用，并没有任何限制性。投标人在投标中可以选用替代标准、品牌或型号，但这些替代要实质上满足或超过招标文件的要求。③技术规格：★ 1.1.7 基于投影机内部全光谱亮度传感器技术的 CLO 技术，保持亮度输出一致性控制；★ 2.1–2.5DynaColor 动态色彩一致性校正技术。

Z 公司、Y 公司等 4 家科技公司均作为集成商进行了投标。评标报告商务评审结论为："Z 公司的投标文件有如下关键商务条款不满足招标文件要求，商务评议不合格：①……；②制造商授权函未按招标文件提供的格式填写，且其制造商为美国 KS 公司，授权函中的授权单位和公章为上海 KS 公司，也无任何有效签名，授权函无效。其他 3 家投标文件均符合商务要求。"后公示评标结果：

第一中标候选人为 Y 公司。

Z 公司认为现代公司和 Y 公司串通排挤其公平竞争，提起诉讼，请求法院判令 Y 公司中标无效，现代公司和 Y 公司共同赔偿经济损失 50000 元。

法院认为：（1）关于 Z 公司诉称，涉案项目指定使用 CLO 技术而排斥具有相同效果的其他技术，指定使用 Barco 公司的注册商标而排斥其他品牌的产品的行为违法的问题。涉案项目招标文件规定了基于投影机内部全光谱亮度传感器技术的 CLO 技术以及 DynaColor 动态色彩一致性校正技术。但 Z 公司未提供充分证据证明 CLO 技术为 Barco 公司独有的专利技术。Barco 公司的网站上有 DynaColor 字样，但 Z 公司并未提供证据证明 DynaColor 为 Barco 公司的注册商标，亦未提供证据证明国家商标局已经受理了该商标注册的申请。且招标文件规定："招标文件的技术规格中指出的工艺、材料和设备的标准以及参照的品牌或型号仅起说明作用，并没有任何限制性。投标人在投标中可以选用替代标准、品牌或型号，但这些替代要实质上满足或超过招标文件的要求。"因此，招标文件中规定 CLO 及 DynaColor 技术不具有限制性和排斥性，并未构成以不合理条件限制、排斥投标人的违法行为。

（2）关于 Z 公司诉称，除 Z 公司外的其他投标人使用的产品由同一厂家生产，其他投标人应按照一家投标人计算，这样实际投标人不足三人，按照法律规定应重新招标的问题。《机电产品国际招标投标实施办法（试行）》第四十六条第三款规定："认定投标人数量时，两家以上投标人的投标产品为同一家制造商或集成商生产的，按一家投标人认定。对两家以上集成商或代理商使用相同制造商产品作为其项目包的一部分，且相同产品的价格总和均超过该项目包各自投标总价 60% 的，按一家投标人认定。"根据已查明的事实，涉案项目为集成项目，包括背投显示系统、信号处理及传输系统、中央控制系统、其他设备等众多部分，除 Z 公司外的其他投标人作为集成商使用 Barco 公司产品，只作为其集成产品的一部分，其价格并未超过各自投标总价的 60%，应按不同集成商计算，这样实际投标人超过 3 人。

（3）关于 Z 公司诉称，招标文件中规定"虚拟现实评审系统"应具备 DLP 技术、CLO 技术和 4K 分辨率，这三项技术的组合唯一确定了 Barco 公司的产品，从而排斥投标的问题。根据 Z 公司在其投标文件中的表述，其投标的 KS 公司 Christie D4K35 投影机，其物理分辨率为 4K，具备三片 DLP 及基于投影机内部全光谱亮度传感器技术的 CLO 技术，且自认 KS 公司拥有的 LiteLOC 技术能达到与 CLO 技术相同的效果。因此可以认定 DLP 技术、CLO 技术和 4K 分辨率并不能唯一指向 Barco 公司的产品，并未排斥 Z 公司的投标。

综上，Z 公司未中标系其自身原因导致，并无充分证据证明现代公司和 Y 公司串通实施了以不正当手段排挤 Z 公司公平竞争的违法行为。法院判决驳回 Z 公司的全部诉讼请求。

【分析】

1. 禁止以不合理条件限制、排斥潜在投标人或者投标人。《招标投标法》第十八条规定："招标人不得以不合理的条件限制或者排斥潜在投标人，不得对潜在投标人实行歧视待遇。"为了准确界定限制、排斥投标的违法行为，《招标投标法实施条例》第三十二条第二款规定："招标人有下列行为之一的，属于以不合理条件限制、排斥潜在投标人或者投标人：（一）就同一招标项目向潜在投标人或者投标人提供有差别的项目信息；（二）设定的资格、技术、商务条件与招标项目的具体特点和实际需要不相适应或者与合同履行无关；（三）依法必须进行招标的项目以特定行政区域或者特定行业的业绩、奖项作为加分条件或者中标条件；（四）对潜在投标人或者投标人采取不同的资格审查或者评标标准；（五）限定或者指定特定的专利、商标、品牌、原产地或者供应商；（六）依法必须进行招标的项目非法限定潜在投标人或者投标人的所有制形式或者组织形式；（七）以其他不合理条件限制、排斥潜在投标人或者投标人。"该条只是列举了常见情形，实践中有更多表现形式。在本案中，Z公司主张招标文件中规定的技术参数直接指向某一制造商的产品，但因未提供充足证据予以证实，故法院未认可其主张。

2. 禁止招标人与投标人串通实施不正当竞争行为。招标人和投标人通过意思联络达成排挤某些投标人公平竞争的共同意图，并实施了以不正当手段排挤该投标人公平竞争的违法行为，构成不正当竞争，也属于招标投标法所禁止的招标人与投标人串通投标。《招标投标法实施条例》第四十一条第二款列举了常见情形：（一）招标人在开标前开启投标文件并将有关信息泄露给其他投标人；（二）招标人直接或者间接向投标人泄露标底、评标委员会成员等信息；（三）招标人明示或者暗示投标人压低或者抬高投标报价；（四）招标人授意投标人撤换、修改投标文件；（五）招标人明示或者暗示投标人为特定投标人中标提供方便；（六）招标人与投标人为谋求特定投标人中标而采取的其他串通行为。在本案中，Z公司因未中标而主张招标人与中标人串通实施了不正当竞争行为，但无证据证实，所以未被法院认可。

【启示】

1. 招标人应当根据招标项目的特点和需要编制招标文件，在设置投标人资格条件、制定招标投标规则、商务条件和技术参数以及合同条件等方面，应当一视同仁，不设置竞争壁垒，不增加潜在投标人负担，不提出与招标项目实际需要不相契合、与履行招标项目合同无关的不合理的条件，不实行歧视待遇，以免非法排斥或限制竞争。

2. 对于机电产品国际招标项目，在开标环节认定投标人数量时，两家以上投标人的投标产品为同一家制造商或集成商生产的，按一家投标人认定。对两家以上集成商或代理商使用相同制造商产品作为其项目包的一部分，且相同产品的价格总和均超过该项目包各自投标总价 60% 的，按一家投标人认定。按照该规则认定后的投标人数量不足三家的，不得开标，招标失败，应重新组织招标。

17 设计竞赛项目招标文件可约定支付设计补偿款

【案情】

2012 年 6 月，某控股公司发布招标说明书载明：招标设计内容为交流中心修建性详细规划；设计单位应具备甲级规划设计资质，境外单位应与国内设计单位结成设计单位联合体参赛；参赛单位按设计任务书的规定报送设计成果，符合本次参赛设计任务书要求的确定为有效方案；对有效参赛单位均支付成本补偿 40 万元（含税）。同年 7 月 6 日，某规划顾问公司向控股公司提交投标承诺书、投标公函；8 月 24 日，规划顾问公司向控股公司展示设计成果并进行 PPT 演示汇报；12 月 18 日，控股公司确认其他公司中标。2013 年 7 月 12 日，规划顾问公司发出催款函要求控股公司支付投标"成本补偿款 40 万元"未果。故规划顾问公司提起诉讼，请求法院判决控股公司支付投标成本补偿款 40 万元及延期付款利息。

法院认为：（1）关于规划顾问公司的资质是否符合控股公司招标参赛资格的问题。规划顾问公司系中外合资企业，该公司在 2013 年 11 月 18 日前承担的业务范围是城市总体规划以外的城市规划的编制、咨询活动，控股公司在审核报名参赛资质时应该清楚规划顾问公司是否有参赛资格。由于控股公司同意规划顾问公司参赛，且规划顾问公司于 2013 年 11 月 19 日取得了外商投资企业城市规划甲级资格，因此，应认定其资质符合控股公司招标参赛资格。

（2）关于控股公司应否支付规划顾问公司投标成本40万元及延期付款利息25315元的问题。规划顾问公司已作为控股公司交流中心修建性详细规划项目招标参赛的有效参赛单位，履行了"按设计任务书的规定报送设计成果"的义务，根据控股公司在招标说明书中"对有效参赛单位均支付成本补偿金40万元（含税）"的说明，控股公司应支付成本补偿。但控股公司没有支付，有悖于诚实信用原则，已构成违约，应承担相应的民事责任。规划顾问公司要求控股公司支付补偿金40万元（含税）及按中国人民银行规定的同期一年期贷款利率计付延期付款利息有理，应予支持。

法院判决控股公司向规划顾问公司支付成本补偿款40万元（含税）及利息。

【分析】

1. 招标人对未中标的设计方案予以补偿具有合理性。工程设计招标可以分为设计方案招标和设计团队招标两种类型。无论哪一类，其竞争的关键都是设计方案的优劣和设计团队的素质能力，而不是设计服务费用。工程设计为智力密集型工作，投标人需要先期投入大量的人财物来创作设计投标方案，还要采用设计效果图、展板、模型、多媒体演示文件等方式表现其设计方案，还可能提交备选投标方案，需要付出一定费用，如果没有中标则其损失较大，此时需要考虑补偿一定的投标方案编制费用。目前业界较为通行的做法是：不管中标与否，招标人一般都要给予投标人一定数量的补偿费用，作为对投标人编制、递交有效投标文件的经济补偿。

2. 招标人对未中标的设计方案予以补偿具有法律依据。对于设计招标项目一般应考虑给予未中标的设计方案一定金额的补偿，这是国际惯例。我国立法也有一些原则性规定，如《工程建设项目勘察设计招标投标办法》第十五条第二款规定："勘察设计招标文件应当包括下列内容：……（六）勘察设计费用支付方式，对未中标人是否给予补偿及补偿标准"；《建筑工程设计招标投标管理办法》第十条规定："招标文件应当满足设计方案招标或者设计团队招标的不同需求，主要包括以下内容：……（十三）未中标方案补偿办法"；《建筑工程方案设计招标投标管理办法》第三十八条规定："对于达到设计招标文件要求但未中标的设计方案，招标人应给予不同程度的补偿。（一）采用公开招标，招标人应在招标文件中明确其补偿标准。若投标人数量过多，招标人可在招标文件中明确对一定数量的投标人进行补偿。（二）采用邀请招标，招标人应给予每个未中标的投标人经济补偿，并在投标邀请函中明确补偿标准。招标人可根据情况设置不同档次的补偿标准，以便对评标委员会评选出的优秀设计方案给予适当鼓励。"这些规定对补偿范围、补偿金额未予以明确，但一些地方出台了具体细则，如《台州市规划与建筑工程方案设计招标投标管理办法》规定"对于达到招标文件要求但未中标的设计方案，招标人应当给予投标补偿费"，并明确了补偿费组成和分项费用参考标准。

3. 招标人应当依据招标公告或招标文件约定支付补偿。根据前述法律规定，对建筑工程方案设计招标项目达到设计招标文件要求但未中标的方案，招标人应给予补偿；其他招标项目是否支付经济补偿以及补偿对象、补偿金额，根据招标公告（投标邀请书）或招标文件的规定处理。关于补偿范围：对于邀请招标项目，因邀请的投标人数量有限，达到设计招标文件要求的有效设计方案均应予以补偿；对于公开招标项目，如投标人数量众多，可以对补偿的范围进行限定，比如限定为投标文件通过评审，综合评分排名前三的未中标人。关于补偿标准：主要针对编制投标文件工本费（如制作设计文本、效果图、多媒体及模型等所需要的费用）及设计咨询费（即适当的方案设计费）等必要、合理的费用，金额由招标人合理确定。关于补偿金额：招标人可以向每位未中标人等额支付投标补偿费，也可以视投标方案的优劣分档设置投标补偿费，数额不等，比如按照综合评分高低依次递减补偿金额。

【启示】

1. 为了鼓励投标人在投标设计立意、构思、设计方案优化等方面投入力量创作出优秀的设计方案，建议招标人对未中标人支付合理的投标补偿费用，还可在此基础上评选优秀设计方案予以奖励。另外，招标人可通过资格预审，从众多的设计投标申请人中择优选择具有与招标项目类似业绩经验的设计单位参与设计投标，既可以从优秀的设计人中选择尽可能优秀的设计方案，还可以避免招标人因投标人过多承担过高的投标补偿费用。

2. 设计补偿方案必须在招标文件中明示，明确补偿对象和补偿的金额以及不予补偿的情形，如可明确规定，未递交设计方案或递交的设计方案不满足招标文件实质性要求的不予补偿。关于补偿金额，可以规定凡达到要求的设计方案，均补偿同等金额；或者按照综合得分高低，依次递减给予补偿，如第一名 10 万元，第二名 8 万元，第三名 6 万元。

18 自愿招标项目通过资格预审的申请人只有 2 家怎么办

【案情】

某企业因扩大产能需新增一条生产线,生产线相关设备采用公开招标方式对外采购。该项目采用资格预审方式招标,经组织有关专业人士资格预审,只有两家供应商通过资格审查。资格预审结束后,采购人对如何开展下步工作产生了分歧,共有三种意见:

第一种意见认为,应继续本次招标程序,向通过资格预审的两家单位发售招标文件,等投标截止时间到达后,根据《招标投标法》第二十八条"投标人少于三个的,招标人应当依照本法重新招标"的规定,宣布招标失败然后重新组织招标。

第二种意见认为,为提高工作效率,该项目应立即宣布招标失败。根据《招标投标法实施条例》第十九条第二款"通过资格预审的申请人少于 3 个的,应当重新招标"的规定,不得改用其他采购方式,只能重新组织招标。

第三种意见认为,该项目不属于依法必须进行招标的项目,招标失败以后,项目业主可自主决定重新招标或改用其他方式进行采购。建议与通过资格审查的两家供应商进行磋商谈判,最终从质量、报价和供货方案更优的供应商中确定成交单位。

【分析】

在上述三种处理方式中,第三种意见更为符合立法本意。

第一种意见属于适用法条错误,在资格预审结束后出现合格申请人少于 3 个的,应当引用《招标投标法实施条例》第十九条第二款的规定进行处理,不能引用《招标投标法》第二十八条的规定处理。

第二种意见对法条的理解不太全面，其不足在于未能全面理解和领悟《招标投标法》及其实施条例中贯穿的"差别化管理原则"的精神，孤立地从法条字面表述中断定其适用前提。

的确，《招标投标法实施条例》第十九条第二款在表述时，未区分该款是适用于自愿招标项目还是依法必须进行招标的项目，从法条的字面表述来看，似乎不论招标项目的性质如何，只要采用招标方式进行采购的，一旦出现通过资格预审的单位不足3家时，都必须重新组织招标，而不得改用其他采购方式。

从法理上看，这一观点存在偏颇之处：对于不属于依法必须进行招标的项目而言，采购人享有充分的采购方式自主选择权，采购人既可以选择招标方式进行采购，也可以选择其他方式进行采购，甚至可以直接与供应商签订采购合同。采购人的这一权利不仅在首次采购时享有，而且在首次采购失败须组织二次采购时依然享有，采购人的这一权利，不因其选择过招标方式而被剥夺。因此，采购人在选择招标方式进行采购后，如第一次招标失败须组织二次采购时，采购人依然享有采购方式的选择权，这一权利不会因为该项目曾经选用过招标方式而丧失。

此外，从《招标投标法实施条例》第十九条第二款的立法目的来看，并非是为"限制自愿招标项目采购人在特定情形下的采购方式选择权"而设，并非是要表达"自愿招标项目的采购人一旦选择了招标方式进行采购，即使是在招标失败须组织二次采购时也丧失了采购方式的选择权"这一层意思，该款所述的内容，只是对资格预审失败以后该如何开展下步工作的泛指，并不排斥采购人可以进行其他选择的权利。因此该条款并无特指意义，不能理解为"采购人只要选择了招标方式，就丧失了二次采购时采购方式的选择权"。从这个意义上看，该条款虽未明示其适用前提是自愿招标项目还是依法必须进行招标的项目，但从法条的立法本意来看，其所表述的必须重新招标的情形，应当是针对依法必须进行招标的项目而言。

综上分析，第三种意见更符合立法本意。

【启示】

1. 对于自愿招标项目，招标人可以采用招标方式，也可以采用其他方式采购。

2. 对于依法必须招标的项目，一旦出现通过资格预审的单位不足 3 家时，招标人应当重新组织招标，但对于自愿招标项目，招标人可以自主决定重新招标还是改用其他采购方式。

19 终止招标时应退还投标保证金及利息

【案情】

某勘察院于2013年1月19日收到建设公司发出的投标邀请函，邀请其参加建设公司开发的住宅项目的勘察工程。同年 1 月 23 日，勘察院交纳 1000 元购买了招标文件，按照招标文件约定，投标人必须在规定的时间内向建设公司账户汇入 20 万元投标保证金才能参加投标，投标文件递交截止时间及开标时间为 2013 年 2 月 28 日 14 时。同年 2 月 19 日，勘察院交纳了 20 万元投标保证金。开标时间到期后建设公司未能开标，勘察院于 2013 年 6 月 18 日向建设公司发函要求退还投标保证金，但建设公司未予退还。勘察院遂诉至法院，请求法院判令建设公司立即退还投标保证金 20 万元及利息，归还勘察院购买招标文件的费用 1000 元。

法院认为：建设公司以投标邀请书的方式邀请勘察院参加投标，勘察院收到投标邀请函后，按建设公司招标文件的规定向其交纳了 20 万元保证金并购买了招标资料，可建设公司未能如约开标，致使该项目未能实施，对勘察院要求建设公司退还投标保证

金及资料费的请求，建设公司当庭表示同意退还，故对勘察院的
该项请求本院予以支持。对勘察院请求的退还投标保证金的利息，
根据《招标投标法实施条例》第三十一条规定，应从 2013 年 4 月
17 日起算至本判决确定给付之日止，其标准按同期同类银行存款
基准利率计算。据此，法院判决建设公司退还勘察院交纳的保证
金人民币 20 万元及利息（从 2013 年 4 月 17 日起算至本判决确定
给付之日止，按银行同期同类存款基准利率计算）、招标文件费
1000 元。

【分析】

1. 招标人不得无故擅自终止招标活动。招标人发布资格预审
公告、招标公告或者发出投标邀请书，招标投标程序由此正式启动。
按照合同法、招标投标法上的诚实信用原则，招标人在向潜在投
标人发出要约邀请后，没有正当、合理的理由不得无故终止招标
程序。如果放任招标人随意终止招标，将导致招标人利用终止招
标之权利，根据投标的情况随时决定终止招标，从而为虚假招标、
排斥潜在投标人，实现其非法目的大开方便之门，不利于保障投
标人公平竞争的权利。即便没有此等违法情节，招标人擅自终止
招标也会挫伤潜在投标人参与投标的积极性，给潜在投标人造成
一定损失。因此，原则上不允许招标人擅自终止招标。但是，在
由于非招标人原因无法继续进行招标活动的一些特殊情况下，如
招标项目所必需的条件发生了变化（因国家产业政策调整撤销原
项目行政审批手续）、发生不可抗力（招标人因地震严重受损原
项目已无实施必要），终止招标又难以避免，此时招标人可以终
止招标，《招标投标法》并未一概禁止。

2. 招标人终止招标活动时应退还潜在投标人购买招标文件的
费用和投标保证金及其利息。鉴于终止招标会给投标人造成一定
的经济损失，招标投标法规定，招标人在终止招标时应承担一定
的义务，以尽可能地减少损失，保障投标人的权利。《招标投标
法实施条例》第三十一条规定："招标人终止招标的，应当及时

发布公告，或者以书面形式通知被邀请的或者已经获取资格预审文件、招标文件的潜在投标人。已经发售资格预审文件、招标文件或者已经收取投标保证金的，招标人应当及时退还所收取的资格预审文件、招标文件的费用，以及所收取的投标保证金及银行同期存款利息。"这些是招标人在具有正当理由下应当履行的法定义务。但是如招标人无正当理由（如为了偏袒投标迟到的投标人给予其机会）终止招标，或者因自身原因（如招标项目未经核准或项目资金未落实即启动招标活动）必须终止招标，给投标人造成损失的，招标人应按《合同法》第四十二条规定承担缔约过失责任，依法赔偿损失。

【启示】

1. 招标人对招标程序应当慎重对待。除非发生招标项目所必需的客观条件变化或者因不可抗力导致按照原定的条件和程序继续招标已不可能或者将造成重大损失的，招标人具有合理的理由，此时可以终止招标，应及时告知潜在投标人或投标人，并退还资格预审文件、招标文件售卖费用和投标保证金及银行同期存款利息。

2. 招标人若因重新调整标段划分、改变投标人资格条件或者招标范围、已发布的招标项目基本信息不准确等原因而终止招标，应及时与投标人沟通并尽快重新启动招标程序。还要总结经验教训，此后更加充分重视招标准备工作。

3. 招标人若没有充分、正当的理由，以终止招标手段企图达到限制、排斥竞争或偏袒某些投标人的非法目的，则有违诚实信用原则，可能被追究缔约过失责任。

20 程序不完备的招投标行为无效

【案情】

2009 年 7 月 21 日，餐饮管理公司发布某单位食堂租赁经营项目招标公告，上面载明：1. 投标人资格：法人餐饮服务机构，注册资金 10 万元以上，具有独立法人资格，能独立承担民事责任，经营业绩良好的餐饮经营户。2. 报名时需提交资料：营业执照、税务登记证、卫生许可证复印件，押金 5 万元。

2009 年 7 月 23 日，丁某到餐饮管理公司处缴纳报名资料费 200 元，押金 5 万元。

2009 年 8 月 3 日，丁某参加投标，出具的投标一览表载明，投标人为丁某，并备注："1. 如以上网点投标失败者，可全额退还所交押金（无银行利息）；2. 如中标，押金自动转为保证金（如自行放弃，不予退还）。"同日，丁某出具申请书一份，内容为"我自愿加入餐饮管理公司，申请做公司下属网点的管理部长"，餐饮管理公司盖章批准。后餐饮管理公司通知丁某协商签订合同等相关事宜，由于双方对有关合同条款分歧很大，未能签订合同。丁某要求退还 5 万元押金未果，故成讼。

法院认为：本案中餐饮管理公司采取的是公开招标的方式，但纵观双方的招投标活动，并不符合《招标投标法》的相关规定，其招投标行为无效，理由如下：

第一，餐饮管理公司只发布了招标公告，没有编制招标文件，也没有向丁某发布相应的招标文件。

第二，餐饮管理公司发布的招标公告中明确了投标人资格为法人餐饮服务机构，注册资金 10 万元以上，具有独立法人资格，能独立承担民事责任，经营业绩良好的餐饮经营户，但在明知丁某是个人的情况下依然收取报名资料费和押金，并允许其参与所谓的招投标活动。

第三，餐饮管理公司没有依法进行开标和评标活动，该公司称，在2009年8月3日通知报名者进行了公开招标，并当场口头通知丁某中标，但其没有提供相应的证据予以证实。该公司辩称，丁某出具的投标一览表就是投标文件，丁某出具了申请书就作为对中标者的通知。但餐饮管理公司没有向丁某发布相应的招标文件，投标一览表和申请书均是餐饮管理公司事先印好的格式文本，也没有列明拟签订合同的主要条款，不符合《招标投标法》规定的投标文件和中标通知书的要件。从实质上看，该申请书只是一份意向性的文件，并不具有中标通知书的效力。双方也没有就承包食堂事宜签订具体的协议。

综上，餐饮管理公司所进行的招投标行为是无效的，双方没有就承包食堂事宜达成具体协议，餐饮管理公司所谓的投标文件即投标一览表中规定的条款对双方没有法律约束力，其辩称押金5万元是履约保证金的理由不成立，收取丁某押金5万元不予退还也没有相应的法律依据。故法院判决餐饮管理公司返还丁某押金5万元。

【分析】

1. 招标投标有完备严格的程序规定，不符合程序规定的招投标行为无效。采购方式多种多样，常见的除了招标，还有竞争性谈判、竞争性磋商、单一来源采购、询价采购、反向竞拍等方式。与其他采购方式相比，《招标投标法》对招标投标设置了详尽完备、严格规范的程序性规定，对招标公告与招标文件的内容与发布、投标文件的编制与递交，开标、评标、定标程序及签订合同等关键程序都作出明确具体的规定，严格履行完这些法定的程序才是完整、合法的招标投标行为。但从本案来看，只有招标人发布招标公告、投标人递交投标文件等环节，但招标人没有发售招标文件，没有依法组织开标、评标、定标等活动，未发出中标通知书，也就是说并没有履行完整的招投标程序，故实质上并无合法的招投标行为存在。履约保证金是中标人向招标人提供的确保依法全面履约的担保，既然不存在合法的招投标活动，无双方合同存在，也就失去提交履约保证金的前提条件。基于此，本案中餐饮服务公司扣留丁某的履约保证金的做法没有法律依据，应当退还。

2. 除科技项目外，自然人个人一般不得作为适格的投标人参与投标。根据《招标投标法》第二十五条规定："投标人是响应招标、参加投标竞争的法人或者其他组织。依法招标的科研项目允许个人参加投标的，投标的个人适用本法有关投标人的规定。"根据《民法通则》第三十六条、《民法总则》第五十七条规定，法人是具有民事权利能力和民事行为能力，依法独立享有民事权利和承担民事义务的组织。法人分为企业法人、机关法人、事业单位法人、社会团体法人（《民法总则》将法人分为有限责任公司、股份有限公司和其他企业法人等营利法人，包括事业单位、社会团体、基金会、社会服务机构等非营利法人和机关法人、农村集体经济组织法人、城镇农村的合作经济组织法人、基层群众性自治组织法人等特别法人）。参加投标竞争的法人应为企业法人或事业单位法人。法人以外的其他组织，即经合法成立、有一定的组织机构和财产，但又不具备法人资格的组织，如经依法登记领取营业执照的个人独资企业、合伙企业，法人依法设立并领取营业执照的分支机构等。个人，即《民法通则》所讲的自然人（公民）。（如本案发生在 2017 年 10 月 1 日以后，则应根据《民法总则》的相关规定处理。）个人作为投标人，只限于科研项目依法进行招标的情形。本案中，招标公告明确规定投标人资格条件为法人餐饮服务机构，具有独立法人资格，能独立承担民事责任，经营业绩良好的餐饮经营户，也就是投标人必须是企业法人。因此，作为个人的丁某不具备适格的投标人资格条件，其投标行为无效。

【启示】

1. 完整的招投标活动包括招标、投标、开标、评标、定标和商签合同等主要环节。在每一个环节，招标投标法都作出一系列系统完整的强制性规定或任意性规定，如招标文件的内容、投标人的资格条件、投标文件的编制、评标标准和方法、开标时间和地点、评标程序、定标原则以及中标通知书的送达等环节，都有具体的行为规范。招标虽然不是任何采购都必选的采购方式，但是一旦选择招标方式进行采购，就应严格依照《招标投标法》的规定依法合规履行全部程序，才能是实质性的招标投标活动。

2. 招标投标活动中，对于工程建设项目施工而言，根据《工程建设项目施工招标投标办法》第十五条规定，对招标文件所附的设计文件，招标人可以向投标人酌收押金，开标后投标人退还设计文件时招标人应当退还押金。除此之外，一般不能以任何名义收取"押金"，以减少投标人的负担。

21 承诺保证中标的居间合同无效

【案情】

2012 年 4 月 11 日，高某（乙方）与投资公司（甲方）签订了一份《居间服务合同》，约定：1. 甲方自愿委托乙方为其提供居间服务，并使甲方获得城市综合服务设施一期建设项目的中标。2. "居间成功"是指完成该工程项目与甲方签订承包合同，甲方未签订承包合同，未取得实质性施工权，均视为委托事项未完成。3. 乙方必须开展对建设单位与甲方进行有效的协调、洽谈，并促成甲方取得工程施工承包权。4. 如果居间成功，则由甲方全面履行和建设单位所签订的承包施工合同，按本合同约定向乙方支付居间报酬。5. 本项目居间费用为工程总造价金额 3% 至 5% 作为酬金（税后）。

2012年5月25日，投资公司中标后与项目建设单位签订了城市综合服务设施一期建设项目土建主体工程承包合同。

另，2012年5月2日，投资公司与高某签订一份劳动合同。合同约定高某担任投资公司副总经理职务，如高某牵头为投资公司获得工程项目承包权，投资公司同意从工程造价中按比例提成作为高某奖金。后高某索要居间报酬未果而提起诉讼。

法院认为：居间合同是居间人向委托人报告订立合同的机会或者提供订立合同的媒介服务，委托人支付报酬的合同。高某与投资公司签订的居间合同加盖有投资公司的印章，且与投资公司和高某签订的劳动合同的内容相互印证，可以认定该居间合同系双方当事人的真实意思表示。本案所涉及的城市综合服务设施一期建设项目系根据法律规定以招投标方式对外进行发包的。《招标投标法》第五条规定，"招标投标活动应当遵循公开、公平、公正和诚实信用的原则"。高某与投资公司签订的居间合同约定：投资公司委托高某为其提供居间服务，并使投资公司获得该工程项目的中标。该约定明显违反了招投标活动中要求遵循的公开、公平、公正和诚实信用原则，扰乱了建筑市场的正常秩序，损害了其他参与招投标活动当事人的合法权益。这种以"获得中标"为条件收取费用的行为，明显违反招投标活动应遵循的"三公"原则，是扰乱市场正常秩序的行为，依法不予支持。故认定《居间服务合同》无效，对高某要求投资公司支付居间报酬的诉讼请求不予支持。

综上，法院判决：驳回高某的诉讼请求。

【分析】

《合同法》第四百二十四条规定："居间合同是居间人向委托人报告订立合同的机会或者提供订立合同的媒介服务，委托人支付报酬的合同。"居间合同中，居间业务根据居间人所接受委托内容的不同，既可以是只为委托人提供订约机会的报告居间，也可以是为促成委托人与第三人订立合同进行介绍或提供机会的媒介居间，也还可以是报告居间与媒介居间兼而有之的居间活动。居间合同以促成委托人与第三人订立合同为目的，居间人在合同关系中处于介绍人的地位，不是委托人的代理人。委托人是否与第三人订立合同，与居间人无关。

约定的居间服务事项违反法律规定的居间合同无效。《合同法》第五十二条规定："有下列情形之一的，合同无效：（一）一方以欺诈、胁迫的手段订立合同，损害国家利益；（二）恶意串通，损害国家、集体或者第三人利益；（三）以合法形式掩盖非法目的；（四）损害社会公共利益；（五）违反法律、行政法规的强制性规定。"招标投标行为本身属于市场竞争方式的一种类型，招标投标活动是通过公平竞争机制求得公正的竞争结果。各投标人应当通过参与投标、公平竞争来获得招标项目，中标人应当是经过评标委员会评审后最终才确认的。在定标之前，没有任何一方能够承诺一定中标，无论是谁都不能预知也不能决定谁可以中标。声称或承诺利用个人资源在招标人与投标人之间建立关系，为投标人在投标中获取优势，以保证中标为名义的居间服务都是违反国家法律规定、破坏市场竞争秩序的违法行为。在本案中，高某与投资公司签订的《居间服务合同》约定：投资公司委托高某为其提供居间服务，并使投资公司获得该工程项目的中标。该约定明显违反了公开、公平、公正和诚实信用原则，扰乱了建筑市场的正常秩序，损害了其他参与招投标活动当事人的合法权益。对此行为，法院认定不予支持，并判决《居间服务合同》无效。居间合同无效，合同一方要求对方依照合同约定支付居间报酬也得不到支持。

【启示】

1. 基于信息不对称，招投标活动中居间人可以为投标人提供招标和订立合同机会的居间服务，如收集提供招标信息、制订投标文件、协助进行投标、与招标人之间工作沟通等合法业务。

2. 居间服务合同约定的相关服务内容应当合法，不得从事《招标投标法》等法律禁止性规定的行为。如居间服务合同不得约定"保证中标""保证签订施工合同""获取其他投标人的报价""与评标委员会成员沟通"等违反《招标投标法》规定的措辞，也不得有在居间活动中穿针引线与招标人、投标人私下磋商、串标、围标等禁止行为以及名为支付居间费用、劳务费、工程介绍费等实际用于行贿和回扣的"以合法形式掩盖非法目的"的违法行为。

第二部分

投　标

22 兄弟公司可以同时投标吗

【案情】

消防大队特种抢险救援器材采购项目公开招标，经评标委员会评议，一致推荐：某消防器材公司为中标单位。评审结果公示以后，某科技公司认为另一投标人某消防装备公司与中标人某消防器材公司之间存在控股关系，既不具备投标资格，又存在串通投标行为，应判定某消防器材公司中标无效，本项目重新组织招标，于是向招标代理公司提出质疑。代理机构答复后，某科技公司不满意，向市财政局提出投诉，要求认定本项目中标无效，重新组织招标。

市财政局查明：某消防器材公司的法定代表人为董××，持股比例为：董××90%，汪××10%。某消防装备公司的法定代表人为汪××，持股比例为：董××40%，汪××60%。根据政府采购法的相关规定，各投标人之间如果存在以下情况之一，不得参与同一项目的投标：（1）单位负责人为同一人或者存在控股、管理关系的不同单位，不得参加同一标段投标或者未划分标段的同一招标项目投标；（2）法定代表人为同一个人的两个及两个以上法人不得同时参与投标。单位负责人是指单位法定代表人或者法律、行政法规规定代表单位行使职权的主要负责人。管理关系是指不具有出资持股关系的其他单位之间存在管理与被管理关系，如一些上下级关系的事业单位和团体组织。某消防器材公司的法定代表人董××与某消防装备公司的法定代表人汪××并非同一人。上述两公司虽然存在相同的股东，但是两公司之间不存在控股关系。此外，上述两公司系依据公司法注册成立的独立企业法人，不能证明他们之间存在管理与被管理关系。因此，某消防器材公司与某消防装备公司并不存在招标文件所禁止的一同参与投标的情形。

据此，根据《政府采购质疑和投诉办法》第二十九条第（二）项的规定，市财政局作出《政府采购投诉处理决定书》，决定驳回投诉人某科技公司的投诉，恢复被投诉项目政府采购活动。

【分析】

实践中，两个投标人具有相同的股东或者部分股东相同的情况是比较常见的情形，而且正是因为股东相同或者重合，自然而然就会令人质疑存在私下协商投标的串通行为。但这毕竟只是一种猜测，一种可能性，而不具有必然性。至于是否构成串通投标，其投标资格是否合格，还要严格依据国家法律规定确立的标准来认定。

《政府采购法实施条例》第十八条第一款规定："单位负责人为同一人或者存在直接控股、管理关系的不同供应商，不得参加同一合同项下的政府采购活动。"根据该条文，因存在股权、控制权、管理权等法律关系而有紧密的关联关系、利益关系的关联供应商之间，容易在经营决策行为中协商一致，采取一致行动，如果允许其参加同一采购项目，就可能发生串通行为，使政府采购活动丧失公平竞争属性，故作出了上述禁止性规定。

所谓"直接控股关系"，表现为一方供应商为另一方供应商的控股股东，凭借其控股地位，通过行使《公司法》赋予的参与重大决策权，足以直接决定、支配其所控股的公司的经营管理事项。拥有另一个公司一定比例以上的股份的公司称为母公司。相对而言，其股份被另一个公司持有的公司称为子公司。母、子公司之间既有控股关系也有参股关系。参考《公司法》第二百一十七条第（二）项规定，"控股"是指以下两种情况：一是指股东的出资额占有限责任公司资本总额50%以上或者其持有的股份占股份有限公司股本总额50%以上；二是出资额或者持有股份的比例虽然不足 50%，但依其出资额或者持有的股份所享有的表决权已足以对股东会、股东大会的决议产生重大影响，一般将前一种控股情形称为"绝对控股"，后一种控股情形称为"相对控股"。

国家统计局《关于统计上对公有和非公有控股经济的分类办法》（国统字〔2005〕79 号）对于"绝对控股"和"相对控股"作了更为明确的表述："绝对控股"是指在企业的全部实收资本中，某种经济成分的出资人拥有的实收资本（股本）所占企业的全部实收资本（股本）的比例大于 50%。投资双方各占 50%，且未明确由谁绝对控股的企业，若其中一方为国有或集体的，一律按公有绝对控股经济处理；若投资双方分别为国有、集体的，则按国有绝对控股处理。"相对控股"是指在被投资企业的全部实收资本中，某出资人拥有的实收资本（股本）所占的比例虽未大于 50%，但根据协议规定拥有企业的实际控制权（协议控股）；或者相对大于其他任何一种经济成分的出资人所占比例（相对控股）。

如前所述，《政府采购法实施条例》第十八条第一款规定对于存在控股关系的不同单位不得参加同一合同项下的政府采购活动，这里的"同一合同项"，一般是指同一标段或者未划分标段的同一招标项目。也就是说，存在控股关系的两个单位不得在同一标段或者未划分标段的同一招标项目中投标。

根据上述规定，本案中，某消防装备公司与某消防器材公司两家单位的股东相同，同为董××和汪××二人，但是其法定代表人不是同一人，二公司之间也没有相互入股更没有控股的情形，故不在《政府采购法实施条例》第十八条的禁止之列。而且，无论是《招标投标法》《政府采购法》还是与之相关的行政法规、部门规章，也都没有将股东相同的两家投标人投标视为串通投标的规定。因此，某消防装备公司与某消防器材公司如果没有其他情形，不能否定其投标资格，也不能认定为串通投标。

【启示】

供应商之间存在股东交叉或同为同一法人控制或其股东有重合交叉的情形，都不属于"单位负责人为同一人或者存在直接控股、管理关系"的情形，法律并不限制其投标资格。但由于其天然的关联关系，客观上讲，具有这些关联关系的供应商之间协同一致报价的概率更高一些，招标人如有怀疑的，应当由评标委员会着重进行审查有无《政府采购法实施条例》第七十四条、《政府采购货物和服务招标投标管理办法》第三十七条规定的串通投标的法定情形。

23 投标人不得提供以"确保中标"为内容的居间服务

【案情】

工贸公司与环保工程公司签订了一份《合作协议书》，合作内容为工贸公司帮助环保工程公司获得某电厂扩建工程的电除尘器合同。该协议书约定：环保工程公司负责招标前期的技术交流、投标以及中标后的设备生产、安装调试、技术培训服务等工作；工贸公司负责该项目的商务运作，提供项目基本信息、决策人信息、负责运作与项目业主及决策方的关系，以确保中标；双方互不承担对方在各自分工负责范围内产生的各类费用；工贸公司帮助环保工程公司获得项目合同后，环保工程公司需支付工贸公司咨询费 128 万元，并在业主支付预付款后一周内一次性支付。后环保工程公司中标该项目，并与某电厂签订了《电除尘器设备合同》，收到某电厂支付的 10% 预付款。因环保工程公司未按期支付该笔咨询费，引起诉讼，工贸公司要求法院判令环保工程公司支付居间服务费 128 万元。

　　法院认为：本案所涉及的某电厂扩建工程项目以招投标方式进行发包。《招标投标法》第五条规定："招标投标活动应当遵循公开、公平、公正和诚实信用的原则"；第三十七条第五款规定："评标委员会成员的名单在中标结果确定前应当保密"；第三十八条第二款规定："任何单位和个人不得非法干预、影响评标的过程和结果。"但工贸公司与环保工程公司在双方签订的《合作协议书》中却约定由工贸公司负责提供项目的决策人信息，负责运作与该项目业主及决策方的关系，以确保中标，该约定明显违反了招投标活动中要求遵循的公开、公平、公正和诚实信用的原则，属于以合法形式掩盖非法目的，扰乱了正常的市场秩序，损害了其他招投标活动当事人的合法权益。工贸公司与环保工程公司在《合作协议书》中约定的居间活动属于《合同法》第五十二条规定的"以合法形式掩盖非法目的"以及"违反法律、行政法规的强制性规定"的情形，应为无效合同，双方当事人对此均负有过错。综上，法院判决环保工程公司与工贸公司签订的《合作协议书》无效，驳回工贸公司的诉讼请求。

　　【分析】

　　1.招投标活动居间服务不得违反法律规定。在招标投标活动中，也存在居间服务的可能。招标公告虽然为公开事项，但并非公开的事项就众所周知，因此，公开招标的事项也存在向他人报告投标和订立合同机会的情形。投标人也可以将自己在投标活动中所办理的投标事项委托他人代理或者协助进行，但此种居间行为应以严格遵守招投标活动中的公开、公正、公平和诚实信用原则为前提条件。居间人可以为委托人缔约居中斡旋，传达双方意思，起牵线、搭桥的作用。居间合同内容不得违反公开、公平、公正和诚实信用原则，不得违反招标投标法中关于保密的法律规定，亦不损害其他参与招投标活动当事人的合法权益。

　　2.居间合同约定由居间人与招标人联系以确保中标，涉嫌以合法形式掩盖非法目的，该合同无效。《招标投标法》第三十八条第二款规定："任何单位和个人不得非法干预、影响评标的过程和结果"。《招标投标法实施条例》第四十一条规定："禁止招标人与投标人串通投标。"根据上述规定，公开招标过程中，除招投标正常程序外，并不允许招标人与投标人进行私下接触、串通等行为。

在本案中，工贸公司与环保工程公司签订的《合作协议书》为居间合同，从合同内容看，双方签订协议的目的是工贸公司利用其人脉等关系进行活动，向环保工程公司提供某电厂扩建工程项目决策人信息，在某电厂与环保工程公司之间建立联系，负责运作与该项目业主及决策人的关系，为环保工程公司在投标中获取优势，以确保中标签订承包合同等内容，与《招标投标法》的上述规定不符，也与招投标活动应遵循的公开、公平、公正原则相悖。该约定属于以合法形式（居间服务）掩盖非法目的（串通投标），根据《民法总则》第一百四十六条、《合同法》第五十二条的规定，可以认定《合作协议书》无效。

【启示】

1. 招标投标是一种严格以公开、公平、公正、诚实信用为原则进行的交易行为，对投标人应当遵守的义务进行了明确的界定，严格禁止投标人之间、投标人与招标人之间进行串通投标等违法行为。投标人不得以任何方式非法干扰招标投标活动的正常开展，包括不得从事名为居间服务，实为为投标人和招标人"串通合作"牵线搭桥的违法行为。

2.《招标投标法》并没有规定禁止居间行为的具体表述，但居间人在为招投标活动从事居间服务过程中，仍应当遵守投标人应当遵守的义务，依法从事居间服务，不得以合法形式掩盖非法目的，不得从事泄密行为，不应利用影响力获取非法利益。

24 投标人对其投标文件拥有著作权

【案情】

某环境公司为参加 A 高级中学污水处理工程项目的投标，向招标人递交《工程采购投标文件》进行竞标。招标人通知环境公司中标。其后，在 B 高级中学综合楼污水处理工程招投标过程中，环境公司未参加，该工程由设备公司竞得。环境公司发现设备公司在竞标 B 中学综合楼污水处理工程中递交的投标文件，其中的技术方案、施工方案等内容与环境公司在 A 中学污水处理工程项目中所使用的投标文件存在雷同和相似之处，主要体现在：技术说明书部分，其中的"处理工艺"一节，工艺流程图除个别箭头有所变化，其他基本相同；"主要池体及设备"一节，内容完全一致。"运行费用"部分，大同小异，仅部分数据有所调整，且最终处理费用相同。

为此，环境公司以设备公司侵犯著作权为由诉至法院，请求判令设备公司立即停止对环境公司著作权的侵权行为；赔偿环境公司经济损失 20 万元；赔偿环境公司因维权所花费的费用 2 万元。

法院认为：（1）关于环境公司对《工程采购投标文件》是否拥有著作权。《著作权法实施条例》第二条规定"著作权法所称的作品，是指文学、艺术和科学领域内具有独创性并能以某种有形形式复制的智力成果。"本案《工程采购投标文件》专门针对该工程的要求、特性所编制的投标文件，其核心内容技术方案、施工方案等，是为阐述和介绍投标人对该工程污水处理设施的功能、原理、工艺流程及相关技术指标和施工计划等思想意图而创作的表达形式，其包含文字和图形两方面的内容，是凝结了投标人的劳动和创造力的智力成果。据此认定环境公司对其编制并署名的《工程采购投标文件》依法拥有著作权，非经权利人同意，他人不得擅自复制使用。

（2）关于设备公司是否构成对争讼著作权的侵犯。就本案当事人双方的投标文件来看，其中的技术方案、施工方案是其核心内容，也是体现制作者独创性思维的主要方面。根据已查明的事实，在上述内容方面，设备公司与环境公司的投标文件在语句表述上几乎一致，甚至连错别字也如出一辙。显然，设备公司是在环境公司投标文件的基础上，仅仅对其中的某些指标数据作了改动，其并不具有实质性变化，不构成设备公司的独创性成果。而且服务承诺与质量承诺部分，设备公司标书与环境公司基本一致，对此设备公司又未能提供证据证明系自己独立完成或来自公有领域。据此，足以认定设备公司非正当性地复制和使用了环境公司作品的独创性成果。设备公司抗辩投标文件是自己独立创作，不存在侵犯环境公司著作权的行为，因缺乏事实依据，法院不予采纳。

（3）关于赔偿数额问题。设备公司出于商业使用之目的，未经环境公司许可而复制环境公司依法享有著作权的投标文件，应当对此承担相应民事责任。环境公司诉请设备公司赔偿经济损失20万元及因起诉而支付的必要费用，因环境公司未能提供充分的证据证明其受到的实际损失，同时设备公司的违法所得也难以确定，根据《最高人民法院关于审理著作权民事纠纷案件适用法律若干问题的解释》第二十五条、第二十六条的规定，法院综合考虑争讼作品的类型及其制作费用、侵权行为的性质、造成的后果等因素，酌情判令设备公司赔偿环境公司2万元。

综上所述，法院判决设备安装公司赔偿环境公司2万元，驳回环境公司的其余诉讼请求。

【分析】

1.环境公司对其投标文件拥有著作权。《著作权法实施条例》第二条规定："著作权法所称作品，是指文学、艺术和科学领域内具有独创性并能以某种有形形式复制的智力成果。"独创性是作品获得著作权保护的必要条件。一般来讲，独创性也称原创性或初创性，是指一部作品经独立创作产生而具有的非模仿性（非抄袭性）和差异性。独创性是仅就作品的表现形式而言的，不涉及作品中包含或反映的思想、信息和创作技法。正如本案法院认为著作权法要求的作品独创性，只要该作品是作者独立创作完成，而不是抄袭他人或来自公知公用领域，就能够满足独创性的要求。环境公司对投标文件的编排制作，特别是其中的技术方案、施工方案等内容，系采用独特、具有个性特征的表达形式，是其智力活动的产物，具有独创性和可复制性，符合著作权法关于"作品"的构成要件。因此，环境公司对其投标文件拥有著作权。本案中，设备公司的投标文件与环境公司的投标文件基本完全一致，对此设备公司又未能提供证据证明系自己独立完成或来自公有领域，根据《著作权法》第四十八条规定足以认定设备公司侵犯了环境公司的著作权。

2. 侵犯著作权的，应当承担赔偿责任。《著作权法》第四十九条规定："侵犯著作权或者与著作权有关的权利的，侵权人应当按照权利人的实际损失给予赔偿；实际损失难以计算的，可以按照侵权人的违法所得给予赔偿。赔偿数额还应当包括权利人为制止侵权行为所支付的合理开支。权利人的实际损失或者侵权人的违法所得不能确定的，由人民法院根据侵权行为的情节，判决给予五十万元以下的赔偿。"《最高人民法院关于审理著作权民事纠纷案件适用法律若干问题的解释》第二十五条规定："权利人的实际损失或者侵权人的违法所得无法确定的，人民法院根据当事人的请求或者依职权适用著作权法第四十八条第二款的规定确定赔偿数额。"也就是说，侵犯著作权的，侵权人应当按照权利人的实际损失给予赔偿；实际损失难以计算的，可以按照侵权人的违法所得给予赔偿；二者都不能确定的，由人民法院根据侵权行为的情节酌情判决给予五十万元以下的赔偿。本案就是环境公司未提出实际损失，设备公司的违法所得也难以确定的情况下，法院根据案情酌情确定赔偿金额的。

【启示】

1. 招标人和投标人都应尊重他人的著作权。招标人和投标人独自创作完成的招标文件和投标文件，属于《著作权法》上的"作品"，根据著作权自动取得原则，作品的著作权随着作品的创作完成而自动产生，不需要履行任何手续。任何人未经招标人或投标人许可，不得发表、修改、复制招标文件或投标文件。如果投标人复制他人投标文件投标，就侵犯了对方的著作权。

2. 投标人的投标文件提供给招标人后，招标人应采取措施保管好投标文件，切勿提供给无关第三人，也不得擅自使用未中标的投标人的投标文件。

25 一个低级错误引发的思考

【案情】

2014 年 5 月 10 日，某依法必须进行招标的工程施工项目的开标在某市公共资源交易中心进行。该项目的招标代理机构在网上答疑中公布的"投标截止日期为 2014 年 5 月 10 日上午 9：30，投标文件递交时间为 8：30—9：00"。很显然，这两个时间的表述互相矛盾。结果，有的投标人按上午 9：00 作为投标截止时间来投标，有的则按上午 9：30 作为投标截止时间来投标。招标代理机构的工作人员也犯了难：对投标人 9：00 以后递交的投标文件，是接收还是拒收呢？这时，先到的投标人当然不希望 9：00 以后到的投标人参与竞争，而按 9：00 这个时间来投标的投标人也据理力争，并立即提出了质疑。开标现场一度陷入混乱。经有关部门核对、证实，该项目招标文件载明的投标截止时间、递交投标文件时间均为上午 9：30。据此，招标人决定对 9：00 以后递交的投标文件予以接收，理由是根据《工程建设项目施工招标投标办法》（以下简称"七部委 30 号令"）第十五条规定："招标人可以通过信息网络或者其他媒介发布招标文件，通过信息网络或者其他媒介发布的招标文件与书面招标文件具有同等法律效力，出现不一致时以书面招标文件为准，国家另有规定的除外。"至此，开标现场的喧闹暂时停止，开标、评标程序得以进行。

上述案例是根据国内某媒体刊登的《招投标低级错误面面观》一文中"时间写错诱发秩序混乱"一节整理的。与该文作者一样，本书编者也认为文中提到的失误确实很"低级"，是不应犯的错误，但它又确实发生了，令人感慨。

【分析】

该文作者介绍的处理方式——"根据七部委 30 号令第十五条规定，招标人决定对 9:00 以后递交的投标文件予以接收"——这种做法值得商榷。如按上述方式处理，势必将引发举报、异议或投诉。

本案例中，网上答疑中公布"投标截止日期为 2014 年 5 月 10 日上午 9：30，投标文件递交时间为 8：30—9：00"，这是一个成熟的招标代理机构不应该犯的低级错误。出现这一错误后，招标代理机构首先要做的应该是及时发布补充文件，对投标截止时间和递交投标文件时间进行修改，而不应该等到开标日当天对这一错误进行修正。在开标现场秩序发生混乱后，又以"网络媒体发布的文件与书面招标文件不一致时，以书面招标文件为准"为依据，接收了 9：00 以后递交的投标文件，这样做实际上是又犯了一个低级错误，把自己陷入了一个更加不利的境地。

七部委 30 号令第十五条确有如下规定："招标人可以通过信

息网络或者其他媒介发布招标文件，通过信息网络或者其他媒介发布的招标文件与书面招标文件具有同等法律效力，出现不一致时以书面招标文件为准，国家另有规定的除外。"需要注意的是，适用该法条是有前提的："通过信息网络、其他媒介发布"的文件与该项目的招标文件应是同一份文件，或者在发布时间上是同时发布的文件。即"通过信息网络、其他媒介发布的招标文件与书面招标文件是同一份招标文件"，或者"同时发布的同一招标项目的招标文件"，出现"网上发布的招标文件和书面招标文件内容不相同"的情形时，应当以书面招标文件为准。

本案例中出现的情况是"网上答疑内容"与"招标文件内容"不同。在招标投标实践中，"答疑"的发布时间，一般要比招标文件的发布时间晚几天。根据法律的相关规定，在招标投标实践中，所谓的"答疑"，其实是对原先发布的招标文件中存在的有歧义、不明确、不完整或者不正确的部分进行的澄清、说明、补充或修改。因此，"答疑"的法律效力优于原先发布的招标文件。用原先发布的招标文件去否定事后发布的招标文件答疑，在法理上很难站得住脚。另，"答疑"发布的方式和媒介，应该与招标文件发布的方式和媒介一致。七部委 30 号令第三十三条规定："对于潜在投标人在阅读招标文件和现场踏勘中提出的疑问，招标人可以以书面形式或召开投标预备会的方式解答，但需同时将解答以书面方式通知所有购买招标文件的潜在投标人。该解答的内容为招标文件的组成部分。"本案例中，招标代理机构除了在网上公布答疑以外，还应该把书面答疑发给所有购买过招标文件的潜在投标人。

针对本案例所述情况，建议采用如下处理对策：

1. 停止开标活动，所有文件原封不动地退还给投标人；

2. 在相关媒体重新发布本项目的投标截止时间和开标时间，并按重新发布的开标时间重新组织开标活动。

【启示】

1.投标截止时间就是投标文件递交的截止时间，二者时间节点应当是一致。投标文件应当在招标文件规定的投标截止时间之前送达。投标截止时间一到，即终止接收投标文件，投标人不得再补充、修改和撤回其投标文件。在投标截止时间之后送达的投标文件，招标人应当拒收。

2.招标人应当加强招标文件的内容审核，通过不同媒介、不同方式（书面或电子文件）发布的招标文件内容应当一致。如发现不同媒介发布的招标文件内容不一致，应当及时对此内容进行澄清修改。

26 内容不完整的投标文件也应收取

【案情】

某工程施工招标项目，采用资格后审制。按照招标文件的要求，投标人应当提交资格申请标、技术标和商务标。项目开标过程中，某投标人送达的投标文件中只包含了技术标和资格申请标两部分，而缺少了商务标。这令招标代理机构的工作人员十分为难，这份投标文件该收吗？

有两种不同观点。

观点一：不能接收。理由是，投标人递交的不是完整的投标文件，不能接收此类投标文件。一旦接收了，可能要承担丢失商务标的责任。

观点二：应当接收。理由是，按照《招标投标法》第二十八条、《招标投标法实施条例》第三十六条和《工程建设项目施工招标投标办法》第三十八条、第五十条等有关规定，法定的拒收投标文件的情况只有三种：一是资格预审项目未通过资格审查的申请人提交的投标文件；二是逾期送达的投标文件；三是未按招标文件要求密封的投标文件。本案中的投标文件不属于上述情况，因此应当接收。

【分析】

按照招标文件的规定，商务标是投标文件的组成部分。本案例中，投标人递交的投标文件中缺少此部分，因此该份投标文件是不完整的。一旦招标人或其招标代理机构接收了缺少商务标书的投标文件，就有可能承担这样一种风险：投标人可以宣称自己递交了商务标书，由于接收方保管不当造成了商务标书的遗失，接收方要承担丢失商务标书的责任。因此很多人认为这类投标文件不应该接收。在日常招标工作实践中，很多招标代理机构或招标人也是这么操作的。

但是，这种做法缺乏法律依据。

根据《招标投标法实施条例》和《工程建设项目施工招标投标办法》的相关规定，本案发生的情形不属于法定的投标文件拒收情形，如果招标文件中没有设立其他拒收情形，招标代理机构的工作人员就没有理由拒收投标文件。

既然不能拒收，而收下又有可能承担无谓的风险，该怎么办？

比较合适的做法是接收投标文件，并同时出具签收单。这里要特别注意的是，在出具签收单时，须注明"只收到技术标和资格申请标。"这么做，一方面符合法律的规定，另一方面也可以规避不必要的风险。此时，如果投标人发现少了商务标，随后又在规定的投标截止时间前补交了商务标，那么这份投标文件依然有效；如果投标人没有在投标截止时补交商务标，对于已经接收的技术标和资格申请标，则应该按照法律的规定，予以当众拆封并唱标。唱标结束以后，还应送交评标委员会评审，由评标委员会在初步审查时，根据招标文件中"投标文件不完整将导致其投标被否决"等条款判定否决投标。如果招标文件中没有类似的规定，则该份投标文件还可能通过资格审查和技术评审，进入下一阶段的商务评审。自然，在商务评审阶段，这样的投标肯定要被评标委员会剔除，其最好的结果就是商务得分为 0，想中标是不可能的。

虽然结果是可以预料到的，但怎样操作才是有法律依据、规范的，则需要操作人员仔细思考。就本案而言，事先拒收投标文件的做法缺乏法律依据，不可取。

【启示】

投标人在投标文件截止时间之前递交的投标文件，不论其内容是否齐全，只要密封合格，招标人都应当接收，不能拒绝。当然，如果缺失商务标或者技术标整本招标文件的，应当在投标文件接收记录中予以记载。如果投标文件内容有缺失遗漏，或者其内容不满足招标文件的实质性要求，应当由评标委员会根据招标文件规定的评审办法，在评标阶段作出否决投标或者作出不利评价的评审结论。

27 投标文件被拒收就不是"投标人"

【案情】

某水利喷微灌工程项目招标，招标文件要求投标人必须是具备灌溉丙级及以上资质的独立法人。开标当天，共有甲、乙、丙 3 家投标企业递交了投标文件，丙企业因投标文件密封不符合要求而被拒收。丙重新进行了密封包装，但已超过了投标截止时间。因此至投标截止时，只有甲、乙两家企业成功递交了投标文件。

现场监督人员认为，本次招标的投标人不足三家，应当重新招标。理由是，丙企业并没有成功地递交投标文件，因此也没有进入实质性竞争阶段，不构成参与实质性竞争，因此不能被认定为"投标人"，根据《招标投标法》第二十八条规定"投标人少于三个的，招标人应当重新招标"。《招标投标法实施条例》第四十四条第二款也规定："投标人少于三个的，不得开标；招标人应当重新招标。"

而招标人认为，丙企业响应了本次招标并制作了投标文件，且在规定的时间到达开标现场参加投标竞争，只是因密封不合格没有进入技术、商务竞争环节，但这种情况不影响其已经响应招标并参加投标竞争的事实，因此本项目的实际投标人应该是三个不是两个，不应该重新招标。

那么，投标文件被拒收，丙企业还是"投标人"吗？应该如何解决？

【分析】

双方的理解分歧在于对丙企业是否为"投标人"的判定，是以"递交投标文件的行为"为准，还是以"投标文件递交成功"为准。如果以"递交行为"为准，丙企业是投标人，开标程序可以继续进行；如果以"递交成功"为准，则该项目投标人不足三个，不得开标，应当重新招标。

《招标投标法》第二十五条规定："投标人是响应招标、参加投标竞争的法人或者其他组织。"根据这个定义，投标人应当同时具备以下三个条件：一是响应招标，即潜在投标人获取招标信息后要购买招标文件，并编制投标文件，准备参加投标活动。二是参加竞争，是指潜在投标人按照招标文件的要求提交投标文件，参与投标竞争。三是身份合法，即投标人要具有法人资格或者其他组织的身份，科技项目的投标人还可以是自然人。但是，关于"参加投标竞争"是指"有参加投标竞争的行为"还是指"参与到实质性地投标竞争阶段"，《招标投标法》及其实施条例都没有作出明确规定。因此，要认定哪种判断标准更为合理，只能依据立法本意和法条的相关规定来理解。

从立法本意来看，《招标投标法》要求项目的投标人"不得少于三个"，是为了保证必要的竞争程度。如果以"递交行为"为标准认定"投标人"，则可能在实践中会出现如下情况：个别企业有递交投标文件的行为，但最终没能递交成功，造成最后进入实质性竞争环节的只有两家甚至只有一家。本文案例中的情况即是如此。在这种情况下，就很难保证必要的竞争程度。因此，从这个意义上理解，应以"成功递交投标文件并参与到技术、商务等方面的实质性竞争中"为标准认定"投标人"，更符合《招标投标法》的立法本意。

这种理解，还可以从《招标投标法》相关法条的表述中得到佐证。《招标投标法》第二十八条第一款中规定："投标人少于三个的，招标人应当依照本法重新招标"紧跟在"投标人应当在招标文件要求提交投标文件的截止时间前，将投标文件送达投标地点。招标人收到投标文件后，应当签收保存，不得开启"这两句话之后，由于该法条的前两句是关于"递交投标文件的时间规定"和"对招标人接收投标文件的规定"，因此第三句中所说的"投标人"，可以理解为"完成上述行为之后"的行为人，即"成功递交投标文件"之后的行为人。因此，关于"投标人"的认定，应当以"是否成功递交投标文件"为评判标准。购买招标文件有投标意向的人，在递交投标文件之前，称之为"潜在投标人"，包括已编制投标文件但未递交、递交投标文件之后在投标截止时间之前撤回投标文件，以及虽然递交投标文件但因故被拒收而在投标截止时未递交成功的潜在投标人。只有投标文件递交成功并进入实质性竞争阶段之后才称为"投标人"。

综上，应以"是否成功递交投标文件"为标准判定，本案投标人不足3个，应重新招标。

另外，案涉喷微灌工程，具有相应资质的企业本就很少，招标公告中只要求具有该类资质的最低资格（丙级资质）即可参加投标，没有任何歧视性规定和过高的资格要求，且公告发布媒体和发布时间都符合相关规定。在这种前提下，第一次招标时，有兴趣参与该项目投标的企业依然只有三家，如果重新招标，最终结果恐怕也依然还是只有这三家企业投标，甚至还有可能因不足三家而再次流标，白白耽误了工期、浪费了社会资源，却依然没有招标成功。

针对这种现象，建议对于一些潜在投标人较少或受环境、地域限制较大的工程建设项目，依据《招标投标法实施条例》《工程建设项目施工招标投标办法》《工程建设项目货物招标投标办法》等法律法规的相关规定，采用邀请招标的方式进行采购。

【启示】

1. 在招标文件规定的投标截止时间到来时，如果递交投标文件的投标人少于 3 个时，不具备开标条件，招标人不能开标，此次招标失败，根据招标项目是否属于强制招标项目而决定重新招标还是采用其他采购方式。

2. 为减少招标失败的可能性，项目业主应提前对采购项目、市场竞争状况等进行调研分析，对可能存在竞争性不足、潜在投标人少于 3 个的招标项目，要提前筹划采用合适的采购方式，增加交易成功的机会，减少因采购失败而增加交易成本负担的情形。

3. 对于未通过资格预审的申请人提交的投标文件，以及逾期送达或者不按照招标文件要求密封的投标文件，招标人应当拒收。

28 投标保证金收据能补交吗

【案情】

某市政工程项目施工进行招标，招标文件规定：投标人的投标保证金应当以银行转账的方式，在投标截止时间前到达招标人的指定账户。投标文件递交截止时间过后，主持人宣布开标会议开始。招标人代表开始查验投标人的投标保证金收据。此时，一家投标单位突然说："哎呀，我刚才忘记递交投标保证金的收据了。投标保证金收据现在还放在外面的车上，我马上去取过来补交，可以吗？"开标会议现场一片哗然。招标代理工作人员面面相觑，难下决断。

就本案例出现的情况，大致有三种意见：第一种意见认为投标人已经递交了投标保证金，就是在实质上响应了招标文件的要求。在这种情况下，应该让他补交收据。第二种意见认为不能接收该投标人补交的收据，理由是此时投标截止时间已到，投标人不能再递交任何资料。第三种意见认为投标人没有在规定的时间内提供投标保证金收据，不能证明其已经递交了投标保证金，因此其投标文件不应当被接收。

【分析】

本案例中应该区分"递交投标保证金"和"提交投标保证金的收据"这两个不同的概念。投标人没有提交投标保证金的收据，并不代表其没有递交投标保证金。该投标人的投标保证金是否已经按要求递交，招标人完全可以通过到开户银行查验银行账户的相关信息得知。

在考虑如何处理这一问题时，应当先查实一项关键表述，即在招标文件中，有没有明确要求"投标单位必须在投标文件中一并提交投标保证金收据"。是否允许投标人补交投标保证金收据，应根据招标文件中的有关规定，区分不同情况后再进行处理。

第一种情况：如果招标文件中明确要求"投标单位必须提交投标保证金收据"，则投标保证金的收据应作为投标文件内容的一部分。过了投标截标时间，不允许投标人对投标文件的内容进行补充或修改。在这种情况下，招标人不应该允许投标人补交投标保证金收据。

第二种情况：如果招标文件中没有明确要求"投标单位必须提交投标保证金收据"，可以理解为投标人不必承担"已经提交投标担保"的举证责任，投标人只须实质上提交了有效的投标担保（投标保证金以银行转账的方式，在投标截止时间前到达招标人的指定账户），就应当被视为响应了招标文件的要求。

在这种情况下，如果招标人是"临时"提出要查验投标人的投标保证金收据，实际上是一种没有依据的做法。虽然在实践中，投标人一般都会配合招标人查验收据，但是此时招标人如果以投标人"没有出具投标保证金收据"为由而拒收其投标文件，依据不足。

根据《招标投标法实施条例》第三十六条和《工程建设项目施工招标投标办法》第三十八条、第五十条规定，拒收投标文件的法定情形有三种：一是资格预审项目未通过资格审查的申请人提交的投标文件；二是逾期提交的投标文件；三是密封不合格的文件。如招标文件没有另设其他拒收情形，则不能以投标人没有递交投标保证金收据为由拒收其投标文件。比较合适的处理方式是，招标人接收该投标文件，并按规定程序唱标后交由评标委员会进行评审。

如果招标文件对此没有作出明确要求，在评标过程中，评标委员会不能因为投标人"没有提交投标保证金收据"而否决该投标文件。根据相关法律规定，评标委员会必须严格按照招标文件规定的评标标准和办法进行评审，招标文件没有相应的否决投标条款的，评标委员会不能判定为否决投标。

【启示】

1. 如招标文件没有就"投标人是否必须提交投标保证金收据"这一情形作出明确规定，评标时遇到没有提供投标保证金收据的投标文件，招标人应该向评委出具开户银行的基本账户对账单，由评标委员会根据对账单中的实际情况认定该投标担保是否有效。

2. 在招标文件要求必须提交投标保证金的招标项目中，如果未提交投标保证金，有可能导致其投标被否决。但是，在招标文件中，不宜将提交投标保证金的收据作为投标文件的实质性要求。招标人发现投标人未提交投标保证金收据时，可以通过与银行对账等方式核实投标保证金是否全额、及时交纳。

29 投标截止时间之后不得修改投标文件

【案情】

2013 年 12 月 10 日，某电力安装公司发出 35kV 变电站主变压器设备采购招标文件规定：投标截止时间为 2014 年 1 月 3 日；投标有效期为 90 日历日；在投标截止时间以后，不能修改或撤销其投标文件，否则取消其投标资格并不予退还其投标保证金。变压器公司向电力安装公司交付投标保证金 5 万元并按时提交投标文件，投标报价 221 万元。1 月 9 日，变压器公司向电力安装公司发出"投标项目报价表"，确定投标价格为 235.8 万元，注明变压器含有载调压开关，且其为 V 型真空开关；并注明调价原因是原提交报价所用开关非真空开关，不知道开标时招标方要求使用真空开关，二者价格差异较大，故将价格调整为 235.8 万元。后，电力安装公司未退还变压器公司投标保证金，变压器公司因此诉至法院请求退还投标保证金 5 万元整。

法院认为：本案争议焦点在于电力安装公司是否有权不予退还变压器公司所交付的投标保证金。招标文件已明确在投标截止时间以后，投标人不能修改或撤销其投标文件，否则取消其投标资格并不退还投标保证金。综合本案证据来看，变压器公司投标文件所提供的设备为有载分接开关（采用真空式）、投标报价 221 万元，后于 2014 年 1 月 9 日又发函要求调价，违反招投标文件的承诺或要求，据此电力安装公司以变压器公司投标截止时间后修改投标文件为由，不予退还投标保证金并无不当。变压器公司在投标截止时间后，自行调整供货价格，已构成招标文件中设定的投标截止时间后修改投标文件的条件，其认为未收到相关的技术规范要求及自认为对招标文件中的开关不了解有违招投标的操作规程，该陈述法院不予采信。招标文件属于公开文件，变压器公司在不明所投设备技术要求的情况下进行投标，视为对权利的放弃或认可投标技术规范的要求。综上，法院判决驳回变压器公司的诉讼请求。

【分析】

1. 投标截止时间之前可以修改、撤回投标文件。《招标投标法》第二十九条规定："投标人在招标文件要求提交投标文件的截止时间前，可以补充、修改或者撤回已提交的投标文件，并书面通知招标人。补充、修改的内容为投标文件的组成部分。"投标人有在投标截止时间之前补充、修改或者撤回投标文件的权利。投标属于要约行为，投标文件是投标人希望与招标人订立合同的意思表示。与《合同法》规定不同的是，该要约并非只能在投标文件到达招标人之前得以补充、修改或撤回，而是延后到在其投标之后投标截止时间之前均有权补充、修改或者撤回。投标人只要是在招标文件要求的提交投标文件的截止时间前提交补充、修改或撤回投标文件的书面文件就属于合法有效。补充、修改的内容同投标文件的其他内容具有同等的法律效力，投标人应受此内容约束。

2. 投标截止时间之后撤销投标文件的，投标保证金可以不退还。根据《合同法》第十九条有关承诺期限内要约不得撤销的规定，投标人不得在投标有效期内撤销其投标，否则根据《招标投标法实施条例》第三十五条第二款规定，"投标截止后投标人撤销投标文件的，招标人可以不退还投标保证金"。是否退还投标保证金由招标人根据项目实际在招标文件中明确。如果招标文件要求投标人递交投标保证金的，投标人在投标有效期内撤销投标可能付出投标保证金不予退还的代价，投标保证金不足以弥补招标人损失的，招标人还可依据《合同法》第四十二条关于缔约过失责任的规定要求投标人对超出部分的损失承担赔偿责任。

3. 招标文件可以约定投标保证金不予退还的其他情形。招标人是否设置投标保证金，在法定情形之外约定投标保证金不予退还的情形，属招标人的自主权。但招标人不得设置不合理的条件非法扣留投标人的投标保证金。本案例招标人在招标文件中约定："投标截止后修改投标文件的，投标保证金不予退还。"投标人在购买招标文件后，未就此规定提出异议，表明其认同招标文件中的该项规定。其在投标截止后又修改了投标文件，违背了招标文件的规定，招标人有权依据招标文件的规定，不退还其投标保证金。

【启示】

投标人修改或撤回投标文件的，应在投标截止时间之前提出。投标人在投标之后如果发现投标文件有错误、遗漏等情形需要补充或者修改其投标文件，或者决定不再投标需要撤回其投标文件的，可以以书面形式将补充、修改或撤回文件的通知在投标截止时间之前，按照原投标文件递交的途径和要求提交给招标人即可。但不得在投标截止时间之后对原投标文件作出修改或者提出要撤销投标文件的要求，否则可能失去其投标保证金。

30 投标联合体资质等级如何认定

【案情】

某大型商场进行内外装饰装修施工招标，外立面采用玻璃幕墙和干挂石材，要求投标人具备建筑幕墙专业承包一级和装饰装修专业承包一级资质。甲、乙两家施工企业自愿组成联合体投标，其中甲具有建筑幕墙专业承包一级资质和装饰装修专业承包二级资质，乙具有装饰装修专业承包一级资质和建筑幕墙专业承包二级资质，联合体协议约定由甲负责幕墙工程，乙负责室内装饰装修工程。

该项目采用资格后审制度，在资格审查过程中，评标委员会对该投标联合体的资质是否合格出现了两种完全不同的判断：一种意见认为该联合体不符合要求，理由是联合体的资质等级采取就低不就高的原则，该联合体的资质应当被认定为"建筑幕墙专业承包二级资质和装饰装修专业承包二级资质"。另一种意见认为该联合体资质符合要求，理由是根据联合体的分工协议"甲负责幕墙工程，乙负责室内装饰装修工程"，由于甲具有建筑幕墙专业承包一级资质，乙具有装饰装修专业承包一级资质，则该联合体的资质应当被认定为"建筑幕墙专业承包一级资质和装饰装修专业承包一级资质"。

【分析】

关于该联合体的资质如何认定，评标委员会看法不一。一种观点认为《招标投标法》第三十一条第二款规定："联合体各方均应具备承担招标项目的相应能力；国家有关规定或者招标文件对投标人资格条件有规定的，联合体各方均应当具备规定的相应资格条件。由同一专业的单位组成的联合体，按照资质等级较低的单位确定资质等级。"根据这一规定，联合体资质等级的认定采取"就低不就高"的原则，该联合体应当被认定为"建筑幕墙专业承包二级资质和装饰装修专业承包二级资质"。实际上，这是一种不太全面的理解。

在对该联合体资质进行认定之前，我们先对法条中"联合体各方均应当具备规定的相应资格条件"的这一规定进行详细分析，力争得出比较合理的解释。

对于这一规定的理解，重要的是要把握"相应"和"均"两个关键词。

联合体要具备"相应资格条件"，是指联合体分工后，所承担的工作要具备相应的资格条件。如果某方不承担某一项工作，但还要求它具备该项工作的相应资格条件，其合理性值得质疑。比如，在本项目中，乙公司不负责幕墙工程，而要求其具备幕墙一级资质，似乎说不过去。这个道理，如同我们要招标的项目是一个市政工程，却要求投标人具有房建资质一样——这样的要求不太合理。

对于"均"字，应作如下理解：联合体一般会由两家以上的单位组成，因此，每家单位"都"应当具备其分工所具备的相应的资格条件。也就是说：分工负责幕墙的，应当具备相应的幕墙资格；分工负责装修的，也应当具备相应的装修资格条件。即法条中规定"联合体各方均应当具备规定的相应资格条件"，此处强调的是每一方都应当具备相应资格条件，任何一方不具备相应资格条件均不可以。

如果是同一专业资质组成的联合体，确实应该适用"由同一专业的单位组成的联合体，按照资质等级较低的单位确定资质等级"这一规定。而本案例是由两个不同资质的单位组成的联合体，而且分工不同，不能适用该规定。《招标投标法》第三十一条中关于"国家有关规定或者招标文件对投标人资格条件有规定的，联合体各方均应当具备规定的相应资格条件"与"由同一专业的单位组成的联合体，按照资质等级较低的单位确定资质等级"的规定，针对的是不同的情形，其适用前提是不同的。

综上分析，本案例中，认定该投标联合体的资质应当准确理解并适用"联合体各方均应当具备规定的相应资格条件"这一规定。该联合体的资质应当被认定为"建筑幕墙专业承包一级资质和装饰装修专业承包一级资质"，符合招标项目的要求。

【启示】

1. 投标人组建联合体时，要注意选择合适的合作伙伴，实现真正的"强强联合"。一般，可重点考虑合作伙伴的资质等级及行业属性，合作伙伴的经营范围及完成项目情况、业绩及历史投标情况，合作伙伴的行业优势，合作伙伴的质量认证、财务状况，合作双方的合作方式，合作双方的主从关系以及对投标文件的控制，在综合考虑、分析这些因素后，如果能够增强投标竞争实力的，则可以联合起来投标。

2. 要严格审查联合体的资质等级。由同一专业的各方组成的联合体，按照资质等级较低的单位确定资质等级，防止实质上资质较低的一方借用资质等级较高的一方的名义投标。两个以上资质类别不同的单位组成的联合体，应当按照联合体的内部分工及权责划分，各自按资质类别及其等级的许可范围承担工作。

31 禁止低于成本价投标

【案情】

某综合开发公司就某湖泊综合整治工程项目取土工程公开招标，工程估价 7000 万元。招标主要范围：土方的挖运、堆放、便道、便桥、土源管理等。本工程项目采用固定单价报价方式，设置最高投标限价为 5130 万元。经评标，综合开发公司向市政公司发出中标通知书，中标价为 5129.653629 万元，双方以该价签订《建筑工程施工合同》，合同约定：本合同价款采用固定单价方式确定。

后，因涉案工程新增供土计划，双方协商一致在原中标合同基础上增加 60 万 m³ 土方工程量，费用总价为 1 133.359854 万元，单价同投标文件一致。双方另新增便道及排水费用、淤泥便道铺设、淤质土变更三项，合计变更造价为 521.389081 万元。后，双方多次就工程增减内容协商达成补充协议。双方一致确认综合开发公司已付款总额为 40721790 元。2013 年 2 月 27 日，审计报告载明：该工程标底价为 83154456.8 元，中标价为 51296536.29 元，中标让利幅度为 38.31%。

另，综合开发公司委托咨询公司为"湖泊综合整治工程项目取土工程"编制标底，结论是标底造价为 83154456.80 元，工程概况：建设规模约 7000 万元；工程特征：取土约 277 万 m³。

市政公司认为，综合开发公司擅自设立计价标准，压低规费，故意隐瞒压低招标标底并设置投标最高限价，合同约定的工程价格大大低于成本价，致使市政公司遭受巨大损失，遂诉至法院，请求判令：确认双方签订的《建筑工程施工合同》无效；综合开发公司支付工程款 72673909.61 元及逾期付款利息。

法院认为：（1）《建筑工程施工合同》是否有效？《招标投

标法》第三十三条规定："投标人不得以低于成本价的报价竞标。"该法中所指建设工程的成本价对不同承包企业而言是不同的，主要取决于其成本管理控制能力，"低于成本价"倾向于理解为低于企业个别生产成本，故招标过程中咨询公司编制的工程造价咨询标底造价，严格来讲，并非成本价认定之根据。对于成本问题，应由作为施工单位的投标者加以关注并结合自身能力预先估测，投标人不得以低于成本价的报价竞标。本案招标主要范围是土方挖运、堆放、便道（桥）和土源管理等，带有一定的技术含量相对较低的劳务承包特征。故市政公司在自主报价并中标的基础上，又以合同约定的工程价格因受迫而低于成本价为由，主张合同无效，缺乏事实和法律依据。合同没有证据表明系可变更、可撤销，市政公司也未依法行使相关权利。在审理中，市政公司继续施工直至工程竣工验收，故其主张不执行合同约定价款，改由综合开发公司按实结算工程款，碍难支持。据此，认定双方签订的《建筑工程施工合同》合法有效。

（2）如何结算本案工程款？涉案工程的工程款结算分两部分，即合同内和合同外。一是合同内的工程价款（中标合同及新增的土方工程量）确定。按照合同约定，土方的数量须四方（施工方、接收方、接收方监理及业主）确认，现经双方、监理单位及测绘单位联合测量，测绘单位出具总结报告，确认实际取土方量为 $2843294.2m^3$，法院对此予以认定。根据审计报告，合同内造价为 46952481.74 元，按照《建筑工程施工合同》约定的合同价款，结合中标通知书中约定的最高限价，确定涉案工程合同内的工程价款为 51296536.29 元。二是合同外的工程价款确定，根据审计报告，新增便道及排水等 8 项工程款合计 6976818.01 元。因此，市政公司已完工程量总造价为 51296536.29 元＋6976818.01 元 =58273354.3 元。综合开发公司已付工程款为 40721790 元，还应支付工程款 17551564.3 元。

综上，法院判决：综合开发公司支付市政公司工程款 17551564.3 元。

【分析】

1. 招标人可以自主决定设置最高投标限价。招投标实践中逐渐形成了设置"拦标价""控制价"的经验做法，在潜在投标人不多、投标竞争不充分或容易引起串标的招标项目中，对防止投标人串通抬标起到了重要的抑制作用，也逐渐为立法所认可。《招标投标法实施条例》第二十七条第三款规定："招标人设有最高投标限价的，应当在招标文件中明确最高投标限价或者最高投标限价的计算方法。招标人不得规定最低投标限价。"最高投标限价是招标人可以承受的最高价格，也是投标报价的上限，必须在招标文件中明示最高投标限价作为招标文件的实质性内容，投标人必须响应。超过最高投标限价投标，也就是超出了招标人的承受能力，导致该项目不一定能顺利实施，同时投标人未响应招标人的实质性要求，属于重大偏差。根据《招标投标法实施条例》第五十一条第（五）项规定，投标报价低于成本或者高于招标文件设定的最高投标限价的，评标委员会应当否决其投标。

2. 禁止投标人低于成本价投标。投标报价是企业参与投标竞争的重要竞争因素，对于某些项目甚至是决定性因素。投标人以低于社会平均成本、低于其他竞争对手的合理的价格投标，有利于发挥竞争机制作用，发现合理的市场价格，客观上也促成投标人挖掘内部潜力，提高管理水平。但是同时也要防止企业为了谋取中标，以低于自身成本的价格作为投标报价参与市场竞争，以排挤其他竞争对手，这样的行为是扰乱市场秩序的不正当竞争行为。《招标投标法》第三十三条规定："投标人不得以低于成本的报价投标。"此处的成本应指企业个别成本，而不是社会平均成本，也不是行业平均成本。

3. 投标人的投标报价低于成本或者高于最高投标限价，都应当否决其投标。《招标投标法实施条例》第五十一条规定："有下列情形之一的，评标委员会应当否决其投标……（五）投标报价低于成本或者高于招标文件设定的最高投标限价。"如前所述，最高投标限价应明确价格或者计算方法（比如按照所有投标报价的平均价上浮 10% 作为最高投标限价），作为实质性条款在招标文件中已经作出明确规定，在评标时仅需进行价格比对，如果发现某一投标报价超过投标文件规定的最高投标限价，视为未实质性响应，直接否决其投标。但是对于"投标报价低于成本"的认定则较为困难。本案中，市政公司投标报价低于最高限价并中标后，又以工程价款低于成本价为由主张《建筑工程施工合同》无效，有违诚实信用原则，法院未支持其主张。

【启示】

1. 为了防止投标人报价过分高于市场价，尤其在竞争不充分、财务预算受限等情形下，为了控制价格，招标人可以在招标文件中设置最高投标限价，并声明投标人的报价必须在此限价之下，否则按照否决投标处理。

2. 评标过程中，如果评标委员会发现投标人的报价明显低于其他投标报价或者在设有标底时明显低于标底，使得可能低于其个别成本的，应当启动澄清程序，要求该投标人作出书面说明并提供相关证明材料。投标人不能合理说明或者不能提供相关证明材料的，评标委员会应当认定该投标人以低于成本报价竞标，否决其投标。

32 以他人名义投标的中标无效

【案情】

某污水治理公司对某污水处理工程矩形沉淀池刮泥机及附属设备招标。某装备公司参与了投标，中标后双方签订了《设备采购合同》，约定：除买方书面同意外，卖方不得转让其合同项下的义务等条款。

履约中，装备公司出具《委托书》给成套公司，载明"污水治理公司污水处理工程中约定的 A、B 公司提供的矩形沉淀池刮泥机及附属设备，委托成套公司代为采购和签订合同并办理验货手续。"据此，成套公司以自己名义分别与外企 A、B 公司签订《设备采购合同》。

此后，污水治理公司四次向装备公司发函催货并要求提交履约保函，但装备公司均未办理。污水治理公司以装备公司未提交履约保证金为由，发函取消该公司的中标资格，没收投标保证金。装备公司书面回复不同意。

污水治理公司遂诉至法院，请求判决确认双方签订的《设备采购合同》无效。污水治理公司主张涉案工程合同虽由装备公司签订，但合同的实际履行方是成套公司。装备公司与污水治理公司往来联络的电子邮件署名是陈某，购标书登记表中的联系人、签收设备采购合同的人员以及参加涉案工程会议的会议签到表填写的到会人员均为陈某；装备公司投标文件中写明陈某是其项目经理。装备公司承认陈某是成套公司职员，但辩称，成套公司具有货物进出口贸易的资格和经验，委托该公司协助采购设备符合市场规律，没有违反法律规定。

法院认为：（1）关于《设备采购合同》的效力。第一，《设备采购合同》约定"除买方同意外，卖方不得转让其合同项下的义务"；《机电产品采购国际竞争性招标文件》订明"除买方事先书面同意外，卖方不得部分转让或全部转让其应履行的合同义务"。本案中以装备公司名义购买招标文件、签收送达往来合同函件、出席会议及联系合同事宜的人员均是成套公司人员。装备公司告知污水处理公司上述人员是其项目经理，隐瞒其真实身份，明显是弄虚作假的行为。

第二，成套公司以自己的名义与设备供应商订立买卖合同并支付货款。对此装备公司予以承认，但辩称中标后委托成套公司代签合同、代办验货，仅是从商业的角度降低采购价格和由成套公司人员提供纯劳务的活动。该辩称有违商事活动规律和常理。本案合同价款2200万元，经济利益巨大。成套公司愿意代签合同、代付货款、代办验货，承担巨大的商业风险，其目的难道仅仅是帮助装备公司降低商事活动的成本？装备公司的辩称无法令人信服。若成套公司确实是无利益的代办合同事项，装备公司为何不能如实告知污水处理公司？明显地，成套公司实际共同参与了涉案的买卖合同。装备公司隐瞒事实，弄虚作假的行为不仅违反合同约定，而且违反《招标投标法》第三十三条"投标人不得以低于成本的报价竞标，也不得以他人名义投标或者以其他方式弄虚作假，骗取中标"的规定。根据该法第五十四条规定，由于装备公司的行为违反法律强制性规定，双方签订的《设备采购合同》因此归于无效。污水处理公司请求判决确认《设备采购合同》无效，法院予以支持。

（2）关于合同无效的后果。根据《设备采购合同》约定，装备公司向污水处理公司提交履约保证金是合同生效的条件，也是污水处理公司支付合同款项的成就条件。由于装备公司弄虚作假骗取中标的行为致《设备采购合同》无效，故《设备采购合同》是否已实际履行，并不影响该合同自始就没有法律约束力的结果。根据《合同法》第五十八条规定，合同无效，因该合同取得的财产，应当予以返还。因此，污水处理公司愿意将收取的相关设备和投标保证金主动返还给装备公司，符合法律规定，法院予以确认。

综上所述，法院判决：污水治理公司与装备公司签订的《设备采购合同》无效；污水治理公司返还装备公司80万元及货物。

【分析】

1.禁止投标人以他人名义投标。对于"以他人名义投标"的含义，《招标投标法实施条例》第四十二条解释为"使用通过受让或者租借等方式获取的资格、资质证书投标"，实质上就是"前期名义投标人"与"后期实际履约义务人"不统一，实际履约人借用名义投标人的资质证书、营业执照、业绩材料等以其名义参与投标，中标后由名义投标人签订合同，实际上投标、签约、履约都由实际履约人负责办理。以他人名义投标是一类非常典型的弄虚作假行为。《招标投标法》第三十三条规定："投标人不得以低于成本的报价竞标，也不得以他人名义投标或者以其他方式弄虚作假，骗取中标。"本案中，投标人虽然是装备公司，但是购标、投标、签约、履约实际由成套公司工作人员办理，购买、交付设备等买卖合同主义务均由成套公司完成，法院据此认为装备公司存在为他人代为投标和履行的弄虚作假行为。

2. 以他人名义投标的中标无效，合同亦无效。《招标投标法》第五十四条规定，"投标人以他人名义投标或者以其他方式弄虚作假，骗取中标的，中标无效……"《合同法》第五十二条规定："有下列情形之一的，合同无效……（五）违反法律、行政法规的强制性规定。"《最高人民法院关于适用〈中华人民共和国合同法〉若干问题的解释（二）》第十四条界定前述"强制性规定"是指效力性强制性规定。一般认为，效力性规定是指法律及行政法规明确规定违反该类规定将导致合同无效的规范，或者虽未明确规定违反之后将导致合同无效，但若使合同继续有效将损害国家利益和社会公共利益的规范。综上，以他人名义投标行为因违反法律的强制性规定自始无效，此后的中标及签订的合同亦均无效。本案中法院也是根据《招标投标法》前述规定认定《建设工程设备采购合同》无效。

3. 不提交履约保证金的，投标保证金可以不退还。履约保证金属于中标人向招标人提供的用以保障其履行合同义务的担保。招标人要求提交履约保证金的，属实质性要求，应在招标文件中规定。中标人应当按照招标文件的要求提交履约保证金；未提交的，根据《招标投标法实施条例》第七十四条规定，招标人有权取消其中标资格，投标保证金不予退还。本案中，装备公司未按规定提交履约保证金，招标人有权取消其中标资格并不退还投标保证金。

【启示】

1. 投标人应当以自己的名义参加投标，如实提供有关资质、业绩证明文件等材料，并按照规定的程序和时间参加招标投标活动，中标后还应当按时足额交纳履约保证金，全面依法履行合同义务，这是投标人的基本义务。

2. 招标人应注意防范投标人是否以他人名义投标。重点从资质、业绩证明文件的持有人和投标人是否一致、办理投标业务人员的劳动合同关系归属、履约和收款单位是否为投标人等线索中，查证是否有以他人名义投标的行为。常见行为有：投标人挂靠其他单位，其他单位通过转让或租借的方式获取资格或资质证书，或者由其他单位及其法定代表人在自己编制的投标文件上加盖印章和签字等行为。

33 虚假投标的中标无效合同亦无效

【案情】

某科技公司在招标文件中要求投标人提供投标货物的有关生产许可证和产品鉴定证书（复印件）等资格证明文件。某工程公司中标并签订了《采购合同》。工程公司履行了供货义务，科技公司支付了货款。后双方因合同义务的履行发生分歧，协商未果，科技公司将部分设备拆除。

后查明，工程公司投标文件所附的资格证明文件存在如下问题：①住房和城乡建设部办公厅就《工程设计证书》复函法院称系伪造；②省科学技术厅就《新产品新技术鉴定验收证书》出具证明：省科学技术厅负责组织全省科技成果鉴定，印章为省科学技术厅"成果鉴定专用章"，而非省科学技术厅"技术开发成果鉴定专用章"；③科学技术部火炬高技术产业开发中心就《重点高新技术企业证书》复函法院称：经核实，该《重点高新技术企业证书》（复印件）的载明批准文件不涉及国家火炬计划重点高新技术企业，当年国家火炬计划重点高新技术企业名单中没有工程公司；④全国工业产品生产许可证审查中心就《全国工业产品生产许可证》复函法院：经查，该编号的证书为 XBF 公司所有，获证产品为电线电缆；⑤中国工程咨询协会就《工程咨询资格证书》复函法院：发证机关从未颁发过该证书，所载编号的《工程咨询资格证书》的真实单位名称是 SC 公司。

法院认为：科技公司与工程公司之间为招标投标买卖合同关系。工程公司不具备科技公司招标文件中对投标人资格条件的规定，违背诚实信用原则，在其投标文件中使用伪造、变造的有关生产许可证和产品鉴定证书等方式弄虚作假，骗取中标，中标无效。双方签订的《采购合同》是基于中标而签订的，工程公司违反《招标投标法》《招标投标法实施条例》规定弄虚作假，骗取中标，故该《采购合同》无效。科技公司要求确认合同无效，判令工程公司返还设备款 298 万元，理由正当，应予支持。

法院判决：科技公司与工程公司签订的《采购合同》无效；工程公司返还科技公司设备款 298 万元；科技公司返还工程公司自动化控制系统等 9 类设备各 4 套。

【分析】

1. 提供虚假的资格证明文件为典型的虚假投标行为。招标人根据国家法律规定和招标项目实际，一般会在资格预审文件或招标文件中规定"投标资格条件"，通常包括国家规定的市场准入条件以及人员配备、技术装备、生产能力、管理措施、业绩经验、资信条件等资格条件。招标人还会要求投标人提交能够证明其符合前述资格条件的证明文件。投标人必须在其资格预审申请文件或投标文件中就是否满足要求的资格条件逐项作出响应，并出具相关证明文件（如合同、中标通知书、资质证书、实验报告、产品生产许可证等）。

在社会诚信体系尚不完善的情况下，投标人为了追求经济利益，在自身资格条件不合格或者在投标竞争中不具有优势的情况下，容易伪造、变造资格证明文件，弄虚作假，以达到提高投标竞争优势，谋取中标的目的。《招标投标法》第三十三条规定："投标人不得以低于成本的报价竞标，也不得以他人名义投标或者以其他方式弄虚作假，骗取中标。"《招标投标法实施条例》第四十二条规定虚假投标行为主要有：①使用伪造、变造的许可证件；②提供虚假的财务状况或者业绩；③提供虚假的项目负责人或者主要技术人员简历、劳动关系证明；④提供虚假的信用状况；⑤其他弄虚作假的行为。这里只列举了弄虚作假的几种常见情形，实践中凡是能决定投标资格、影响评标因素的文件资料，都可能被造假，如提供虚假的实验报告、设备配备信息，虚构技术实力、履约能力等。本案中，工程公司提供的《工程设计证书》《新产品新技术鉴定验收证书》《重点高新技术企业证书》《全国工业产品生产许可证》及《工程咨询资格证书》均系伪造，且关涉投标人的履约资格和履约能力，属于《招标投标法实施条例》第四十二条规定的典型的虚假投标行为。

2. 虚假投标骗取中标的，中标无效。根据《民法通则》第五十八条规定，一方以欺诈、胁迫的手段或者乘人之危，使对方在违背真实意思的情况下所为的民事行为无效。（如本案发生在 2017 年 10 月 1 日以后，应根据《民法总则》第一百四十八条"一方以欺诈手段，使对方在违背真实意思的情况下实施的民事法律行为，受欺诈方有权请求人民法院或者仲裁机构予以撤销"处理。）《招标投标法》第五十四条规定："投标人以他人名义投标或者以其他方式弄虚作假，骗取中标的，中标无效，给招标人造成损失的，依法承担赔偿责任；构成犯罪的，依法追究刑事责任……"《招标投标法实施条例》第六十八条进一步规定："投标人以他人名义投标或者以其他方式弄虚作假骗取中标的，中标无效；构成犯罪的，依法追究刑事责任；尚不构成犯罪的，依照《招标投标法》第五十四条的规定处罚……"本案中，工程公司通过提供伪造的资格证明文件，弄虚作假，骗取中标，依据上述规定，中标无效。因工程公司弄虚作假的行为违反《招标投标法》的强制性规定，根据《合同法》第五十二条第（五）项规定，所签合同亦无效。《合同法》第五十八条中规定："合同无效或者被撤销后，因该合同取得的财产，应当予以返还"，故科技公司要求返还已支付的合同款应得到法律支持。

【启示】

1.招标人或评标委员会可通过协查方式查实供应商资格条件。实行资格预审的，招标人可要求资格预审申请人提交相关资格证明文件原件。实行资格后审的，可要求投标人在投标截止时间之前提交资格证明文件原件核实，或在评标过程中要求投标人澄清或提交原件核实。在中标候选人公示期间，招标人发现中标候选人可能提供虚假材料影响其履约能力的，可以组织原评标委员会重新核实。招标人也可进行现场资格核实，或者采取书面外调、网上信息查询、第三方协查、公证等途径调查核实投标人资格，如联系资质证书、生产许可证、试验报告等出具单位，对证书、报告的真实性予以鉴别。

2.依法严厉打击虚假投标行为。招标人应事前对虚假投标行为提出惩处措施，如在招标文件中规定："投标人串通投标、弄虚作假、以他人名义投标、行贿或有其他违法行为的，其投标将被否决，且招标人不退还投标保证金，招标人还将有权拒绝该投标人在今后一段时间内的任何投标"，这是招标人对失信行为自主决定的一种制裁措施。

34 超额收取的投标保证金应予退还

【案情】

2013 年 4 月 17 日，某科技公司向某保洁公司发送邮件，告知本公司宿舍 2013 年保洁服务项目采用招标方式采购，附件《E-BID 价格标之厂商注意事项》中载明：竞标人需支付竞标保证金 10 万元，对于得标后弃标者，将没收竞标保证金，其中《宿舍客房服务清洁标准及要求》中载明，宿舍内卫生间、地面、阳台地面、水池、宿舍内窗台清洁及垃圾回收服务频次为每日 1 次，卫生间排风清洁为每季度 1 次。

保洁公司交付了 10 万元投标保证金，参加了电子报价。2013 年 6 月 14 日，科技公司向保洁公司发出中标通知书，中标项目及价格为：9～14 号宿舍内公共区域 22 890 元／月（6 栋×3，815 元／栋）、综合楼 37 600 元／月、人才公寓公共区域 3 815 元／月（1 栋×3，815 元／栋）、9～14 号客房服务单价 60 元／间・月。

2013 年 7 月 4 日，保洁公司向科技公司发送通知，内容为：保洁公司于 2013 年 7 月 1 日进场清洁过程中，发现双方对 9～14 号宿舍内清洁服务项目每月 60 元／间的单价有争议，中标通知书并未明确单价每月 60 元／间是每月一次还是每天一次，保洁公司认为是每月一次，科技公司认为是每天一次，因不能达成一致，故将退出此项服务；因未签订合同，请科技公司退还投标保证金 10 万元。科技公司回函称其发给保洁公司的宿舍客房服务清洁标准及要求、中标通知书对服务频次及单价都有明确规定，故双方并无争议；保洁公司得标后弃标，其 10 万元竞标保证金也不再退还。

保洁公司遂向法院起诉，请求判令科技公司退还投标保证金 10 万元。

　　法院认为：保洁公司参加科技公司组织的电子竞标中标后，在科技公司发出的中标通知书上盖章认可，并按照科技公司要求的日期进场提供保洁服务，故该中标通知书对当事人具有法律约束力，当事人应当按照约定履行自己的义务。保洁公司称其对9~14号客房服务的单价存在重大误解，因科技公司在事先提交给保洁公司的宿舍客房服务清洁标准及要求中已经明确宿舍内房间垃圾回收、地面清洁，阳台地面清洁，窗台清洁等服务频次为1次/日，保洁公司在该文件上盖章，表明其知晓服务频次等要求。故保洁公司在2013年7月4日的函件中称以为是"每间每次60元，每月一次"与其之前在清洁标准及要求上的盖章行为不符，其称存在重大误解，法院不予采纳。保洁公司报价失误的后果应由其自行承担。保洁公司在中标后仅为科技公司提供了4天的清洁服务即要求退出宿舍客房服务，属于中标后弃标的行为。根据科技公司提交给保洁公司的E-BID价格标之厂商注意事项中的约定，科技公司有权没收投标保证金。

　　《招标投标法实施条例》第二十六条规定："招标人在招标文件中要求投标人提交投标保证金的，投标保证金不得超过招标项目估算价的2%"。现科技公司认为投标项目估算价为13435395元。对此，法院认为：科技公司对其陈述的招标项目估算价并未提供证据证实，同时考虑到科技公司在发给保洁公司的中标通知书中确实存在缩小保洁公司中标范围等不规范行为，以及双方尚未签订正式服务合同等因素，法院酌定以中标通知书中确定的中标价格计算投标保证金金额。根据E-BID价格标之厂商注意事项中关于合约有效期限为6个月的约定，保洁公司应交付的投标保证金为21036.60元[（22890元＋37600元＋3815元＋60元×1850间）×6个月×2%]。保洁公司要求返还该部分投标保证金，法院不予支持，而剩余款项78963.40元应由科技公司予以返还。

　　综上，法院判决：科技公司返还保洁公司投标保证金78963.40元。

【分析】

1. 中标人弃标的，招标人有权不退还其投标保证金。投标保证金是投标人按照招标文件规定的形式和金额向招标人递交的，约束投标人履行其投标义务的担保，所担保的主要是合同缔结过程中招标人的权利，以此制约投标人在投标后的撤销投标文件、拒绝签约、不交纳履约保证金等不诚信行为，根据《招标投标法实施条例》第三十五条、第七十四条规定，投标人有前述行为的，招标人可以不退还投标保证金。其中条例第七十四条规定："中标人无正当理由不与招标人订立合同，在签订合同时向招标人提出附加条件，或者不按照招标文件要求提交履约保证金的，取消其中标资格，投标保证金不予退还。对依法必须进行招标的项目的中标人，由有关行政监督部门责令改正，可以处中标项目金额10‰以下的罚款。"投标保证金是否退还取决于当事人意思自治。在本案中，中标人在中标后仅为招标人提供了4天清洁服务后即弃标不再签约，招标人有权决定不退还其投标保证金。

2. 投标保证金有金额限制，超出部分没有法律依据，应予退还。《招标投标法实施条例》第二十六条规定："招标人在招标文件中要求投标人提交投标保证金的，投标保证金不得超过招标项目估算价的2%。"这里的"招标项目估算价"是指根据招标文件、有关计价规定和市场价格水平合理估算的招标项目金额。计算出来的投标保证金金额，既是投标人提交的投标保证金金额的最低金额，也是招标人要求投标人交纳的投标保证金的最高限额。招标人在招标文件中设定的投标保证金金额不得超过前述限制，超过部分不受法律保护。从本案来看，由于没有可供各方认可的"招标项目估算价"，法院酌情以中标价格的2%计算投标保证金，因投标人弃标，招标人不退还该金额之内的部分具有法律上的依据，但对于超出部分则无权不退还，因此法院判令招标人应退还超出部分。

【启示】

1. 投标人应当仔细研究招标文件，对招标文件中的"供应商资格条件"、商务条件和技术指标及合同条款等逐条认真阅读，吃透招标文件的每一项具体要求，全面准确理解每一项重点条款，防止因忽视主要内容或者对条款理解错误导致报价失误或不能实质性响应招标文件要求而被否决投标。

2. 招标人应当按照"投标保证金不得超过招标项目估算价的2%"的限制性规定收取投标保证金，不得超出法律规定的金额，增加投标人负担，也得不到法律的保护。另外，工程建设项目的投标保证金金额除受前述交纳比例的限制外，还受具体金额的限制，如施工、货物招标项目的投标保证金最高不得超过80万元人民币，勘察设计招标项目的投标保证金最高不得超过10万元人民币。

35 "一家投标、联合施工"可能涉嫌恶意串通、违法分包

【案情】

2016年2月，某公路建设局向社会公开发布了某高速公路路面工程施工招标文件，该招标文件规定：通过多个合同段资格预审的投标人最多只允许中1个标；投标人应独家参与投标，本项目拒绝联合体投标，禁止转包和违规分包。2016年4月19日，某交通建设集团与某公路工程公司签订《合作投标协议书》，约定：双方共同投标某高速公路，以交通建设集团名义参加投标，如工程中标则交通建设集团为中标工程总承包方，与业主签订"承包主合同"；在交通建设集团监督管理的原则下，双方根据"主合同"文件的精神签订《联合施工协议书》，并将全部中标工程的49%交由公路工程公司实施；公路工程公司同意向交通建设集团

交纳其施工项目总金额的1%作为项目管理费；公路工程公司提供1400万元作为投标保证金。若工程中标后，交通建设集团因其原因未能与公路工程公司签订《联合施工协议书》的，应向公路工程公司支付中标总金额10%的违约金。

2016年5月22日，交通建设集团在第一合同段中标并与公路建设局签订《工程承包合同》。但交通建设集团未与公路工程公司签订《联合施工协议书》，亦未将工程49%交给该公司施工，只是退回1400万元。公路工程公司诉至法院，请求判令交通建设集团给付公路工程公司违约金956.4877万元。

法院认为：本案焦点是《合作投标协议书》是否合法有效。公路建设局公开发布工程施工招标文件的时间在前，交通建设集团和公路工程公司签订合作投标协议书的时间在后，二者对招标文件中规定的"通过多个合同段资格预审的投标人最多只允许中1个标；投标人应独家参与投标，本项目拒绝联合体投标，禁止转包和违规分包"的内容是清楚的。为了规避招标文件的规定，双方在签订的《合作投标协议书》中约定：以交通建设集团名义参加投标，如工程中标则交通建设集团为中标工程总承包方，与公路建设局签订"承包主合同"，交通建设集团根据"主合同"与公路工程公司签订《联合施工协议书》，并将全部中标工程的49%交由公路工程公司进行实施，其行为和协议书内容有欲损害公路建设局合法利益的主观故意，是恶意串通行为，违反《招标投标法》第四十八条第一款、《建筑法》第二十八条等规定，根据《合同法》第五十二条第二款、第五款及《最高人民法院关于审理建设工程施工合同纠纷案件适用法律问题的解释》第四条规定，该《合作投标协议书》无效。公路工程公司依据无效的协议请求交通建设集团支付违约金于法无据，不应得到支持。鉴于公路工程公司已向交通建设集团提供1400万元，交通建设集团也实际用作投标保证金，故交通建设集团应赔偿使用该投标保证金期间的利息。

综上，法院判决：交通建设集团按中国人民银行规定的同期同类贷款利率赔偿公路工程公司 1400 万元的利息。

【分析】

1. 本案存在恶意串通、违法分包等违法行为，所签《合作投标协议书》无效。《招标投标法》第四十八条第一款规定："中标人应当按照合同约定履行义务，完成中标项目。中标人不得向他人转让中标项目，也不得将中标项目肢解后分别向他人转让"。《建筑法》第二十八条规定："禁止承包单位将其承包的全部建筑工程肢解以后以分包的名义分别转包给他人"。《建设工程质量管理条例》第七十八条第二款规定："本条例所称违法分包是指下列行为：……（二）建设工程总承包合同中未有约定，又未经建设单位认可，承包单位将其承包的部分建设工程交由其他单位完成的"。本案中，公路工程公司和交通建设集团签订的《合作投标协议》的意思表示是以交通建设集团名义参加投标，中标后将全部中标工程的 49% 交公路工程公司施工，公路工程公司向交通建设集团交纳管理费。其形式上为合作，但双方并未按法律规定签订共同投标协议，也未将共同投标协议提交给招标人，中标后亦未共同与招标人签订合同，且招标文件明确拒绝联合体投标，故双方签订的合同实际上是工程分包协议。该分包行为非经建设单位认可，违反法律强制性规定，属违法分包。而且，公路工程公司和交通建设集团对招投标规则是明知的，双方签订合作投标协议，就是为了规避建设单位的一人最多只中一个标、拒绝联合体投标、禁止转包和违规分包等要求，是一种恶意串通行为。《合同法》第五十二条规定："有下列情形之一的，合同无效：……（二）恶意串通，损害国家、集体或者第三人利益；……（五）违反法律、行政法规的强制性规定"。《最高人民法院关于审理建设工程施工合同纠纷案件适用法律问题的解释》第四条规定："承包人非法转包、违法分包建设工程或者没有资质的实际施工人借用有资质的建筑施工企业名义与他人签订建设工程施工合同的行为无效。"因此,公路工程公司与交通建设集团签订的《合作投标协议书》,形式上是合作投标,实际上是违法分包工程,违反了法律规定和招标文件约定,该协议无效。

2.合同被认定无效后,应返还取得的财产但不承担"违约责任"。依照《合同法》第五十八条规定,在认定违法分包协议无效后,当事人因合同所取得的财产,应返还给对方;有过错的一方应当赔偿对方因此所受到的损失,双方都有过错的,应当各自承担相应的责任。在本案中,由于该分包协议——《合作投标协议书》无效,双方当事人均有过错,交通建设集团无偿占用公路工程公司的资金应支付资金占用期间的利息,但合同无效,违约责任条款也就自始无效,公路工程公司依据无效的协议请求交通建设集团支付违约金于法无据。

3.招标人有权决定是否接受联合体投标。联合体投标是一种能充分体现市场竞争者之间既有竞争又有合作的运行机制的投标组织形式。《招标投标法实施条例》第三十七条第一款规定:"招标人应当在资格预审公告、招标公告或者投标邀请书中载明是否接受联合体投标。"也就是说,是否允许联合体投标,由招标人根据招标项目的实际和潜在投标人的数量自主决定;联合体投标一般适用于大型建设项目和结构复杂的建设项目,《建筑法》第二十七条即有类似规定。如果招标公告明确规定"不接受联合体投标"的,投标人就不得组成联合体投标,否则因投标人资格条件不符合要求而导致投标无效。本案中,招标文件已明确规定"本项目拒绝联合体投标",投标人如组成联合体投标的,其投标将被否决。

【启示】

1.只有在招标人允许联合体投标时,投标人才可以以联合体的形式进行投标。资格预审公告、招标公告或者投标邀请书中明确规定不允许联合体投标时，一些企业由于独自无能力单独完成或有其他原因而采取以"单一主体投标、联合施工"等方式规避"禁止联合体投标"的要求，实施恶意串通、违法分包等违法行为的，其投标将被否决。

2.《招标投标法》《建筑法》《合同法》均对合同转包、非法分包作了禁止性规定，中标项目不得直接转包、不得肢解后分别分包，不得将中标项目的部分主体、关键性工作分包，不得未经招标人同意将中标项目的部分非主体、非关键性工作分包，不得分包给不具备相应资格条件的分包人，不得再次分包。若转包或违法分包，则转包、分包合同无效。

36 对串通投标行为进行"双罚"

【案情】

省发展改革委查明，在某高速公路工程土建施工招投标过程中，某工程集团所属 E 公司与 W 公司投标文件（投标报价和工程量清单）混装，封面为 E 公司的投标文件，里面具体内容显示为 W 公司，封面为 W 公司的投标文件，里面具体内容显示为 E 公司，两个单位之间存在串通投标的行为。省发展改革委认为：E 公司、W 公司的行为违反了《招标投标法》第三十二条和《招标投标法实施条例》第四十条第（五）款"有下列情形之一的，视为投标人相互串通投标：……（五）不同投标人的投标文件相互混装的，视为投标人相互串通投标"的规定，已构成违法。依据《行政处罚法》第八条、《招标投标法实施条例》第六十七条、《招标投标法》第五十三条的规定，决定作出如下行政罚款：①对 E 公司处中标金额 551900212.00 元 5‰的罚款，计 275.95 万元；②对参与本次投标活动的直接负责人和直接责任人分处罚款 13.797 万元。

省发展改革委另查明：在某市地铁工程投标中，某工程集团所属 Y 公司与 S 公司、D 公司、T 公司、Q 公司等 5 家单位的投标报价万元以上部分出现规律性差异，互相间呈等差变化，相差 1、2、3、4 万投标报价呈规律性差异。上述行为违反了《招标投标法》第三十二条和《招投标法实施条例》第四十条的规定，已构成违法。依据《行政处罚法》第八条、《招投标法实施条例》六十七条、《招标投标法》第五十三条的规定，作出如下行政罚款：1. 对 Y 公司罚款人民币 193.5 万元（中标项目金额 3.87 亿元，按 5‰ 计算）；2. 对 Y 公司参与本次投标活动的直接责任人处罚款 96750 元（单位罚款数额 193.5 万元，按 5% 计算）。

【分析】

投标人串通投标行为是指投标人彼此之间以口头或者书面的形式，就投标报价或投标的其他事宜互相通气，达到避免相互竞争，共同损害招标人利益的行为。《招标投标法》第三十二条第一款规定："投标人不得相互串通投标报价，不得排挤其他投标人的公平竞争，损害招标人或者其他投标人的合法权益。"《招标投标法实施条例》第三十九条、第四十条总结吸收实践经验，规定了比较详尽的串通投标典型表现形式，其中第四十条规定："有下列情形之一的，视为投标人相互串通投标：（一）不同投标人的投标文件由同一单位或者个人编制；（二）不同投标人委托同一单位或者个人办理投标事宜；（三）不同投标人的投标文件载明的项目管理成员为同一人；（四）不同投标人的投标文件异常一致或者投标报价呈规律性差异；（五）不同投标人的投标文件相互混装；（六）不同投标人的投标保证金从同一单位或者个人的账户转出。"这六种情形是根据投标人行为的外在表现形式来认定，是根据"高度盖然性"在法律上推论、拟制为串通投标行为，所以采用了"视为投标人相互串通投标"的表述。上述情形，在正常的情况下是低概率事件，往往都是在投标人相互串通投标的情况下才会出现。

本案中的内容混装、报价呈现出规律性的特征，都是典型的串通投标行为。"不同投标人的投标文件相互混装"，就是"我中有你、你中有我"，往往是投标人之间相互串通协商编制投标文件，由于疏忽大意无意识在打印装订时出现相互混装的情况。不同投标人的"投标报价呈现规律性差异"，常见的是不同投标人的投标报价呈等差数列、投标报价的差额本身呈等差数列或者规律性的百分比，等等。

串通投标是严重的失信行为，侵蚀着公平的市场竞争环境，必须依法制裁，招投标行政监督部门有权按照"双罚"原则给予行政处罚。《招标投标法》第五十三条规定："投标人相互串通投标……，中标无效，处中标项目金额千分之五以上千分之十以下的罚款，对单位直接负责的主管人员和其他直接责任人员处单位罚款百分之五以上百分之十以下的罚款；有违法所得的，并处没收违法所得；情节严重的，取消其一年至二年内参加依法必须招标的项目的投标资格并予以公告，直至由工商行政管理机关吊销营业执照；构成犯罪的，依法追究刑事责任。给他人造成损失的，依法承担赔偿责任。"本条中的"罚款"是《行政处罚法》第八条规定的对违法行为人的一种经济制裁措施，而且实行"双罚"原则，也就是既对违法的投标人进行处罚，同时也对该投标人直接负责的主管人员和其他直接责任人员进行处罚。对中标的投标人，处中标项目金额5‰以上10‰以下的罚款；对于未中标的投标人的罚款额，则根据《招标投标法实施条例》第六十七条规定，处招标项目合同金额5‰以上10‰以下以下的罚款；对单位直接负责的主管人员和其他直接责任人员处单位罚款5%以上10%以下的罚款。至于罚款具体金额，由行政监督部门根据投标人违法情节的轻重、影响大小等因素决定，但处罚结果应当与违法行为相适应。

【启示】

在投标文件的评审过程中除了对各个投标人的投标文件独立进行纵向符合性评审，还应加强各投标人的投标文件之间的横向符合性评审，对各份投标文件进行横向相互检查比较，查找是否有串通投标线索。

发现以下情形，要重点审查其投标文件是否存在串通投标情形：a. 多个投标人属于同一母公司，或者一个母公司及其所属多个子公司全部参加同一项目投标；b. 多个投标人是同一经销商下的分销商，或者是某一经销商及其多个分销商同时参加同一项目投标；c. 多个投标人的负责人相互之间有直系亲属关系或交叉任职；d. 多个投标人都从同一企业分立出来，且投标文件在很多方面相同和相近。

37 电子招标下的串通投标的认定

【案情】

省发展改革委收到举报信，反映在"××机场新建货运区及生产辅助设施工程公安业务技术用房室外附属工程"投标过程中，某建筑公司涉嫌有串通投标的行为。

省发展改革委查明，某建筑公司电子投标文件"文件创建标识码"与某市政工程公司的完全相同，均由一人编制，存在串通投标的行为。

省发展改革委认为：某建筑公司上述行为违反了《招标投标法》第三十二条"投标人不得相互串通投标报价，不得排挤其他投标人的公平竞争，损害招标人或者其他投标人的合法权益"的规定，属于《招标投标法实施条例》第四十条"有下列情形之一的，视为投标人相互串通投标：（一）不同投标人的投标文件由同一单位或者个人编制"规定的行为，已构成违法。据此作出《行政处罚决定书》，依据《行政处罚法》第八条、《招标投标法》第五十三条的规定，决定对某建筑公司罚款人民币 15289 元（中标项目金额 3057800 元，按 5‰计算）；对某建筑公司参与本次投标活动的直接负责人和直接责任人分别处罚款人民币 764.45 元（单位罚款数额 15289 元，按 5% 计算）。

【分析】

串通投标是招标投标的顽疾，表现形式五花八门且花样不断翻新。随着电子招标投标的发展，在"同一人办理投标事宜""同一人制作投标文件""投标文件内容雷同"等串通投标行为方面，又产生一些新的表现形式，与传统的纸质招标投标活动中的表现形式有所不同。而且电子招标投标情况下，可利用大数据等技术手段，通过开评标电子系统分析比对查出投标文件中的内容异常一致、由同一单位或个人编制投标文件或办理投标事宜等串通投标行为，认定串通投标行为也有了更高"技术"要求，一些地方规定在这方面进行了探索。如 2018 年 11 月 29 日新修订颁布的《广东省实施〈中华人民共和国招标投标法〉办法》第十六条规定的"不同投标人的投标文件由同一电子设备编制、打包加密或者上传，不同投标人的投标文件由同一投标人的电子设备打印、复印"，就回应了电子招标投标方式下认定串通投标的典型做法。

《福建省住建厅关于施工招标项目电子投标文件雷同认定与处理的指导意见》（闽建筑〔2018〕29 号）规定的常见的电子投标文件雷同情形较为详尽，值得借鉴。该意见规定：

（1）不同投标人的电子投标文件上传计算机的网卡 MAC 地址、CPU 序列号和硬盘序列号等硬件信息均相同的（开标现场上传电子投标文件的除外），应认定为《招标投标法实施条例》第四十条第二项"不同投标人委托同一单位或者个人办理投标事宜"

的情形。

（2）不同投标人的已标价工程量清单 XML 电子文档记录的计价软件加密锁序列号信息有一条及以上相同，或者记录的硬件信息中存在一条及以上的计算机网卡 MAC 地址（如有）、CPU 序列号和硬盘序列号均相同的（招标控制价的 XML 格式文件或计价软件版成果文件发布之前的软硬件信息相同的除外），或者不同投标人的电子投标文件（已标价工程量清单 XML 电子文档除外）编制时的计算机硬件信息中存在一条及以上的计算机网卡 MAC 地址（如有）、CPU 序列号和硬盘序列号均相同的，应认定为《招标投标法实施条例》第四十条第一项"不同投标人的投标文件由同一单位或者个人编制"的情形。

（3）不同投标人的技术文件经电子招标投标交易平台查重分析，内容异常一致或者实质性相同的，应认定为《招标投标法实施条例》第四十条第四项"不同投标人的投标文件异常一致"的情形。

（4）投标人递交的已标价工程量清单 XML 电子文档未按照规定记录软硬件信息的，或者记录的软硬件信息经电子招标投标交易平台使用第三方验证工具认定被篡改的，评标委员会应当否决其投标。

对于串通投标行为，根据《招标投标法》第五十三条规定，行政监督部门有权除以罚款、没收违法所得、取消投标人一年至二年内参加依法必须招标的项目的投标资格甚至吊销营业执照。本案中，两家投标人的电子投标文件的"文件常见标识码"完全一致，可认定由同一人编制，这是典型的串通投标行为，构成《招标投标法实施条例》第四十条第（一）项规定的情形，行政监督部门对投标人及其相关责任人员处以了行政罚款的处罚。

【启示】

对于电子招标投标活动中的串通投标行为，立法给予越来越多的关注，对串通投标行为的具体认定标准越来越细化，也会有越来越丰富的技术手段辅助进行分析查处。在评标过程中，招标人或招标代理机构有必要配备专业的计算机专家通过技术手段对投标文件内容是否雷同、是否由同一单位或个人编制或者办理投标事宜进行分析认定，并提供给评标委员会进行处理。也有必要在电子评标系统中增加相应识别串通投标的功能，为评标委员会评标提供依据。

38 投标人与招标代理机构串通共担责

【案情】

某招标公司受某市地税局委托，就该局新建综合大楼所需的地温螺杆式热泵机组的采购及安装项目公开招标。招标公司向设备公司发出中标通知书，后双方签订合同。

某空调公司对中标结果不满，进行投诉，市招标办调查后形成的《会议纪要》认为："设备公司将安装业务分包给安装公司，并在投标文件中明确。"招标公司向市招标办提交的设备公司的投标文件中有设备公司指定安装单位说明、安装公司建筑业企业资质证书、企业法人营业执照。但法院调取的包含设备公司投标文件在内的招标投标所有文件中，没有上述三个文件。设备公司的投标文件载明"本次投标的所有设备由我公司进行安装"，设备公司与市地税局签订的合同中也约定空调机组由设备公司安装。

招标文件要求投标人提交的资格证明文件中不含有建筑业企业资质证书。经核实，空调公司具有建筑业企业资质，设备公司不具有建筑业企业资质。

空调公司认为设备公司串通投标，实施不正当竞争行为损害自己的利益，向法院提起诉讼，请求判令设备公司中标无效，设备公司与市地税局签订的《地温螺杆式热泵机组采购合同》无效，设备公司和招标公司赔偿其损失 37.2 万元。

法院认为：《建筑法》第二条、第二十六条规定："本法所称建筑活动，是指各类房屋建筑及其附属设施的建造和与其配套的线路、管道、设备的安装活动"；"承包建筑工程的单位应当持有依法取得的资质证书，并在其资质等级许可的业务范围内承揽工程"。该规定属于强制性法律规范，当事人必须遵守。本案所涉安装服务属于建筑工程中的一种活动，从事该项工程依法必须取得建筑资质。虽然招标文件并未要求投标人应当具有建筑资质，但是根据《招标投标法》第二十六条规定："投标人应当具备承担招标项目的能力；国家有关规定对投标人资格条件或者招标文件对投标人资格条件有规定的，投标人应当具备规定的资格条件。"本案招标标的是热泵机组采购及安装服务，投标人必须具有完成安装服务所需的建筑资质，但设备公司未提供建筑资质证书，其不具有建筑资质。

投标人的投标文件只能由投标人提供，在市招标办处理投诉时，招标公司向该办提供的投标人设备公司的投标文件中含有未向法院提供的他人建筑资质证明及其他文件，招标公司、设备公司对此矛盾不能予以澄清。因此，应当认定投标人设备公司与招标代理机构招标公司之间存在不正当联系的行为。对本案所涉安装服务，法律要求投标人具备建筑资质，而设备公司没有该资质，设备公司与招标公司在空调公司投诉后，为达到使设备公司中标的目的，相互串通伪造设备公司投标文件中的指定安装单位说明、安装公司建筑业企业资质证书、企业法人营业执照，使市招标办依据伪造的投标文件，认定设备公司已将安装服务依法分包给安装公司，错误地作出维护中标结果的处理决定。该串通伪造设备公司投标文件的行为破坏了招标投标活动的公平性，构成不正当竞争。依据《招标投标法》第五十条规定，在被侵害的经营者的损失难以计算，侵权行为人没有获得利润或者利润无法查明时，法院可以根据权利人遭受侵害的实际情形公平酌定赔偿额。空调公司主张赔偿损失 37 万元的诉讼请求，证据不足，酌情确定由设备公司和招标公司共同赔偿空调公司 15 万元。

因设备公司与招标公司存在串通行为并实质性影响中标结果，且系弄虚作假、骗取中标的行为，根据《招标投标法》第五十条、第五十四条规定，设备公司中标无效，因中标而导致的设备公司与市地税局签订的合同当然无效。合同无效将导致返还财产、折价补偿的法律后果。鉴于本案合同已经履行，空调及机房配套、附属设备由市地税局保有，合同约定的价款作为折价款返还给设备公司。

综上，法院判决设备公司中标无效，设备公司与市地方税务局签订的《地温螺杆式热泵机组购销及安装服务合同》无效，设备公司与招标公司共同赔偿空调公司损失 15 万元。

【分析】

1. 招标文件未规定投标人资格条件，但法律有明确规定的，亦应执行。《招标投标法》第十八条规定："招标人可以根据招标项目本身的要求，在招标公告或者投标邀请书中，要求潜在投标人提供有关资质证明文件和业绩情况，并对潜在投标人进行资格审查；国家对投标人的资格条件有规定的，依照其规定。"《招标投标法》第二十六条也规定："投标人应当具备承担招标项目的能力；国家有关规定对投标人资格条件或者招标文件对投标人资格条件有规定的，投标人应当具备规定的资格条件。"对于投标人的资格条件，既有法定的资格条件，也有招标人根据招标项目实际在不违反法律规定的前提下自行制定的资格条件（可称"约定资格条件"）。在招标投标活动中，投标人资格条件既要符合招标文件的要求，也要符合法律法规的规定。法律规定的资格条件一般为强制性的规定，比如《建筑法》规定的建筑业企业资质条件即是，违反该规定的将导致投标无效。

2. 投标人与招标代理机构串通投标应当承担赔偿责任。《招标投标法实施条例》第四十一条明确禁止招标人与投标人串通投标，并将招标人授意投标人撤换、修改投标文件，招标人明示或者暗示投标人为特定投标人中标提供方便，招标人与投标人为谋求特定投标人中标而采取其他串通行为等界定为招标人与投标人串通投标；第十三条第二款中规定《招标投标法》及其实施条例关于招标人的规定同样适用于招标代理机构。招标人（招标代理机构）和投标人相互勾结、串通投标的行为，违反公平、公正和诚实信用的原则。《招标投标法》第五十条规定："招标代理机构……与招标人、投标人串通损害国家利益、社会公共利益或者他人合法权益……给他人造成损失的，依法承担赔偿责任。"根据该规定，串通投标的招标代理机构和投标人应当共同承担赔偿责任。

另，《合同法》第五十二条明确规定恶意串通，损害国家、集体或者第三人利益以及违反法律、行政法规的强制性规定的合同无效。本案中的招标代理机构与投标人恶意串通伪造投标文件，骗取中标的行为，违反《招标投标法实施条例》第四十一条的禁止性规定，中标无效，所签合同自然随之无效。合同无效后应当依据《合同法》第五十八条规定处理。

【启示】

1. 招投标各方参与人都应坚持公开、公平、公正和诚实信用原则，杜绝弄虚作假、串通投标、骗取中标等违法行为，否则必将受到法律的严惩。比如对于串通投标行为，《招标投标法实施条例》第五十三条明确规定中标无效，处以罚款；有违法所得的，并处没收违法所得；情节严重的，取消其一年至二年内参加依法必须进行招标的项目的投标资格，直至吊销营业执照；构成犯罪的，依法追究刑事责任；给他人造成损失的，依法承担赔偿责任。

2. 投标人的资格条件决定了投标人参与投标竞争的"门槛"，

必须符合法律规定、符合招标项目实际，不得有倾向性、排他性的规定，不得违反法律法规的禁止性规定，不得超出招标项目的实际需求。招标文件虽然未规定投标人的资格条件，但法律有明确规定的，这些法定的资格条件也必须作为对投标人资格审查和评标的依据之一。

39 串通投标情节严重的，构成串通投标罪

【案情】

2011 年 12 月，某行政村搬迁安置房工程委托市公共资源交易中心向社会公开招标，并择定 2012 年 1 月 6 日开标，工程造价为 10 500 万元。被告人邓某得知后，寻找了 7 家建筑企业挂靠，准备参与投标。同时，被告人陈某、周某也在寻找挂靠企业，准备参与投标。邓某得知后，遂与周某、陈某协商，约定合伙参与投标，如中标，邓某占 65% 股份，周某、陈某占 35% 股份，并商定以邓某事先找好挂靠的市建筑公司等 7 家单位的名义参与投标。随后，三被告人议定在工程预算价下浮 13.5% ～ 14% 之间设定投标报价，由周某委托他人计算出 7 个几乎成等差排列且仅相差 10000 余元的标价，并由邓某通知各制作投标书的人，7 家挂靠单位根据邓某等人设定的投标价进行投标。2012 年 1 月 6 日，该工程开标后，市建筑公司以 9129.2796 万元的报价中标。邓某、陈某、周某利用挂靠的市建筑公司，取得某行政村搬迁安置房工程。后因邓某、周某在工程建设过程中发生纠纷，周某控告而案发。检察院指控被告人邓某、周某、陈某的行为已构成串通投标罪。

法院认为：被告人邓某、周某、陈某串通投标，损害招标人利益，情节严重，其行为均已触犯刑律，构成串通投标罪。串通投标的

实质在于数个投标人通过谋划，形成统一的意志，形式上的数个投标人成为事实上的一个投标人，限制或者失去了招投标的竞争性。被告人邓某、周某、陈某相互串通，通过谋划，形成了统一的意志，虽以 7 家单位的名义进行投标，其实 7 家投标人为事实上的一个投标人，失去了招标投标的竞争性，其行为符合串通投标罪的构成。

法院依照《中华人民共和国刑法》（简称《刑法》）第二百二十三条等规定，判决被告人邓某、周某、陈某犯串通投标罪，分别判处有期徒刑一年，有期徒刑六个月、缓刑一年和拘役三个月、缓刑六个月，并处罚金不等。

【分析】

串通投标行为在当前招投标实践中较为突出，不管是否中标，只要具有串通行为，就构成串通投标，为法律所禁止，情节严重的可能构成串通投标罪。

1. 串通投标行为的认定。串通投标行为表现形式多样且花样不断翻新，具有很强的隐蔽性，只有参与串通投标的内部人掌握，外部人不易察觉，导致认定难、查处难。本案就是因被告人内讧检举才揭发出来的。《招标投标法实施条例》第三十九条、第四十条在总结实践经验的基础上，对投标人相互串通投标行为的常见表现形式作了列举式规定：①投标人之间协商投标报价等投标文件的实质性内容；②投标人之间约定中标人；③投标人之间约定部分投标人放弃投标或者中标；④属于同一集团、协会、商会等组织成员的投标人，按照该组织要求协同投标；⑤不同投标人的投标文件由同一单位或者个人编制；⑥不同投标人委托同一单位或者个人办理投标事宜；⑦不同投标人的投标文件载明的项目管理成员为同一人；⑧不同投标人的投标文件异常一致或者投标报价呈规律性差异；⑨不同投标人的投标文件相互混装；⑩不同投标人的投标保证金从同一单位或者个人的账户转出；⑪投标人之间为谋取中标或者排斥特定投标人而采取的其他联合行动。该条例第四十一条列举了招标人与投标人串通投标的常见情形：①招标人在开标前开启投标文件并将有关信息泄露给其他投标人；②招标人直接或者间接向投标人泄露标底、评标委员会成员等信息；③招标人明示或者暗示投标人压低或者抬高投标报价；④招标人授意投标人撤换、修改投标文件；⑤招标人明示或者暗示投标人为特定投标人中标提供方便；⑥招标人与投标人为谋求特定投标人中标而采取的其他串通行为。上述规定为认定串通投标行为提供了依据。如本案中犯罪人相互串通制定等差数列式的投标报价，并统一策划组织名义上的7家单位投标，其实质上是一个投标人投标，其行为是比较典型的串通投标行为。

2. 串通投标罪的构成要件。串通投标罪，是指投标人相互串通投标报价，损害招标人或者其他投标人利益，或者招标人与投标人串通投标，损害国家、集体、公民的合法权益，扰乱市场经济秩序，情节严重的行为。《刑法》第二百二十三条规定："投标人相互串通投标报价，损害招标人或者其他投标人利益，情节严重的，处三年以下有期徒刑或者拘役，并处或者单处罚金。投标人与招标人串通投标，损害国家、集体、公民的合法利益的，依照前款的规定处罚。"据此分析，串通投标罪的构成要件是：

（1）客体要件。本罪侵犯的是正常的市场竞争秩序以及招标人和其他投标人、国家、集体或公民个人的合法权益。

（2）客观要件。在客观方面表现为串通投标行为，主要包括投标人互相串通投标报价以及招标人与投标人串通投标两种类型，常见表现形式如前所述。串通投标将造成招标人无法达到最佳的竞标结果或者其他投标人无法在公平竞争的条件下参与投标竞争而受到损害，这种损害必须达到"情节严重"才构成本罪。"情节严重"的认定，可依据《最高人民检察院、公安部关于公安机关管辖的刑事案件立案追诉标准的规定（二）》，串通投标案的立案追诉标准，一是损害招标人、投标人或者国家、集体、公民的合法利益，造成直接经济损失数额在 50 万元以上；二是违法所得数额在 10 万元以上；三是中标项目金额在 200 万元以上；四是采取威胁、欺骗或者贿赂等非法手段；五是虽未达到上述数额标准（指接近上述数额标准且已达到该数额的 80% 以上），但两年内因串通投标，受过行政处罚二次以上，又串通投标；六是其他情节严重的情形。

（3）主体要件。本案犯罪主体是特殊主体，限于招标人和投标人；涉及串通投标的招标代理机构、评标委员会与参与串通行为的招标人、投标人构成共同犯罪，也可成为本罪的犯罪主体。自然人和单位均可构成本罪的主体。

（4）主观要件。在主观方面表现为直接故意，即串通投标行为人以排挤竞争对手为目的积极采取不正当的串通投标行为，且明知该行为将损害招标人、其他投标人或者国家、集体的合法权益，过失不构成本罪。

串通投标行为同时具备上述四要件的，构成串通投标罪。

【启示】

1. 招标人、投标人参与招标投标活动，都应当将公开、公平、公正和诚实信用原则作为其基本行为准则严格遵守、规范操作。招标人（包括其委托的招标代理机构）不与投标人串通投标，投标人之间也不得相互串通。

2. 招标人应严格防控投标人串通投标。①加强招标投标信息保密管理，对招标人内部意见、标底、投标人信息、投标文件、评标过程等做好保密，减少串标可能性。②编制招标公告、资格预审文件、招标文件时增强其科学性，最大限度地降低准入门槛，扩大竞争范围。③在评标时严格把关，重点在投标文件内容、报价表中发掘线索，除对各投标文件进行纵向符合性评审外，还应加强各投标文件之间的横向符合性评审，进行横向相互检查比较，查找是否有串通投标线索。④建立投标人诚信档案，制定诚信评价标准，对投标人的串标行为，除依据招标文件中的惩罚性规定处理（如不退还其投标保证金）外，将该行为列入不良记录名单，取消其一定年限的投标资格。⑤健全招标投标投诉举报制度，畅通投诉举报渠道，也可以回访投标落选者，鼓励其举报违法违纪案件，在投标人中发现串标线索。⑥加大查处串标案件的力度，一旦发现线索就要抓紧收集证据，及时受理和处理招标投诉事件，必要时请政府主管部门或公安机关介入调查处理。

40 投标费用由投标人自行承担

【案情】

2012 年 5 月某工程公司与某房地产公司洽谈一经济适用房小区工程施工承包事宜。同年 6 月 8 日，房地产公司要求工程公司按其指定的账户交纳 30 万元投标保证金，并承诺只要工程公司能够帮助使其控股的建筑公司中标，就将其中的 9 号楼工程交给工程公司施工。之后，招标代理公司向包括工程公司在内的三家施工企业发出经济适用房小区工程投标邀请函。同年 5 月 30 日，建筑公司亦向工程公司发出关于招、投标的通知，要求工程公司于 2012 年 6 月 7 日前交纳投标保证金 30 万元到房地产公司开户银行，并于 6 月 13 日前交纳合作金 70 万元。工程公司遂于 2012 年 6 月 8 日将 30 万元转入房地产公司账户，并于同年 6 月 12 日将项目合作金 70 万元转入建筑公司账户，并向建筑公司交纳招标文件工本费 500 元，施工图纸押金 1 万元。同年 6 月 21 日，工程公司参加了招标代理公司组织的开标会议，经济适用房 8 ~ 12 号建安工程由建筑公司中标。

2012年9月11日,建筑公司致函工程公司,内容为:"贵公司参与的我公司承接的'经济适用房第四期9号工程合作项目',由于开发商的原因,该项目暂无法如期进行技术及商务洽谈。"同年9月12日,房地产公司将30万元保证金打进工程公司账户;同日,建筑公司亦将70万元合作金打入工程公司账户。

工程公司认为房地产公司假借工程委托承包协商之名,恶意进行磋商,非法侵占工程公司资金,同时故意隐瞒与合同相关的重要事实,捏造虚假情况,造成工程公司重大损失,遂诉至法院,请求判令:1.房地产公司支付工程公司非法占用资金的本金和利息24.81万元;2.房地产公司给付工程公司制作标书劳务费23.92万元。

法院认为:工程公司向房地产公司提交投标保证金30万元,参与房地产公司工程施工投标。按照《经济适用房住宅小区工程招标文件》的规定,未中标的投标人的保证金将在招标人和中标人合同签订后5日内予以退还。房地产公司与中标人于2012年6月23日签订建设施工合同,其至迟应于2012年6月28日退还工程公司的保证金,但房地产公司直至2012年9月12日才将保证金退还工程公司,已构成违约,故房地产公司应当按照银行同类贷款利率的标准支付工程公司30万元保证金的利息损失。工程公司支付的合作金70万元、招标文件工本费500元,施工图纸押金1万元,并非房地产公司收取,法院对工程公司向房地产公司主张该71.05万元的相关本金和利息损失的诉讼请求不予支持,工程公司可另行主张。按照《经济适用房住宅小区工程招标文件》第6.1条的规定,投标人应承担其参加投标活动自身所发生的费用,工程公司要求房地产公司支付制作标书劳务费23.92万元的诉讼请求于法无据,本院不予支持。

综上,法院判决:房地产公司按照银行同期贷款利率的标准支付工程公司所占用的30万元保证金的利息损失,计息时间从

2012 年 6 月 29 日起至 2012 年 9 月 11 日止；驳回工程公司的其他诉讼请求。

【分析】

1. 投标人参加招标投标发生的费用，应自行承担。招标投标活动会产生一定的交易成本。对于投标人而言，为了获得投标的机会，会组织相关人员搜集、分析采购信息，将产生交通、住宿以及人员工资等费用或者需要支付给中介机构咨询费、信息费；在投标过程中，要购买招标文件、制作投标文件、踏勘现场、办理投标保证金、参加投标等，这些活动还将发生交通费、住宿费、人员工资、印刷费、咨询费等费用，统称投标费用。

投标费用是投标人必要的管理成本，除非招标人在招标文件中明示其承担投标费用（工程建设项目设计、建筑工程方案设计招标项目一般会考虑对投标费用给予补偿）外，通常做法是以投标人自行承担投标费用为原则。如《标准施工招标文件》第 1.5 条规定："投标人准备和参加投标活动发生的费用自理"。因此，实践中，常见招标文件约定"投标人参加本次招标投标项目所支出的成本和费用，不论中标与否，均由其自行承担"，符合交易惯例。当然，法律也不禁止招标人对投标人的投标费用予以补偿。

结合本案，招标文件既然已经明确表示投标费用由投标人自理，则投标人在未中标的情况下无权要求招标人赔偿该笔费用。当然，如果招标人存在《合同法》第四十二条规定的缔约过失行为的，投标人有权要求招标人赔偿其必要的投标费用等损失。

2. 招标人延期退还投标保证金，应当赔偿损失。实践中，招标人在招标投标结束后长期占用投标人的投标保证金无偿使用，恶意拖延返还，谋取不正当利益，损害了投标人的合法权益。《招标投标法实施条例》第五十七条第二款明确规定："招标人最迟应当在书面合同签订后 5 日内向中标人和未中标的投标人退还投标保证金及银行同期存款利息"，不仅规定了招标人占有投标保证金期间应支付利息，而且限定占有期间，最迟应当在合同签订后 5 日内退还。招标活动已经结束，投标保证金的使命已经完成，招标人失去占有他人财物的合法理由。之后招标人如果不依法退还，继续无故扣押投标保证金的，应当赔偿损失，该损失不再是招标文件规定的存款利息标准，一般是如本案中的按照银行同期贷款利率计算的利息标准支付。

【启示】

1. 招标人是否补偿投标费用，应在招标文件中明确表述。《建筑工程方案设计招标投标管理办法》第三十八条规定，建筑工程方案设计招标项目，招标人应当补偿，补偿标准由招标人根据项目实际确定并在投标邀请书或招标文件中规定；其他项目是否予以补偿及补偿标准，由招标人自主决定。

2. 对于未中标的投标人，招标人最迟应当在与中标人签订书面合同后 5 个工作日内退还其投标保证金及银行同期存款利息。逾期不予退还的，应当赔偿未中标的投标人的损失，如按照银行同期贷款利率的标准支付投标保证金的利息损失。根据《招标投标法实施条例》第六十六条规定，有关行政监督部门还有权对该违法行为责令改正，处 5 万元以下的罚款。

第三部分

开　标

41 临时决定推迟开标时间存在风险

【案情】

某货物招标项目购买招标文件的潜在投标人共有 A、B、C 三家，开标时间为上午 10 时。在招标文件规定的投标截止时间前，A、B 两家均递交了投标文件。上午 9∶30 时，招标代理机构工作人员接到 C 投标人代表电话，说由于大雾，飞机晚点，其无法在规定时间内赶到，要求推迟 1 小时开标。招标代理机构与招标人协商后，认为工程进度比较紧张，重新招标时间来不及，希望与 A、B 两家投标人协商推迟开标时间。经协商，A、B 两家投标人代表均表示同意推迟 1 小时开标，并且同时写下承诺书：同意将开标时间推迟至 11 时。于是，招标人现场宣布将开标时间推迟，在延迟后的时间内，C 投标人及时赶到递交了投标文件。

开标后，C 投标人以综合评分最高成为排名第一的中标候选人。A、B 两家投标人得知消息后均反悔，认为当初不了解法律法规，错误地认为招标人有权延迟开标，经咨询专业律师后，才知道招标人延迟开标的做法违法，于是，向招标人发出书面质疑文件，要求取消 C 投标人的中标候选人资格，依法重新招标。

【分析】

本案例中，招标人延迟开标时间实际上就是推迟投标截止时间，似乎对所有投标人是公平的，也节约投标成本，但其实违反《招标投标法》的规定，导致事后投标人以此为由对开标活动的合法性提出异议，结果事与愿违，将不得不花费更多时间组织重新招标。

1. 开标时间应与投标截止时间相一致，招标人应当按照招标文件事前规定的时间开标。《招标投标法》第三十四条规定："开标应当在招标文件确定的提交投标文件截止时间的同一时间公开进行"，法律作出这一规定的目的，在于防范招标人或者投标人在投标截止时间之后、开标之前的时间间隔内进行暗箱操作从事违法行为（如招标人在开标之前泄露投标文件内容、投标人与其招标代理机构串通修改其投标文件）的风险。投标截止时间即开标时间属于招标文件的实质性内容，应当在招标文件中事先确定，方便投标人按时递交投标文件并参加开标。《招标投标法实施条例》第四十四条第一款规定："招标人应当按照招标文件规定的时间、地点开标。" 开标时间不能随意改变，如果基于合理原因需要变更开标时间的，应该按照《招标投标法》关于修改招标文件内容的规定办理，并事前书面通知所有已经购买招标文件的潜在投标人，不能未经履行修改招标文件程序，临时决定延迟开标时间，更不能像本案例中为了照顾迟到的投标人而在开标现场临时决定延迟开标。

2. 投标人为三个及以上方可开标。多个投标人参与投标，是保障招标投标具有充分竞争性的前提条件。《招标投标法》第二十八条第一款中规定："投标人少于三个的，招标人应当依照本法重新招标。"《招标投标法实施条例》第四十四条第二款规定："投标人少于三个的，不得开标；招标人应当重新招标"。投标人如少于三个的，不能保证必要的竞争性，此时应终止招标程序，依法必须进行招标的项目，招标人应重新组织招标。本案例在投标截止时间到达时，只有两家投标人递交投标文件，不满足开标条件，招标人应停止开标，并依法重新组织招标。

3. 迟到的投标文件不得接收。《招标投标法》第二十八条规定："投标人应当在招标文件要求提交投标文件的截止时间前，将投标文件送达投标地点……在招标文件要求提交投标文件的截止时间后送达的投标文件，招标人应当拒收。"《招标投标法实施条例》第三十六条规定："未通过资格预审的申请人提交的投标文件，以及逾期送达或者不按照招标文件要求密封的投标文件，招标人应当拒收。"本案例中，C 投标人因故迟到，招标人应拒收其投标文件，否则将承担相应的法律责任。《招标投标法实施条例》第六十四条规定："招标人有下列情形之一的，由有关行政监督部门责令改正，可以处 10 万元以下的罚款……（四）接受应当拒收的投标文件。招标人有前款第一项、第三项、第四项所列行为之一的，对单位直接负责的主管人员和其他直接责任人员依法给予处分。"

针对一个具体行为，在判断其是否违法时，法律的明文规定是唯一的衡量标准，即使参与事件的所有人都认可这一做法，也改变不了其行为违法这一事实。实践中，有些招标人出于工程进度、招标成本等原因，在个别投标人未及时赶到的情况下擅自决定推迟开标，或者经其他投标人同意后推迟开标的现象时常发生，需要引起从业人员的注意。

【启示】

1. 招标人应按照招标文件规定的开标时间组织开标仪式，不得随意延迟。如果确需延迟的，应当提前修改招标文件并书面通知所有收到招标文件的潜在投标人。

2. 投标人少于 3 个的，不满足开标的条件，招标人或招标代理机构必须停止开标。如果属于依法必须招标的项目，应组织重新招标；如果是非依法必须招标的项目，可以重新招标，也可以不再招标，由采购人自主决定采用其他采购方式。

42 投标人少于三个仍然开标导致招标投标行为无效

【案情】

某招标公司受某矿业公司委托对轮辋拆装机设备进行公开招标。招标文件载明：（1）投标人须交纳不少于投标总价2%的投标保证金，一切与投标有关的费用均由投标人自理。（2）采用综合评估法，实行百分制，评标委员会根据技术、商务和价格情况进行综合评定、排序。（3）定标：招标人根据评标报告提出的中标候选人名单和顺序定标，不保证最低价中标。科技公司提交了银行投标保函。开标时，只有科技公司、设备公司两家递交投标文件。科技公司听说设备公司中标，即向招标公司致函提出质疑。招标公司书面答复称依据商务和技术综合得分，设备公司排名第一。后，科技公司收到招标公司退还的银行保函。

科技公司认为此次投标人数少于法定的三人，依法应重新招标，但招标公司未重新招标而确定设备公司为中标人。招标公司不公开评标标准，未对评标项目进行权重分数分配，致使科技公司在所有条件都满足要求、投标价比设备公司低13%的情况下，却综合排名第二，严重违法，由此导致其投标失败。请求法院确认招标行为违反法律强制性规定，判令招标公司依法重新招标。

法院认为：《评标委员会和评标方法暂行规定》第三十五条规定，根据综合评估法，最大限度地满足招标文件中规定的各项综合评价标准的投标，应当推荐为中标候选人；衡量投标文件是否最大限度地满足招标文件中规定的各项评价标准，可以采取折算为货币的方法、打分的方法或者其他方法；需要量化的因素及其权重应在招标文件中明确规定；第三十六条规定，评标委员会对各个评审元素进行量化时，应当将量化指标建立在同一基础或者同一标准上，使各投标文件具有可比性；对技术部分或商务部分进行量化后，评标委员会应当对这两部分的量化结果进行加权，计算出每一投标的综合评估价或者综合评估分。本案中，招标文件虽然载明详评包括技术评标和商务评标，均采用打分办法，为百分制，评标委员会根据技术、商务和价格情况进行综合评定、排序；但其并未按照上述规定，对技术和商务部分进行量化，并对量化结果进行加权，构成对上述规定的违反。

根据《招标投标法》第二十八条规定，投标人少于三个的，招标人应当重新招标。本案中，只有两个投标人提交了投标文件，但招标公司未依法重新招标，仍旧唱标、评标、定标，违反法律强制性规定，故该项目招标投标程序无效。另，尽管招标公司应当在仅有两个投标人的情形下，按照《招标投标法》第二十八条的规定重新招标，但其招标项目不属于依法必须进行招标的项目，且仅存在两个潜在投标人合格，实质上也不存在重新招标的可能。因此，对科技公司要求重新招标的诉讼请求，不予支持。

最终法院判决该项目招标投标程序无效。

【分析】

1. 开标程序违反强制性法律规定的，招标投标行为无效。根据《民法通则》第五十八条第一款第（五）项规定，违反法律的民事行为为无效民事行为（2017年10月1日起施行的《民法总则》第一百五十三条规定："违反法律、行政法规的强制性规定的民事法律行为无效，但是该强制性规定不导致该民事法律行为无效的除外。"）；根据《合同法》第五十二条第（五）项规定，违反法律、行政法规的强制性规定的，合同应确认无效。结合《最高人民法院关于适用〈中华人民共和国合同法〉若干问题的解释（一）》第四条规定，违反全国人大及其常委会制定的法律和国务院制定的行政法规的强制性规定的，该合同行为应认定为无效。一般法律和行政法规要求人们必须作出某种行为的规定即为强制性规定,《招标投标法》第二十八条和《招标投标法实施条例》第四十四条关于投标人少于三个时应当重新招标的规定即是。在本案中,招标代理机构在投标人仅有两个时仍然开标,违反上述法律强制性规定,因此涉案的招标投标行为属于无效民事行为。实则,该项目不属于依法必须招标的项目,招标人可以在投标人不足三人时终止招标程序,然后自主决定采用竞争性谈判等采购方式,无须重新招标。这也是法院认定原招标程序无效但未判令重新招标的原因所在。

2.招标文件必须确定评标方法,细化评标标准。评标方法有综合评估法、经评审的最低投标价法或者法律、行政法规允许的其他评标方法。在评标中为了细化评标办法,统一评审规则,增强可操作性,还要制定评标标准。评标标准需根据项目实际和行业惯例等因素加以细化。评标标准中各项评审因素应尽可能客观、详尽和量化,规定相对的权重(即"系数"或"得分"),有利于投标人了解和掌握项目的侧重点,编制出符合招标文件要求的投标文件,提高投标文件的响应度,也有利于评标委员会遵照评审,还能减少评委违规操作空间。《评标委员会和评标方法暂行规定》第三十五条、第三十六条对评标方法和评标标准提出明确要求;《招标投标法》第四十条和《招标投标法实施条例》第四十九条均规定了评标委员会应当按照招标文件确定的评标标准和方法进行评标。本案中,评标标准并未对技术部分和商务部分进行量化,与《评标委员会和评标方法暂行规定》等相关法律的规定不符,系导致投标人质疑评标结果的合法性的重要原因。

【启示】

1.拥有足够数量的潜在投标人参与市场竞争的项目,方适合采用招标投标方式采购。招标人或招标代理机构应事前调研招标采购项目的市场竞争状况和潜在的投标人数量。潜在的合格投标人少于3个的,招标人应当采用竞争性谈判、竞争性磋商、询价、单一来源采购等非招标的方式，减少招标失败给自己和投标人带来的成本损失。

2.评标方法、评标标准必须细化且应向投标人公开。依法合规、科学合理、操作性强的评标标准和方法，有利于对评标委员会自由裁量权进行合理约束，确保评标结果的公平、公正。招标人应制定详细的评标方法，评标标准要尽量客观，评分细则要尽可能细化。评标方法和标准应完整地规定在招标文件之中，以减少暗箱操作空间。

43 急于开标欲速则不达

【案情】

一水利工程施工招标项目，总投资9830万元。2013年2月18日，招标文件发出后，招标人接连发出了3张补遗书，最后一张补遗书距投标截止期仅有6天，且招标人认为其补遗书内容对编制投标文件有一定影响。由于工程时间紧，招标人想按原定时间开标。项目主管单位为此特意嘱咐招标人，在发出补遗书时，需要求潜在投标人同意按原投标截止日期开标。各潜在投标人均按要求对此进行了书面确认，同意按补遗书规定的时间开标。

开标、评标结束后，在中标候选人公示阶段，其中一家投标人向行政监督部门提出投诉，投诉书称招标人发出补遗书的时间过晚，其内容影响投标文件编制但没有顺延开标时间，违反了《招标投标法实施条例》第二十一条的相关规定，要求按照条例第六十四条"招标人有下列情形之一的，由有关行政监督部门责令改正，可以处10万元以下的罚款……（二）招标文件、资格预审文件的发售、澄清、修改的时限，或者确定的提交资格预审申请文件投标文件的时限不符合招标投标法和本条例规定……"的规定，对该项目重新招标。

行政监督部门接到投诉后，出现了以下三种处理意见。

第一种意见认为，若潜在投标人对补遗书的内容有异议，应当在提交投标文件截止时间前提出异议，如对招标人的异议答复不满意，才可以提出投诉。本案投标人在评标结果公布、发现自己不是第一中标候选人后才提起投诉，明显是因为失去了中标机会才要求重新招标，动机不纯。监督部门应当以投诉程序不合法为由，拒绝受理该投诉。

第二种意见认为，投标人与招标人有约定在先，同意按补遗书规定的时间开标，事后反悔提起投诉，违背了招投标活动中的"诚实信用原则"，行政监督部门可以受理其投诉，但应当依法作出不支持投标人诉求的决定，维持原招标结果。

第三种意见认为，根据招标人的陈述，本案最后一份补遗书内容影响到投标文件的编制，因此招标人仍按原定时间开标不合法，应当根据《招标投标法实施条例》第六十四条的规定，责令招标人改正错误，依法重新招标。

【分析】

实际上，上述三种意见都存在着一些值得商榷和改进之处。

第一种处理意见结论不正确，理由也不正确。《招标投标法实施条例》第二十二条规定："潜在投标人或者其他利害关系人对招标文件有异议的，应当在投标截止时间 10 日前提出。"招标人的补遗书是招标文件的组成部分，投标人如对其有异议，照理应当及时提出。但本案的特殊性在于招标人发出最后一份补遗书时，已经无法满足潜在投标人提出异议的最低时限了，潜在投标人没有按照法律规定的时限提起异议，其过错不在自己，而在于招标人。作为行政监督人员，应该本着实事求是的原则，受理投标人的投诉书。

第二种处理意见是行政监督部门受理投诉决定正确，但处理投诉的结果不正确，理由也不正确。需要指出的是，招标人和投标人的事先约定是否有效，其前提应是该项约定是否合法，如果双方约定的内容本身就不合法，那么这种约定就不应该得到认可和保护。在本案中，行政监督部门处理投诉不应以"投标人事先是否有约在先"为标准来判断，而应该以"该补遗书是否可能会影响投标文件的编制"为依据进行判断和处理。如果招标人的补遗书对编制投标文件有影响，则应当根据《招标投标法实施条例》的规定顺延开标时间；如果没有影响，则可以按原定时间开标。

第三种处理意见基本正确，但在认定事实依据时有值得商榷之处。本案的关键在于认定最后一份补遗书是否可能影响投标文件的编制。在招标投标活动中，一个有经验的招标人完全可以判断出该补遗说明是否会影响投标文件的编制。本案例中，招标人也认为该补遗书的内容对投标文件的编制确有影响。但行政监督部门在认定这一事实时，不应以当事人一方的陈述或判断为依据，而应对补遗书的内容进行深入分析后再作出判断，得出科学合理的结论，为处理投诉提供可靠的事实依据。

本案例中，行政监督部门应当向招标人调阅最后一份补遗书，分析其内容是否会对投标文件的编制产生影响，并作出正确的判断。如果遇上较难认定的复杂情形时，可以通过咨询专家、聘请专家鉴定等方式作出决断。

【启示】

招标人对已发出的招标文件进行补遗、澄清或者修改时，补遗、修改或增加的内容可能影响投标文件编制的，招标人应当在投标截止时间至少15日前，以书面形式通知所有获取招标文件的潜在投标人；不足15日的，招标人应当顺延提交投标文件的截止时间，以使其时间间隔满足至少15日的要求，确保潜在投标人有足够的时间根据澄清和修改的内容，相应修改投标文件并能够按期提交。

如果补遗、修改或增加的内容不影响投标文件编制的，则不受前述 15 日的期限限制。

44 一家开标≠直接采购

【案情】

某政府采购进口机电产品招标项目，招标文件发售 7 个工作日后只有 1 家投标企业购买招标文件。招标人决定延长招标文件发售期至开标日期，但截止到开标日期时仍然只有一家投标企业。《机电产品国际招标投标实施办法（试行）》（商务部 2014 年第 1 号令）第四十六条规定："重新招标后投标人仍少于 3 个的，可以进入两家或一家开标评标；按国家有关规定需要履行审批、核准手续的依法必须进行招标的项目，报项目审批、核准部门审批、核准后可以不再进行招标。"关于本项目是否符合上述规定，可以向相关部门报请不再进行招标，有两种观点：

观点一认为可以。理由是招标人在第一次发售期满时发现，只有一家投标企业购买了招标文件，后招标人延长了招标文件的发售期，相当于进行了重新招标，但仍然只有一家投标企业购买招标文件。此种情况，满足商务部 1 号令第四十六条的规定，因此可以向相关部门报请不再进行招标。

观点二认为不可以。理由是：招标人虽然在第一次发售期满后又延长了发售期，但此种行为不属于重新招标。延长发售期与重新招标是两个不同的概念，不可混为一谈。因此，不能适用商务部 1 号令第四十六条的规定而向相关部门报请不再进行招标。

【分析】

上述两种观点中，第二种观点更加合理。

《机电产品国际招标投标实施办法（试行）》第四十六条第二款规定："投标人少于 3 个的，不得开标，招标人应当依照本办法重新招标；开标后认定投标人少于 3 个的应当停止评标，招标人应当依照本办法重新招标。重新招标后投标人仍少于 3 个的，可以进入两家或一家开标评标；按国家有关规定需要履行审批、核准手续的依法必须进行招标的项目，报项目审批、核准部门审批、核准后可以不再进行招标"。对于机电产品国际招标项目，只有当投标人少于 3 个不满足开标条件而招标失败后，重新组织招标投标人仍少于 3 个时才可能进入一家或两家开标。结合本案例来看，招标机构在招标文件发售 7 个工作日后，发现只有一家投标企业购买招标文件时，采取延长招标文件发售期的做法，该做法只是招标机构依据《招标投标法实施条例》第二十三条规定对招标文件内容进行修改的继续招标行为，仍属于第一次招标的相关活动，而非重新发布招标公告和招标文件后重新组织招标，因此不能适用商务部 1 号令第四十六条的规定。

比较合理的做法应该是：在第一次发售期满时，发现只有一家投标企业购买招标文件，此时应该查找招标失败的原因（例如，是否是资质条件设置的不合理，是否存在排斥潜在投标人的不合理条款等）并采取相应措施后，重新启动第二次招标。如在第二次招标后依然出现上述情况，才可适用该条规定。

此外，一家开标与直接采购是一对不同的概念：一家开标属于招标活动中的一种特殊情况，应当遵守招标活动的法定程序和规则；而直接采购不属于招标，其程序和规则相对比较自由，采购人的自由度相对比较大。主要区别如下：

（1）是否组建评标委员会进行评标的区别。根据规定，一家开标也应当组建评标委员会，并经过评标委员会评审投标文件，对投标文件出具评审意见。而直接采购可以不组建评标委员会，可直接由招标机构组建工作组进行磋商或谈判。

（2）是否可以修改实质性条款的区别。一家开标后不可进行包括价格在内等合同实质性条款的谈判，投标人也不可更改投标文件的实质性内容，否则将被视为未实质性响应招标文件的要求；而直接采购时，双方可就商务、技术条件和履约报价等进行磋商或谈判，法律法规对此没有约束。

（3）采购风险的区别。一家开标，投标人的商务、技术、经济方案如果不被接受，将直接导致招标失败，双方无法签约；直接采购，即使供应商第一次所递交的商务、技术、经济方案不被接受，由于可以多轮磋商或谈判，双方仍有可能成交，采购失败的风险相对一家开标来说大大降低。

（4）是否需要公示（或公告）结果的区别。如该项目属于强制招标项目，则一家开标评标后，应当进行评标结果公示；直接采购没有关于采购结果必须公示（或公告）的相应要求。

（5）关于签约价的区别。一家开标，如其投标被接受，签约价应当是投标价；直接采购，签约价很多时候不是供应商的第一次报价，而是经过磋商或谈判后的最终价格。

【启示】

对于机电产品国际招标项目而言，当招标失败后重新招标时，如果投标人少于3个的，招标人可对一家或者两家直接开标评标，也可以决定终止招标活动，再次组织招标活动或者依法采用其他采购方式。

第四部分

评　标

45 评标委员会成员具有回避事由的应当回避

【案情】

2015年3月4日，某城建公司就高低压配电柜采购项目发布的招标文件规定："电容电抗"参照（或相当于）品牌为K、T、E，投标人应在以上参照品牌产品中选择其中一个或多个。除以上明确的品牌外，欢迎其他能满足本项目技术需求且性能与参照品牌同档次或高于参照品牌档次的产品参加，但必须在招标答疑截止时间前，以书面形式向招标人提出，并附产品详细技术参数，在征得招标人的认可并在答疑中公布后才可填入投标文件承诺表中。投标人必须按上述要求在承诺表中进行承诺，否则视为未响应招标文件的实质性要求。

评标中，评标委员会以科技公司对"电容电抗"承诺品牌为A，与招标文件要求的品牌元器件不符为由，判定科技公司的投标无效。科技公司对该结论不服，向市招管办投诉，市招管办决定驳回投诉。科技公司对该决定不服，向法院提起诉讼，认为评标委员会组成违法，科技公司提交的投标文件完全响应招标文件的实质要求，请求撤销市招管办所作的投诉处理决定。

经查，该招标项目评标委员会有5人组成，其中4人由城建公司从专家库中随机抽取组成，另1人为招标人代表。4名专家评委中有1人潘某，其所在单位市设计研究院与本次投标人之一电气公司的股东建设公司，均系投资公司独资成立的企业法人。另外，科技公司在招标答疑截止时间前未向招标人对能否使用A品牌的电容电抗元器件提出书面质疑。

法院认为：（一）关于评标委员会的组成是否符合法律规定。根据《招标投标法》第三十七条、《招标投标法实施条例》第四十六条及《评标委员会和评标方法暂行规定》第八条、第九条、第十条规定，评标委员会由招标人负责组建，评标委员会的专家成员应当从评标专家库内相关专业的专家名单中随机抽取确定，与投标人有利害关系的人不得进入相关项目的评标委员会，评标委员会成员与投标人有利害关系的，应当主动回避。本案中，招标人城建公司随机从专家库中抽取4名专家评委与招标人评委组成本次评标委员会，符合上述法律规定。建设公司与市设计研究院虽都属投资公司独资的下属企业，但二者均具有独立的法人人格，且潘某与建设公司之间并不存在经济利益关系，故潘某担任评委并不违反法律规定。

（二）关于科技公司的投标文件是否完全响应招标文件的实质性要求。根据《招标投标法》第二十七条、《评标委员会和评标方法暂行规定》第二十三条规定，投标文件的内容应当完全响应招标文件提出的所有实质性要求和条件，如未能实质响应招标文件的要求和条件，则该投标将被否决。科技公司投标文件中关于电容电抗的承诺品牌为A，显然与招标文件规定的电容电抗元器件品牌（K、T、E）不相符，并且科技公司在招标答疑截止时间前也未按招标文件要求向招标人对能否使用A品牌的电容电抗元器件提出书面质疑并征得同意填入招标文件承诺表中，因此科技公司的投标文件未能完全响应招标文件的实质性要求。评标委员会基于此否决科技公司的投标并不违反法律规定。

综上，科技公司要求撤销市招管办所作的投诉处理决定书的诉讼请求，无事实和法律依据，法院判决驳回科技公司的诉讼请求。

【分析】

1.依法组建评标委员会，评标委员会成员如具有法定回避事由的，应当主动回避。为了确保评标委员会能公正、独立评审，避免人为因素的干扰，根据《招标投标法》第三十七条第四款规

155

定，与投标人有利害关系的人不得进入相关项目的评标委员会；已经进入的应当更换。《招标投标法实施条例》第四十六条第四款中规定："行政监督部门的工作人员不得担任本部门负责监督项目的评标委员会成员。"《评标委员会和评标方法暂行规定》第十二条规定："有下列情形之一的，不得担任评标委员会成员：（一）投标人或者投标人主要负责人的近亲属；（二）项目主管部门或者行政监督部门的人员；（三）与投标人有经济利益关系，可能影响对投标公正评审的；（四）曾因在招标、评标以及其他与招标投标有关活动中从事违法行为而受过行政处罚或刑事处罚的。评标委员会成员有前款规定情形之一的，应当主动提出回避"。招标人组建评标委员会时，不论是招标人代表还是从专家库中随机抽取的评标专家，如存在上述情形，都应当按照《招标投标法实施条例》第四十八条规定予以更换，评标委员会的成员自己也应当主动退出评标委员会。本案中，招标人随机从专家库中抽取 4 名专家评委与招标人代表组成评标委员会，并无证据证明存在上述应当回避的情形，也无证据证明评委之一的潘某与中标人存在经济利益关系，因此该评标委员会组成合法。

2. 投标文件未实质性响应招标文件的，应当否决投标。招标文件对招标项目的商务条件和技术参数做出明确要求，投标文件应对招标文件的商务条款和技术参数逐条作出响应性应答，不能存有遗漏或重大偏离。《招标投标法》第二十七条规定："投标人应当按照招标文件的要求编制投标文件。投标文件应当对招标文件提出的实质性要求和条件作出响应。"《评标委员会和评标方法暂行规定》第二十三条规定："评标委员会应当审查每一投标文件是否对招标文件提出的所有实质性要求和条件作出响应。未能在实质上响应的投标，应当予以否决。"在本案中，科技公司承诺的投标产品品牌 A 与招标文件规定不相符，且在招标答疑截止时间前未按招标文件规定向招标人提出并经其同意公布于答疑公示中，因此评标委员会否决科技公司的投标符合相应的评审标准。

【启示】

1. 招标人应根据招标项目的具体特点和需求，将对合同履行有重大影响的内容或因素设定为实质性要求和条件，在招标文件中一一列明，如招标项目的质量要求、工期（交货期）、技术标准、合同的主要条款、投标有效期等，并明示不满足该要求即否决其投标。

2. 招标人应当依法组建评标委员会，对拟选派的招标人代表或抽取到的专家就与投标人有无《招标投标法》第三十七条、《招标投标法实施条例》第四十六条和《评标委员会和评标方法暂行规定》第十二条等规定的亲属关系、隶属关系、经济利益关系以及其他利害关系作必要审查，如有则予以更换。评标委员会成员发现自己有前述情形之一的，应当主动提出回避。

46 评标委员会应按招标文件规定的评标标准和方法评标

【案情】

中心大厦公司就其中心大厦机电系统工程浪涌保护器智能监控系统项目公开招标，招标文件规定：①资质条件：若投标人是制造商，履约能力不低于 200 万元，近五年内有三个以上类似项目的重点工程业绩，投标货物具有国家指定的防雷产品质量监测中心出具的型式试验报告（"智能型 SPD 产品在市气象局备案"）。②技术要求："当上一级浪涌保护器为开关型 SPD，次级采用限压型 SPD 时"，要求配置熔断器作为短路保护装置，选用 SPD 与短路保护装置一体化的结构，即采用熔断组合型 SPD。③评标办法："评标采用综合评估法"。

2012 年 8 月 21 日，评标委员会经评审，将实业公司（第一名）

和科技公司（第二名）推荐为中标候选人。后招标方公示实业公司为第一中标候选人，未公示第二中标候选人，并向实业公司发出中标通知书。

科技公司对评标结果不服，提出异议被招标人驳回后提起诉讼，认为招标人与中标人串通投标，请求法院确认本项目中标结果无效。

法院认为：《招标投标法实施条例》第四十一条规定了招标人与投标人串通投标的6种情形，现科技公司并未提交证据直接证明各被告之间存在串通投标的情形，而系以实业公司投标产品不满足招标文件技术要求、招标程序不合法为由，推定各被告之间串通投标。因此，本案审查的重点在于科技公司主张的上述情形是否属实。

1. 关于中标候选人公示。根据《招标投标法实施条例》第五十四条规定，招标人应自收到评标报告之日起3日内公示中标候选人。本案评标委员会推荐实业公司和科技公司分别为第一中标候选人和第二中标候选人，但招标人仅公示了第一中标候选人，违反了《招标投标法实施条例》的上述规定，但该行为并非《招标投标法》规定的可导致中标结果无效的情形，更不足以认定中心大厦公司与实业公司之间串通投标。

2. 关于实业公司的投标资格。经审查，实业公司的投标文件中包含其近3年财务报表、近5年做过的类似项目等内容，评标委员会评审时指出上述材料能充分证明实业公司具有"200万元的履约能力"。另外，实业公司在投标截止日前就其投标的产品均已提交型式试验报告并在市气象局网站备案。因此，科技公司认为实业公司不具备投标资格并不属实。

3. 关于实业公司是否满足招标文件技术要求。根据招标文件"当上一级浪涌保护器为开关型SPD，次级采用限压型SPD"的文字表述，第一级产品可以为开关型产品，而非科技公司所称必须为限压型。对于科技公司主张的实业公司各级产品的最大持续工作电压、第二级产品的试验级别及标准放电电流、第三级产品的电压保护水平以及熔断器与SPD的组合方式等参数与招标文件不同，则不应中标的观点，与综合评估法的内涵不符。国家标准规定了上述技术性能的相关参数值，现实业公司投标产品的技术参数均满足国家标准的要求。虽部分参数值与招标文件要求不完全相同，但评标委员会根据评标细则及其专业知识，对各项技术指标进行审查，得出实业公司满足招标文件技术要求的结论。科技公司以其质疑来推断招标人与中标人串通投标，缺乏依据。

综上，科技公司的诉讼请求缺乏事实依据，法院判决驳回科技公司的诉讼请求。

【分析】

1.评标委员会必须按照招标文件规定的评标标准和方法独立、客观、公正评标。根据《招标投标法》第四十条、《招标投标法实施条例》第四十九条及《评标委员会和评标方法暂行规定》的相关规定，评标委员会应当根据招标文件规定的评标标准和方法，客观、公正地对投标文件进行系统地评审和比较。招标文件中没有规定的标准和方法不得作为评标的依据。《招标投标法》要求投标文件应当对招标文件提出的实质性要求和条件作出响应，无显著差异或保留，只有对于未响应实质性要求的重大偏差，评标委员会才否决投标，并不要求投标文件对招标文件的所有要求不区分是否属于实质性要求，只要不完全一致就一概予以否决。在本案中，涉案项目的评标采用综合评估法，选取的中标人应是最大限度满足招标文件实质性要求、评审得分最高的投标人，并非要求其投标文件与招标文件一字不差。实业公司虽然一些技术参数与招标文件要求不完全相同，但实质性要求是满足的，评标委员会根据评标办法的规定，按照综合得分确定排名顺序，实业公司为排名第一的中标候选人，后确定为中标人，难以得出其中标无效的结论。

2. 中标候选人名单都应当公示。《招标投标法实施条例》第五十四条规定了强制招标项目的评标结果公示程序，即："依法必须进行招标的项目，招标人应当自收到评标报告之日起 3 日内公示中标候选人，公示期不得少于 3 日。投标人或者其他利害关系人对依法必须进行招标的项目的评标结果有异议的，应当在中标候选人公示期间提出。招标人应当自收到异议之日起 3 日内作出答复；作出答复前，应当暂停招标投标活动。"对于非强制招标项目，招标人也可以参照该规定公示中标候选人。评标委员会推荐的全部中标候选人均应当公示，建议同时公示而不是只公示排名第一的中标候选人或其中部分中标候选人。这样可以避免出现投标人或者利害关系人对依次公示的中标候选人逐个提出异议，导致多次公示，影响招标工作效率，也有利于投标人和其他利害关系人对全部中标候选人提出异议和投诉，进行全面监督，增强公正性。本案评标委员会推荐了两名中标候选人，但招标人仅公示了第一中标候选人，与法不符。

【启示】

1. 招标人对于哪些属于实质性要求、哪些情况下可以否决投标，都应当在招标文件中明示告知投标人。评标委员会应当按照招标文件规定的评标标准和方法，对各投标人的投标文件进行评价比较和分析，客观、公正提出评审意见，从中推荐中标候选人。

2. 公示中标候选人应当全部一次性公示，不宜仅公示其中部分中标候选人，以提高效率，接受监督。

47 不按照招标文件规定评标将取消评标专家资格

【案情】

省发展改革委收到市公共资源交易管理委员会办公室《关于对××工程评标委员会成员处理的报告》，反映评标委员会违法评标后对此案予以立案调查。

省发展改革委查明，夏××、刘××、项××、徐××四名评标专家不按照招标文件规定的评标标准和方法进行评标，将投标文件中没有提供"三类人员"A类证书的某装饰工程公司推荐为第一中标候选人，导致该投标人的投标应当被否决而未否决，严重影响招标结果的公正性。

省发展改革委认为：评标委员会成员的上述行为违反了《招标投标法》第四十条"评标委员会应当按照招标文件确定的评标标准和方法，对投标文件进行评审和比较"和《招标投标法实施条例》第四十九条"评标委员会成员应当依照招标投标法和本条例的规定，按照招标文件规定的评标标准和方法，客观、公正地对投标文件提出评审意见。招标文件没有规定的评标标准和方法不得作为评标的依据"的规定，已构成违法。

省发展改革委依据《招标投标法实施条例》第七十一条"评标委员会成员有下列行为之一的，由有关行政监督部门责令改正；情节严重的，禁止其在一定期限内参加依法必须进行招标的项目的评标；情节特别严重的，取消其担任评标委员会成员的资格：……（三）不按照招标文件规定的评标标准和方法评标"的规定，决定作出如下行政处罚：禁止夏××、刘××、项××、徐××在两年内参加依法必须进行招标的项目的评标。

【分析】

招标文件中的评标标准和评标方法，直接影响到评标委员会能否客观、准确地对投标人作出评价，进而选择出最满足招标文件要求的投标人，是招标投标是否公平公正的衡量标尺和判定标准。评标委员会也应当严格依据招标文件确定的评标标准和方法客观公正独立评标，这是评标委员会成员最起码的职业操守。

评标委员会如果不按照招标文件规定的评标标准和方法进行评标，则会影响评标结果的公正性。对这种不客观、不公正履行评标职责的行为，《招标投标法实施条例》第七十一条规定了相应的法律责任，即："评标委员会成员有下列行为之一的，由有关行政监督部门责令改正；情节严重的，禁止其在一定期限内参加依法必须进行招标的项目评标；情节特别严重的，取消其担任评标委员会成员的资格：（一）应当回避而不回避；（二）擅离职守；（三）不按照招标文件规定的评标标准和方法评标；（四）私下接触投标人；（五）向招标人征询确定中标人的意向或者接受任何单位或者个人明示或者暗示提出的倾向或者排斥特定投标人的要求；（六）对依法应当否决的投标不提出否决意见；（七）暗示或者诱导投标人作出澄清、说明或者接受投标人主动提出的澄清、说明；（八）其他不客观、不公正履行职务的行为。"《评标委员会和评标方法暂行规定》第五十三条也有类似规定。

上述法条第三项"不按照招标文件规定的评标标准和方法评标"的情形，在评标实践中经常发生，有时是个别评标委员会的个人行为，也可能是评标委员会的集体行为，比如共同商定修改原招标文件，增加、减少评审因素或者调整评审权重，不按照招标文件规定的评审标准进行评审或者不按照招标文件规定的方法推荐中标候选人，有时因工作疏忽、认识错误引起，但也有很多是评标委员会成员故意所为。对这种行为，《招标投标法实施条例》第七十一条规定由招投标行政监督部门责令评标委员会成员及时改正，重新评审，以保证评标的客观公正性；根据情节轻重，招投标行政监督部门还可以禁止其在一定期限内参加依法必须进行招标的项目的评标，直至取消担任评标委员会成员的资格。情节严重程度，需要从是否存在主观故意，违法评标所导致的后果等方面进行判断。被取消担任评标委员会成员的资格的专家，应从其所在的评标专家库中除名。

本案例中，由于评标委员会未严格按照招标文件规定的否决投标条件进行评审，应否决但未否决，对其他投标人是不公平的，构成"不按照招标文件规定的评标标准和方法评标"的情形，招投标行政监督部门对此作出禁止4位专家在两年内参加依法必须进行招标项目评标的行政处罚决定，符合上述法律规定。

【启示】

招标人在编制招标文件时，对招标文件中评标标准的设置应当清楚、准确、详细，以便评标委员会能够按照统一明确的标准对投标人进行评价。评标委员会成员应当认真、公正、诚实、廉洁地履行评标职责，仔细研究招标文件规定的评标标准和评标方法，掌握每一项评审因素及量化指标，按照同一尺度、标准衡量评审每一份投标文件，客观进行评价打分，对于符合否决投标条件的应当否决投标，客观公正评审，依照法律规定和招标文件约定规范评标活动，保证评标的公平、公正。

48 电子招标应以电子文件为评标依据

【案情】

根据省发展改革委批复，某银行办公大楼项目装修工程参照省重点建设项目进行招投标监管。经评审，房屋装饰公司、装饰工程公司、房屋建设集团等 26 家单位参加了投标。经评审，装饰工程公司为中标候选人。评标结果公示期内，投诉人房屋装饰公司提出异议，对招标人的答复不服提起投诉。投诉事项及主张：本项目招标答疑文件第七条中明确指出提供综合单价分析表，中标候选人未在投标文件电子文件或纸质文件的任何一处中提供综合单价分析表，投标文件不齐全，缺少重要组成部分，要求取消装饰工程公司中标候选人资格，重新评审此项目。

省发展改革委查明：（1）本项目招标文件中无有关综合单价分析表的任何规定，招标文件前附表"3.5 实质性响应招标文件及评审打分资料"中未涉及有关"综合单价分析表"的内容；前附表"10.1 否决投标的情形"中明确"除本条规定以外，招标文件中其他条款均不得作为否决投标文件的依据"，未发现该条款中设置了"未提供综合单价分析表，其投标文件将被否决"的规定。另外，招标补充文件中有投标人提问："综合单价分析表是否需要打印？"，招标人回答："综合单价分析表需要打印"。

（2）招标文件"投标人须知前附表 3.7.4 投标文件份数"中"一、投标文件份数"中规定："（一）加密电子投标文件（.ZJSTF）一份（上传至交易平台），作为投标文件正本。（二）与上传的电子投标文件内容完全一致的纸质投标文件一份，作为投标文件副本"。本款"三、纸质投标文件说明"中规定："（二）因系统原因所有投标人上传的电子投标文件均无法解密时方采用纸质投标文件开标"。

（3）本项目成功解密了投标人上传的电子投标文件，顺利完成开标，未启用纸质投标文件，纸质投标文件不作为评审依据。

（4）中标候选人在电子投标文件商务标部分已标价工程量清单中提供了《综合单价分析表》。

（5）《建设工程工程量清单计价规范》（GB 50500—2013）未将综合单价分析表及相关内容列为强制性条文。

省发展改革委认为：由招标人编制并公开发布的明确资格条

件、合同条款、评标方法和投标文件响应格式的招标文件，是投标和评标的依据。经调查，中标候选人电子投标文件中提供了《综合单价分析表》，投诉人反映的中标候选人电子投标文件未提供综合单价分析表与事实不符。该项目按照招标文件的约定完成对电子投标文件开标，未启用纸质投标文件，评标专家依据电子投标文件作出评审意见，纸质投标文件不是专家评标的依据，是否提供综合单价分析表并不影响评审结果。对于投诉问题，根据《工程建设项目招标投标活动投诉处理办法》第二十条第（一）项规定，作出如下处理意见：投诉缺乏事实根据和法律依据，驳回投诉。

【分析】

1.未将投标文件缺失列入否决投标事项的，不应否决投标。《评标委员会和评标方法暂行规定》第二十五条规定："下列情况属于重大偏差：（一）没有按照招标文件要求提供投标担保或者所提供的投标担保有瑕疵；（二）投标文件没有投标人授权代表签字和加盖公章；（三）投标文件载明的招标项目完成期限超过招标文件规定的期限；（四）明显不符合技术规格、技术标准的要求；（五）投标文件载明的货物包装方式、检验标准和方法等不符合招标文件的要求；（六）投标文件附有招标人不能接受的条件；（七）不符合招标文件中规定的其他实质性要求。投标文件有上述情形之一的，为未能对招标文件作出实质性响应，并按本规定第二十三条规定作否决投标处理。招标文件对重大偏差另有规定的，从其规定。"

在招标投标实践中，招标文件会对投标文件的组成及格式提出要求，投标文件必须按照招标文件要求进行编写，投标文件的组成应当符合招标文件要求，不得有缺漏项。招标文件对于投标文件的组成部分如有缺失将构成重大偏差应当否决投标的条款的，则应作否决投标处理。本项目在招标文件中对投标人是否对招标文件作出实质性响应以及否决投标的情形作了明确规定，也明确评标委员会须依据招标文件前附表"否决投标的情形"进行评审，从未将投标人是否提供纸质文件的综合单价分析表作为投标人是否对招标文件作出实质性响应的审查条件，"否决投标的情形"中并无"投标文件不齐全"的内容及"未提供综合单价分析表，其投标文件将被否决"的规定，且明确"除本条规定以外，招标文件中其他条款均不得作为否决投标文件的依据"，虽然在补充文件中对投标人的答疑中提及综合单价分析表需要打印，但也不能作为招标文件中否决投标的强制要求。因此，尽管纸质招标文件缺失"综合单价分析表"，也不能作为否决投标的条件，对其否决投标没有法律依据。

2. 电子招标投标时，依据电子投标文件进行评审。《电子招标投标办法》第六十二条规定："电子招标投标某些环节需要同时使用纸质文件的，应当在招标文件中明确约定；当纸质文件与数据电文不一致时，除招标文件特别约定外，以数据电文为准。"纸质文件和电子投标文件不一致不作为否决投标的情形。而且本项目招标文件也规定了"因系统原因所有投标人上传的电子投标文件均无法解密时方采用纸质投标文件开标"，这符合《电子招标投标办法》第三十一条第二款"招标人可以在招标文件中明确投标文件解密失败的补救方案，投标文件应按照招标文件的要求作出响应"的规定。招标人明确的投标文件解密失败的补救方案就是以纸质投标文件代替进行开标，纸质投标文件除此之外再无其他用途。况且本项目开标顺利，未发生电子投标文件解密失败的情形。中标候选人装饰工程公司提供的电子投标文件中包含了投标软件系统要求提供的已标价工程量清单内容，是否提供纸质文件的综合单价分析表并不影响其投标的有效性。由于本案项目是采用电子招标投标形式，纸质投标文件不是必须评审的资料（装饰工程公司的纸质投标文件未拆封），因此，本项目纸质招标文件即便缺失部分内容，也不影响评审。

【启示】

建议电子招标投标实行单轨制，取消纸质投标文件。电子招标投标某些环节需要同时使用纸质文件的，应当在招标文件中明确约定；当纸质文件与数据电文不一致时，除招标文件特别约定外，以数据电文为准。当然，电子投标文件内容和纸质文件内容应当一致。如需要以纸质文件为准，应当在招标文件中事前作出明确的约定。也可以要求提供纸质文件，作为电子投标文件解密失败时的补救措施，以此作为评标的依据。

49 评标委员会不得要求投标人澄清实质性内容

【案情】

依法必须进行招标的某工程建设项目，因建设该项目需要采购某主设备。在评标过程中，经过初步审查，评标委员会认为该类设备最大的制造商，也就是本采购项目的投标人之一某设备制造公司投标的设备，其各项技术参数都满足或者优于招标文件要求的技术参数，该设备制造公司以往给招标人供应的设备质量、售后服务等也好于其他企业的产品，但其价格也相应高于其他企业产品。招标人有意与其合作，评标委员会成员中的招标人代表向评标委员会提出建议，即向该投标人发出澄清，要求其对下列事项进行解释和承诺：确保现有投标产品型号规格和其他合同条件不变的情况下，能否在现有的投标报价基础上再下浮 1.5%。

在规定的承诺时间内，该投标人及时进行了回复，承诺如果中标，愿意在原投标报价的基础上下浮 1.5%。招标人对某设备制造公司的回复比较满意，由于其在价格、技术参数、售后服务等方面的承诺条件都令招标人满意，经综合评审，其得分最高，评标委员会顺理成章推荐该公司为第一中标候选人。

在该案例中，评标委员会的做法是否符合规定？

【分析】

根据《招标投标法》《招标投标法实施条例》以及配套的部门规章规定，评标委员会可以要求投标人对其投标文件进行澄清，但是该澄清不得滥用，应受到一些条件的制约。

1. 评标委员会提出澄清或说明要求应当符合法定情形。《招标投标法》第三十九条规定："评标委员会可以要求投标人对投标文件中含义不明确的内容作必要的澄清或者说明，但是澄清或者说明不得超出投标文件的范围或者改变投标文件的实质性内容。"《招标投标法实施条例》第五十二条规定："投标文件中有含义不明确的内容、明显文字或者计算错误，评标委员会认为需要投标人作出必要澄清、说明的，应当书面通知该投标人。投标人的澄清、说明应当采用书面形式，并不得超出投标文件的范围或者改变投标文件的实质性内容。评标委员会不得暗示或者诱导投标人作出澄清、说明，不得接受投标人主动提出的澄清、说明。"《评标委员会和评标方法暂行规定》第十九条第一款也规定："评标委员会可以书面方式要求投标人对投标文件中含义不明确、对同类问题表述不一致或者有明显文字和计算错误的内容作必要的澄清、说明或者纠正。澄清、说明或者补正应以书面方式进行并不得超出投标文件的范围或者改变投标文件的实质性内容。"这些规定对于澄清的事由、形式以及澄清事项范围均作出明确的规定，其他情形下不允许澄清。

2. 澄清或者说明不得改变投标文件的实质性内容。根据前述规定可知，评标委员会不得要求投标人对超出投标文件范围的内容进行澄清，其澄清内容不得涉及投标价格、投标方案等投标文件的实质性内容，不得利用澄清机会对这些实质性内容进行修改或变相修改，作出这些规定的目的就在于，防范招标人和投标人串通改变竞争格局、破坏竞争秩序，确保招标投标活动的公平公正。在本案中，招标人通过评标委员会向投标人发出澄清内容，要求个别投标人在现有的报价基础上可否再下浮 1.5%，相当于要投标人进行二次投标报价，评标委员会的行为违反前述法律规定，也倾向、偏袒部分投标人，不公正履行职责且影响中标结果，应根据《招标投标法实施条例》第八十二条和《工程建设项目货物招标投标办法》第五十七条规定，重新进行评标或重新进行招标。

【启示】

1. 评标委员会在对投标人的投标文件进行评审和比较时，遇到投标文件中所载事项内容不清楚、不明确的地方，可以要求投标人对此予以说明，以便客观地对投标文件进行审查和比较，准确地了解投标人真实的意思表示，这就是评标过程中"澄清"程序的价值所在。

2. 评标委员会不得要求投标人对超出投标文件范围的内容进行澄清，澄清内容不得涉及投标价格、投标方案等投标文件的实质性内容，不得利用澄清机会对这些实质性内容进行修改或变相修改，不得通过澄清机会改变招标文件的内容后要求投标人进行响应，不接受投标人主动提出的澄清或者超出招标人要求进行的澄清（即使条件更为优厚）。

50 投标截止后修改招标文件实质性内容为重新招标

【案情】

某热电公司就其脱硫除尘及风机改造工程进行公开招标。招标文件记载，招标的工程内容为 375 吨／小时＋635 吨／小时中温中压链条锅炉烟气除尘、脱硫系统的功能设计、制造、供货、安装、调试、试运行、验收等。某环保公司于 4 月 24 日提交了投标文件，并提交投标保证金 50 万元。

4 月 29 日，热电公司对招标文件进行了修改，将原先的工程招标范围变更为 375 吨 / 小时＋ 635 吨 / 小时锅炉烟气脱硫改造工程的方案编制、全套工程图设计、施工及整套联合启动调试至投入正常运行并经环保检测验收部门整体验收合格及工程移交后提供 3 个月的跟班指导运行服务。为此，热电公司向包括环保公司在内的已经参加投标的投标人发送了新的投标报价书格式，对修改后的工程范围、具体内容作了重新规定，并对本次投标报价提出要求：投标人就完成本投标报价书所列工程范围设计、调试、技术管理等项目的一切费用进行报价；本工程第一次投标保证金转为本次投标保证金。环保公司重新编制了报价表，但其并未在热电公司要求的 5 月 1 日 12 时前将该投标报价书交至热电公司。随后，热电公司以环保公司违反招投标规则为由要求银行支付了环保公司投标保证金 50 万元。环保公司认为热电公司没收其 50 万元投标保证金于法无据，遂诉至法院。

法院认为：热电公司就其脱硫除尘、改造及风机改造工程进行公开招标，其发出招标文件即是一项要约邀请。环保公司 4 月 24 日向热电公司提交了投标文件，交纳了 50 万元投标保证金，表明其接受热电公司的要约邀请而提出了要约。按照正常程序，接下来应由热电公司决定环保公司是否中标。但是，热电公司却在 4 月 29 日向包括环保公司在内的投标人发送了新的投标报价书，对原招标内容进行了修改，要求投标人重新报价，并规定"本工程第一次投标保证金转为本次投标保证金"。热电公司认为这是其前一次招标行为的延续，投标人仍然受到前述招标文件的约束。但是，将热电公司发出的新的投标报价书与第一次招标文件相比，内容发生了实质性的变更，表明其并未接受环保公司先前提出的要约。根据《招标投标法》第二十三条规定，招标人对已发出的招标文件进行必要的澄清或者修改的，应当在招标文件要求提交投标文件截止时间以前，以书面形式通知所有招标文件收受人。而热电公司是在招标文件要求提交投标文件截止时间届满以后，才重新修改了招标内容，显然不符合上述规定，从内容上来看也不能认定是对同一次招标文件必要的澄清或者修改，应是一份新的招标文件。因此，热电公司向投标人发送新的投标报价书的行为并不是同一次招投标活动的延续，而属于前后两次提出了不同的要约邀请。环保公司4月24日提交投标文件即已经完成了前次招投标活动的要约，没有违反招投标规则，热电公司没有对此要约进行承诺，即环保公司没有中标，该次招投标活动就此结束，热电公司理应归还环保公司为此次投标交纳的投标保证金。

至于热电公司在4月29日向环保公司重新发的投标报价书，是一项新的要约邀请，之前的招标文件并不能当然约束本次招投标行为。环保公司虽然也制作了新的报价，但最终没有投标，表明其并没有接受该次新的要约邀请。而环保公司之前交纳的50万投标保证金是对前次投标的保证，热电公司无权擅自转为本次投标保证金，更不能因为环保公司未参加本次投标而予以没收。环保公司要求热电公司返还50万元投标保证金的诉讼请求理由正当，应予以支持。

综上，法院判决：热电公司返还环保公司投标保证金50万元。

【分析】

1. 投标截止时间之后招标人修改招标项目内容，视为提出新的要约邀请，属于重新招标行为。招标项目内容是招标文件最核心的内容。本案中，热电公司向环保公司第一次发出招标文件，属要约邀请，环保公司按照招标文件的要求提交投标保证金并递交了投标文件，该投标行为属于要约；但热电公司未对包括环保公司在内的所有投标人作出任何承诺，而是在投标截止时间之后对原招标文件内容做了实质性变更，两次招标项目内容截然不同，应视为热电公司发出新的招标文件，提出了新的要约邀请，启动第二次招标程序。《工程建设项目施工招标投标办法》第七十二条规定："招标人在发布招标公告、发出投标邀请书或者售出招标文件或资格预审文件后终止招标的，应当及时退还所收取的资格预审文件、招标文件的费用，以及所收取的投标保证金及银行同期存款利息。给潜在投标人或者投标人造成损失的，应当赔偿损失。"因此，第一次招标终止后，热电公司应返还投标保证金，可能还要承担其擅自终止招标的法律责任。

2. 招标人重新招标的，投标人应重新递交投标保证金。投标人提交的投标保证金与招标投标活动一一对应。招标人终止招标的，应当及时退还投标保证金及银行同期存款利息；发出中标通知书的，应当在书面合同签订后 5 日内退还投标保证金及银行同期存款利息。招标人因故重新招标的，投标人应当重新提交投标保证金，为了简化手续，也可以将第一次投标保证金直接转为第二次投标保证金。在本案中，环保公司未参加第二次投标，未提出要约，也就没有义务递交投标保证金。热电公司自作主张认为两次招标为同一次招标活动、在环保公司没有再次提交投标文件的情况下直接将其前次投标保证金转为第二次投标保证金没有依据。不参加投标也不能作为不退还投标保证金的合法事由，且环保公司没有其他违反招投标规则的情节，因此热电公司应返还投标保证金。

【启示】

1. 在招标文件发出之后，发现招标文件存在错漏，确实需要修改的，招标人应当在投标截止时间之前修改招标文件，并书面通知每一个接收招标文件的潜在投标人。投标截止时间后发现需要修改招标文件的，应当终止本次招标，组织重新招标。

2. 招标人重新招标的，投标人有权不予投标，招标人不得将潜在投标人不参加投标作为不退还投标保证金的条件。即便是在潜在投标人已经递交投标保证金但未递交投标文件以及在投标截止时间之前以书面形式撤回投标文件的情形下，也应无条件退还其投标保证金。

51 开标一览表中报价不一致该怎么评审

【案情】

某政府采购货物项目招标，开标现场出现如下情况：投标人甲的开标一览表中，大小写金额不一致；其中大写金额为贰拾捌万捌仟零捌元整，小写金额为 288080 元。唱标人如实唱出大小写金额不一致的情况后，提交评标委员会评审。评标专家发现，开标一览表中的小写金额 288080 元与按单价汇总金额一致。对于该投标文件应如何处理，评标委员会出现了以下几种不同意见。

第一种意见认为，应当以大写金额贰拾捌万捌仟零捌元为准。依据是《政府采购货物和服务招标投标管理办法》第五十九条第一款规定："投标文件报价出现前后不一致的，除招标文件另有规定外，按照下列规定修正：……（二）大写金额和小写金额不一致的，以大写金额为准；……"

第二种意见认为，应当以单价汇总金额 288080 元为准。依据是《政府采购货物和服务招标投标管理办法》第五十九条中规定："总价金额与按单价汇总金额不一致的，以单价金额计算结果为准。"

第三种意见认为，根据《政府采购货物和服务招标投标管理办法》第五十九条不同部分之规定，得出该投标人有两个报价的结论，应该启动澄清程序。依据是《政府采购货物和服务招标投标管理办法》第五十一条第一款规定："对于投标文件中含义不明确、同类问题表述不一致或者有明显文字和计算错误的内容，评标委员会应当以书面形式要求投标人作出必要的澄清、说明或者补正。"

第四种意见认为，同意第三种意见得出的该投标人有两个报价的结论，但应该否决其投标。依据是《招标投标法实施条例》第五十一条第（四）项规定："同一投标人提交两个以上不同的……投标报价……评标委员会应当否决其投标。"

【分析】

第一种意见和第二种意见属于片面引用法条。本案例所述情形既包含大小写不一致，又包括总价与单价汇总金额不一致，只截取整个法条中的一小部分内容作为处理依据，并不能够体现整个法条所要表达的完整意思，有断章取义之嫌，相关处理意见依据不足。

第三种意见属于法条适用错误。澄清包含的内容应为合同的非实质性条款，对于合同的标的、价款、质量、履行期限等合同的实质性内容，一般不可以澄清。因为一旦改变合同的实质性内容，相当于发出了新的要约。

第四种意见也属于法条适用错误。本案例的情形不属于两个报价。两个报价即两个意思表示，两个不同报价一般依存于两个不同的投标方案中。在没有提交备选方案的前提下，一份投标文件即是一个要约，一个要约不存在两个意思表示。

《政府采购货物和服务招标投标管理办法》第五十九条规定："投标文件报价出现前后不一致的，除招标文件另有规定外，按照下列规定修正：（一）投标文件中开标一览表（报价表）内容与投标文件中相应内容不一致的，以开标一览表（报价表）为准；（二）大写金额和小写金额不一致的，以大写金额为准；（三）单价金额小数点或者百分比有明显错位的，以开标一览表的总价为准，并修改单价；（四）总价金额与按单价汇总金额不一致的，以单价金额计算结果为准。同时出现两种以上不一致的，按照前款规定的顺序修正。修正后的报价按照本办法第五十一条第二款的规定经投标人确认后产生约束力，投标人不确认的，其投标无效。"

根据上述规定，开标评标时若发现投标文件报价中不一致，应采如下几条法则处理：（一）开标一览表（报价表）优于明细表；（二）大写金额优于小写金额；（三）按单价汇总的金额优于总价金额；（四）单价金额小数点有明显错位，以总价为准；（五）中文文本优于其他文本。

本案例由于运用不同的法则而得出了完全不同的结论，其根源在于该情形同时触及几个不同法则，而不同法则的规定之间有不一致之处。此时，如能找到统领于该几个法则之上的更高法则或法理，则矛盾与冲突就会迎刃而解。

招标投标活动的本质是订立合同的一种方式，是一种民事活动。因此，《民法通则》《民法总则》与《合同法》中所规定的基本原则同样适用于招标投标活动。按照合同法的基本理论，投标文件属于要约，要约即是投标人向招标人表达签约意愿的意思表示。从这个意义上看，投标文件中，无论是开标一览表还是明细表，无论是大写金额还是小写金额，无论是单价汇总金额还是总价金额，抑或中文文本还是其他文本，均属于当事人的意思表示。

当上述这些意思表示出现矛盾冲突时，哪一个意思表示具有更高的效力呢？根据《民法总则》第一百四十三条、第一百四十六条之规定，民事法律行为的生效要件之一便是意思表示真实。因此，在这些不同的、相互矛盾的意思表示中，哪一个意思表示属于当事人的真实意思表示，则该意思表示即具有最高的法律效力。就本案例来说，鉴于报价属于不可澄清的范畴，在评审过程中，上述不同报价，哪一个被判定为当事人的真实意思表示，则该报价即是投标人向招标人提交的真正报价。

那么，应该把本案例中的哪一个报价判定为当事人的真实意思表示更为合理呢？经过分析可以发现：总价系由单价汇总而得。因此，明细汇总表中的单价应当是投标人最原始的真实意思表示。尤为重要的是，本案开标一览表中的投标总价小写金额与单价明细表中的汇总金额一致，更可以清晰地判断出该投标文件中，大写金额应该属于书写错误（实际上是漏写了一个"拾"字）。故这种情况下，不宜简单套用"大小写不一致时以大写为准"的法则加以判断，而应当尊重投标人的真实意思表示，按单价汇总的金额修正大写金额，这才符合相关法条的立法精神和立法本意。

综上，本案例中该投标人的真实报价应认定为 288080 元。

【启示】

招标投标活动的本质是一种民事活动,同时受《民法通则》《民法总则》和《合同法》的约束，在招标投标法体系内难以解决的问题，可以运用民法和合同法的相关理论去解决。正如本案依据不同法条得出不同结论时，应当根据本案实际来推断投标人真实的报价，不可机械片面地理解、应用法条。

52 政府采购项目三家投标人两家报价超预算，应否废标

【案情】

某政府采购货物项目公开招标，预算为 300 万元，但采购人没有依法在招标文件中公开预算。开标当日，共有三家供应商在规定时间内递交了投标文件。唱标结束后，评标委员会发现两家公司的报价超出了预算。

出现这种情况后，有三种处理意见：

第一种意见认为应该由评标委员会裁量是否继续评审。如果

评标委员会认为该项目没有明显缺乏竞争，应当推荐报价没有超出预算的那家公司为中标候选供应商。理由是，根据《评标委员会和评标方法暂行规定》第二十七条规定，评标委员会可以否决全部投标，也可以选择不否决全部投标。

第二种意见认为应该废标。理由是《政府采购法》第三十六条第一款规定"在招标采购中，出现下列情形之一的，应予废标……（三）投标人的报价均超过采购预算，采购人不能支付的……"

第三种意见认为应该废标。理由是《政府采购法》第三十六条第一款规定："在招标采购中，出现下列情形之一的，应予废标：（一）符合专业条件的供应商或者对招标文件作实质响应的供应商不足三家的……"

【分析】

第一种意见的判断理由是《评标委员会和评标方法暂行规定》（简称"12号令"）第二十七条的规定。12号令第1条规定："……依照《中华人民共和国招标投标法》，制定本规定。"第2条规定："本规定适用于依法必须招标项目的评标活动。"通俗地理解，上述两个法条包含两层意思：第一层意思表明12号令是《招标投标法》配套的法律规范；第二层意思表明12号令适用于《招标投标法》第三条规定的招标范围和限额标准以上的工程建设项目招标的评标活动。本案例中的招标项目系政府采购货物项目，从一般意义上理解，应当适用《政府采购法》及其配套法律规范的相关规定。本案例在评标过程中出现的情况，适用12号令的相关规定似乎有点牵强。

第二种意见的判断理由是《政府采购法》第三十六条中的相关规定。该法条第一款第（三）项的表述是"投标人的报价均超过采购预算，采购人不能支付的"。意思是指所有投标人的报价都超过了采购预算，采购人不能支付时，才可以废标。本案例出现的情况是三家投标人中有两家报价超预算，采购人可以支付另外一家的报价。因此，以该法条为依据判定废标，法律依据不足。

第三种意见的判断理由是《政府采购法》第三十六条第一款的规定，"符合专业条件的供应商或者对招标文件作实质响应的供应商不足三家的"，应当予以废标。该条款规定的废标情况有两种情形：一是符合专业条件的供应商不足三家；二是对招标文件作实质性响应的供应商不足三家。从本案例情况来看，三家供应商均没有出现不符合"专业条件"的现象，只是报价上有高有低，即供应商提供的商品或服务符合采购人在专业条件方面的要求，故不能以"符合专业条件的供应商不足三家"为由废标。

那么，是否可以以"对招标文件作实质性响应的供应商不足三家"为由予以废标呢？本案例中，由于采购人没有按照法律规定公布预算，从严格意义上讲，供应商的投标报价超出采购预算，充其量只能被认为"其报价采购人无法接受"，而不能被认为是"其没有响应招标文件的实质性要求"，故以该理由废标也站不住脚。

在采购单位和监管部门都没有足够的理由可以废标的情况下，如果没有其他应当废标的情形，应当接受报价没有超出预算的那家公司为中标候选供应商。

【启示】

能否废标，关键在于招标文件中有没有公开采购预算，且明确规定"招标人不接受超出采购预算的报价"。由于采购预算事先没有公开，且招标文件中没有对此进行明确约定，当供应商的报价超出采购预算时，不能以"供应商对招标文件没有实质性响应"为由废标。

53 如何认定项目班子成员是否为投标人本单位人员

【案情】

某水利工程施工 2 标为政府投资重点工程建设项目，投资规模约 6000 万元。该项目于 2016 年 11 月 16 日在某市公共资源交易中心开标，经评标委员会评审，A 公司被确定为第一中标候选人，B 公司为第二中标候选人。B 公司提起投诉称：A 公司投标项目技术负责人 D 某为 E 公司的工作人员，非 A 公司工作人员，不符合招标文件相关要求。B 公司要求某市公管局予以核查并取消被投诉人第一中标候选人资格。B 公司提供了 D 某社会保险参保明细（E 公司办理）和某市某水利施工项目中标公示等证明材料。社会保险参保明细显示 D 某于 2014 年 6 月至 2016 年 10 月在 F 市参加五种社会保险，参保单位为 E 公司。某市某水利施工项目中标公示显示 E 公司于 2015 年 12 月 16 日被确定为该项目第二中标候选人，项目经理为 D 某。

某市公管局向被投诉人送达了《陈述、申辩告知书》。被投诉人向某市公管局提交了《陈述、申辩书》，辩称：D 某现为 A 公司的工作人员，非为 E 公司的工作人员；D 某于 2015 年 6 月入职 A 公司，D 某与 A 公司签订有正式《劳动合同书》；D 某自入职以来每月均从 A 公司领取工资报酬；A 公司自 D 某入职以来每月均为其办理五种社会保险；E 公司专门出具了《情况说明》，足以证明 D 某现非为 E 公司的工作人员。被投诉人同时提供了 A 公司与 D 某签订的《劳动合同书》、A 公司 2015 年 6 月至 2016 年 11 月的工资表、D 某社会保险参保明细（A 公司办理）和 E 公司出具的《情况说明》（主要内容：E 公司证明 D 某于 2015 年 9 月与其解除劳动合同关系，由于公司管理不到位，未及时停办 D 某社会保险交纳）等证明材料。

某市公管局调查人员赴 H 市人社局、E 公司和 A 公司等单位，对投诉人所反映情况和被投诉人提供的陈述、申辩材料进行了调查核实。某市公管局经研究认为：根据调查取证的事实，被投诉人与 D 某的劳动合同关系、工资关系、社会保险关系均满足招标文件第二章"投标人须知"8.2.2 条关于"投标人本单位人员"之约定，不存在不符合招标文件相关要求的情形。某市公管局遂依据《工程建设项目招标投标活动投诉处理办法》第二十条第一款之规定，作出《投诉处理决定书》，驳回投诉人的投诉。

B 公司因对某市公管局《投诉处理决定书》不服向某市人民政府申请行政复议。某市人民政府法制办作出《行政复议决定书》，决定维持某市公管局《投诉处理决定书》。

【分析】

1.A 公司投标项目技术负责人 D 某满足招标文件关于投标人本单位人员之约定。《招标投标法》第二十七条第一款规定："投标人应当按照招标文件的要求编制投标文件。投标文件应当对招标文件提出的实质性要求和条件作出响应。"《招标投标法实施条例》第二十三条规定："招标人编制的资格预审文件、招标文件的内容违反法律、行政法规的强制性规定，违反公开、公平、公正和诚实信用原则，影响资格预审结果或者潜在投标人投标的，依法必须进行招标的项目的招标人应当在修改资格预审文件或者招标文件后重新招标。"本项目招标文件为某省水利水电工程招标示范文本，其第二章"投标人须知"8.2.2 条关于"投标人本单位人员"的约定未违反法律和行政法规的强制性规定，投标人应当对招标文件提出的实质性要求和条件作出响应。本项目开标日期为 2016 年 11 月 16 日，A 公司与投标技术负责人 D 某签订了劳动合同，劳动合同期限为 2015 年 6 月 1 日至 2018 年 5 月 31 日，满足"聘用合同必须由投标人单位与之签订，项目班子成员的聘用合同投标前已执行合同一年以上"的要求；D某自2015年6月至2016年11月间每月均从A公司领取工资，满足"与投标人单位有合法的工资关系，且投标前已连续支付工资一年以上"的要求；A公司为D某办理了五种社会保险关系，满足"投标人单位为其办理社会保险关系"的要求。A公司投标项目技术负责人D某满足招标文件关于投标人本单位人员之约定，不存在不符合招标文件相关要求的情形，某市公管局据此驳回B公司的投诉事实清楚，证据确凿，适用法律法规正确。

2.B公司的证明材料不能否定A公司陈述、申辩材料的真实性，不能否定A公司投标项目技术负责人D某满足招标文件之约定，B公司投诉依据不足。本案中，B公司提供的D某社会保险参保明细（E公司办理）和某市某水利施工项目中标公示等证明材料，能够证明E公司于2014年6月至2016年10月为D某办理了五种社会保险，且能证明D某以E公司项目经理的身份参与了2015年12月16日某市某水利施工项目的投标，但不能证明D某在本项目开标时（2016年11月16日）为E公司工作人员而非A公司工作人员，不能否定A公司提供的《劳动合同书》、工资表、D某社会保险参保明细（A公司办理）和E公司出具的《情况说明》等陈述、申辩材料的真实性，也不能否定D某满足招标文件关于投标人本单位人员之约定。事实上，D某两份社会保险参保明细（E公司和A公司办理）时间上存在重合关系，即2015年6月至2016年10月D某存在两份社会保险，且D某以E公司项目经理的身份参与2015年12月16日某市某水利施工项目投标的事实与E公司的《情况说明》存在一定矛盾，但据此认定D某为E公司工作人员而非A公司工作人员及D某不符合本项目招标文件相关要求缺少事实根据和法律依据，B公司投诉依据不足。

【启示】

认定项目班子成员是否为投标人本单位人员，不仅关系到工程建设项目招投标的公开、公平、公正，还关系到招投标各方主体的切身利益。因工程建设项目招投标的地区差异性，各地招标文件对项目班子成员（主要是项目经理和技术负责人）是否为投标人本单位人员的认定标准不尽相同，有的仅规定提供劳动合同书，有的规定提供劳动合同书和社会保险参保明细，还有的规定提供劳动合同书、工资表和社会保险参保明细等。本案中的招标文件要求投标项目班子成员须提供劳动合同书、工资表和社会保险参保明细，应该说对投标人本单位人员的认定标准是比较严格的。评标委员会在认定项目班子成员是否为投标人本单位人员时，必须严格按照招标文件规定的评标标准和方法客观公正地进行评审，招标文件没有规定的评标标准和方法不得作为评审依据。

54 技术负责人姓名与其职称证书姓名不一致应如何处理

【案情】

某大学第三食堂施工属政府投资重点工程建设项目，投资规模约4000万元，评标办法为综合评标法，采用全流程电子招投标。该项目于2017年1月3日在某市公共资源交易中心开标，经评标委员会评审，A公司、B公司、C公司分别为第一、二、三中标候选人。投标人D公司提出投诉称：D公司在投标文件中配备的技术负责人为×伯×，其身份证姓名为×伯×、职称证书姓名为×佰×，从身份证照片和职称证书照片对比反映×伯×和×佰×为同一人，但评标委员会却以D公司技术负责人姓名与其职称证书姓名不一致对其投标文件作无效处理，要求复评并确定其为第一中标候选人。并提交E市建筑业管理处出具的《证明》（落款日期为2017年1月11日），主要内容为：D公司×伯×身份证号×××，其职称证书实为本人，证书编号×××，情况属实，特此证明。

某市公管局经调阅 D 公司投标文件，证实 D 公司投标技术负责人姓名为 × 伯 ×（身份证号码×××，出生年月为 1967 年 10 月），另提供的技术负责人高级工程师职称证书上的姓名为 × 佰 ×（出生年月为 1967 年 9 月；评委会：某省非国有经济组织建设工程高级专业技术资格评审委员会；发证机关：某省人事厅）。

某市公管局组织原评标委员会进行了复评。复评意见：D 公司在本项目中的技术负责人姓名为 × 伯 ×，其职称证书上的姓名为 × 佰 ×，根据招标文件第二章投标须知（八）"评标、定标"39.2.1 之约定，D 公司技术标应作无效处理，决定维持原评审结论。

某市公管局研究认为：没有证据和依据可以否定评标委员会的复评意见及结论，遂依据《工程建设项目招标投标活动投诉处理办法》第二十条第一款之规定，作出《投诉处理决定书》，驳回投诉人投诉。

D 公司又申请行政复议，某市人民政府法制办作出《行政复议决定书》，认为：1.D 公司本项目技术负责人身份证显示的姓名及出生年月与其职称证书的姓名及出生年月均不一致；2. 评标委员会进行评审及复评结论，符合招投标相关法律规定；3. 某市公管局依据评标委员会的复评意见及复评结论驳回 D 公司的投诉程序合法、事实清楚、证据确凿，决定：维持《投诉处理决定书》。

【分析】

本案焦点：技术负责人姓名与其职称证书姓名不一致应如何处理？

1. 评标委员会按照招标文件规定的评标标准和方法进行评审及复评，评审及复评结论应视为合法有效。

《招标投标法实施条例》第四十九条第一款规定："评标委员会成员应当依照招标投标法和本条例的规定，按照招标文件规定的评标标准和方法，客观、公正地对投标文件提出评审意见。招标文件没有规定的评标标准和方法不得作为评标的依据。"第五十一条规定："有下列情形之一的，评标委员会应当否决其投标：……（六）投标文件没有对招标文件的实质性要求和条件作出响应……"本项目招标文件约定："2. 技术负责人应具有与工程项目相适应专业的工程师及以上职称。3. 施工项目部关键岗位人员必须专业配套、证件齐全、人数符合要求，具备相关岗位证书。专业不配套、证件不齐全或人数不符合要求的，应按不实质性响应招标文件要求处理。4. 项目经理（建造师）、技术负责人及其他项目班子成员以投标文件载明的成员名单为准。"D公司技术负责人姓名为×伯×（身份证号码×××，显示出生年月为1967年10月），其职称证书上的姓名为×佰×（显示出生年月为1967年9月），二者不一致。评标委员会依据招投标相关法律规定和本项目招标文件规定的评标标准和方法进行评审和复评，结合上述事实，判定D公司投标无效应视为合法有效。

2. D公司的投诉证明材料不足以否定评标委员会的评审及复评结论，D公司投诉依据不足。

本案中，D公司提供了E市建筑业管理处出具的《证明》，该份证明材料虽然说明"×伯×身份证号×××，其职称证书实为本人，证书编号×××"，但不能有效证明D公司技术负责人×伯×与其职称证书上×佰×为同一人，不能否定评标委员会的评审及复评结论，D公司投诉依据不足，原因有二：一是上述职称证书评委会为某省非国有经济组织建设工程高级专业技术资格评审委员会，发证机关为某省人事厅，E市建筑业管理处无权认定D公司投标技术负责人×伯×与其职称证书上×佰×为同一人；二是D公司提供上述《证明》的时间为2017年1月12日，在本项目开标时间（投标截止时间）2017年1月3日之后，依据招投标相关法律法规规定和本项目招标文件约定，该《证明》不得作为评标委员会评审的依据。

D公司提供的技术负责人职称证书不外乎存在两种可能性：一种可能性为该职称证书不是其技术负责人职称证书，仅因招投标需要而冒充为之；另一种可能性为该职称证书事实上是其技术负责人证书，仅因笔误等原因导致姓名及出生年月不准确。如果属于第二种可能性，D公司存在两个疏漏：一是其提供相关证明材料的时间节点滞后。依据招投标相关法律规定，D公司应在投标截止时间前将其技术负责人职称证书的相关明材料（可附在投标文件中）提交招标人。二是其提供相关证明材料缺少有效性。依据"谁出证，谁证明"的一般原则，D公司应提供其技术负责人职称证书的发证机关某省人事厅出具的证明材料。

【启示】

招投标之事，必做于细。在招投标实践中，有的投标人屡战屡败，很重要的一个因素就是投标人在细节处理上的失当。投标人至少应注意以下细节：

一是注意投标文件的编制、签署、装订、密封等格式要求，要按照招标文件要求的标准格式、顺序和内容编制投标文件，切忌想当然，避免多项、漏项、错项等。

二是注意投标文件的商务标编制要求，要紧紧围绕招标文件规定的评标办法，综合考虑自己的投标成本和市场竞争等因素，确定合理的投标报价策略。

三是注意投标文件的技术标编制要求，要遵循经济、可行、先进的技术标编制原则，并要和商务标有机衔接，特别要注意提交的技术图纸、检测报告、业绩信誉等的全面性、有效性。

四是注意投标文件的递交要求，提交投标文件要宜早不宜迟，一方面可以避免无法按时提交投标文件，另一方面可以在投标截止时间前补充、修改或撤回已提交的投标文件。

55 注册单位和实际单位不一致时项目经理业绩如何认定

【案情】

2016 年 8 月 16 日，某大型房建项目在某市公共资源交易网发布中标公示，A 公司被确定为本项目第一中标候选人，B 公司被确定为本项目第二中标候选人。B 公司向某市公管局提出投诉，反映 A 公司及投标项目经理 D 某投标所报业绩 C 项目不合法且为无效业绩，理由为住建部执业资格注册中心主办的中国建造师网站查询显示 C 项目的项目经理 D 某 2012 年 6 月从原聘用企业 A 公司变更为 E 公司，2013 年 9 月又从 E 公司变更为 A 公司，说明 C 项目（开工时间为 2012 年 8 月，竣工时间为 2014 年 11 月）开工时项目经理 D 某已不在该项目上，该项目业绩不能认定为项目经理 D 某的业绩。B 公司要求取消 A 公司第一中标候选人资格，并提供了有关线索和证明材料。

某市公管局调取了相关材料，听取了被投诉人 A 公司的陈述、申辩，进行了调查核实。A 公司称，C 项目于 2011 年 11 月 13 日经 F 市招标采购管理局邀请招标确定其为中标人，项目经理为 D 某，施工合同签订时间为 2011 年 12 月 18 日，开工日期为 2012 年 8 月，竣工日期为 2014 年 11 月；2012 年 6 月因 E 公司申报资质需要经主管部门协商要求，A 公司将 D 某建造师注册证书转至 E 公司，于 2013 年 9 月将 D 某建造师注册证书转回 A 公司；项目经理 D 某实际上自中标之日起至竣工之日一直在岗履行项目经理职责，其社保、工资关系、用工合同均在 A 公司。A 公司向某市公管局出具了与 D 某之间的劳动合同、社保缴纳明细和工资发放表等证明材料。

某市公管局调查组赴 F 市对 C 项目情况进行调查了解。F 市公共资源交易中心向调查组出具了C项目中标通知书，显示该项目中标单位为A公司，项目经理为D某，中标时间为2011年11月13日。F市城建档案管理处向调查组出具了C项目施工合同，与A公司提供的一致。F市城建档案管理处向调查组出具了C项目施工许可证，显示施工单位为A公司，项目经理为D某。F市城建档案管理处向调查组出具了C项目分部工程验收记录，显示项目经理D某自项目2012年8月开工至2014年11月竣工均有完整的签字验收记录，其一直在岗履行项目经理职责。F市城建档案管理处还向调查组出具了C项目监理例会会议纪要和工程例会会议纪要，显示项目经理D某自2011年12月18日施工合同签订后至2014年11月项目竣工均有完整的会议签到记录，其一直在岗履行项目经理职责。F市建设工程质量监督站向调查组出具了C项目的竣工验收报告，显示该项目施工单位为A公司，项目经理为D某，开工日期为2012年8月，竣工日期为2014年11月。F市社会保险费征缴稽核中心向调查组出具了证明，证实D某自2010年1月至2016年8月随A公司在F市参加了养老、医疗、失业、生育和工伤保险。

C项目建设单位F市房地产开发有限公司向调查组出具了情况说明，证实C项目施工单位为A公司，项目经理为D某，项目经理D某自中标之日起至竣工之日未发生变更，一直在岗履行项目经理职责，表现良好。C项目监理单位G建设监理有限公司向调查组出具了证明，证实C项目由A公司负责施工，项目经理为D某，自本工程开工至竣工期间D某一直在岗履行项目经理职责，期间未发生变更情况。E公司也向调查组出具了情况说明，证实A公司建造师D某2012年6月至2013年9月仅将建造师转注其单位，在E公司未发生任何执业行为，未领取任何执业报酬，无任何劳动关系。

某市公管局根据上述事实和证据，依据《工程建设项目招标投标活动投诉处理办法》第二十条第一款规定，认为投诉人诉称A

公司及项目经理 D 某所报业绩 C 项目不合法且为无效的证据和依据不足，遂作出《关于某项目投诉的答复函》，维持原评标结果，驳回 B 公司投诉。

【分析】

本案焦点：如何认定注册单位和实际单位不一致的项目经理（建造师）业绩？

从本案相关事实和证据可知：①根据 F 市公共资源交易中心、F 市城建档案管理处和 F 市建设工程质量监督站等部门提供的 C 项目中标通知书、施工合同、施工许可证、分部工程验收记录、监理例会会议纪要、工程例会会议纪要和竣工验收报告等证据，能够证实 D 某自该项目施工合同签订之日起至竣工之日一直在岗履行项目经理职责。②E 公司提供的情况说明，能够证实 A 公司建造师 D 某 2012 年 6 月至 2013 年 9 月仅将建造师转注其单位，在 E 公司未发生任何执业行为，未领取任何执业报酬，无任何劳动关系。③根据 C 项目建设单位 F 市房地产开发有限公司、监理单位 G 建设监理有限公司提供的情况说明及证明等证据，能够证实 D 某自该项目施工合同签订之日起至竣工之日一直在岗履行项目经理职责。④根据 F 市社会保险费征缴稽核中心出具的证明和 A 公司与 D 某之间的劳动合同及工资发放表等证明材料，能够证实 D 某自该项目施工合同签订之日起至竣工之日其社保、工资关系、用工合同均在 A 公司。⑤上述四组证据与 A 公司的陈述、申辩相吻合，证实了 D 某自该项目施工合同签订之日起至竣工之日一直在岗履行项目经理职责，2012 年 6 月至 2013 年 9 月 D 某建造师证书转注 E 公司期间未发生任何执业行为，事实上 D 某仍在 A 公司进行执业行为，D 某此行为虽有可能违反注册建造师有关管理规定，但没有证据和依据否定其 C 项目业绩的合法有效性。故 B 公司要求依据招标文件相关约定取消 A 公司第一中标候选人资格不能成立。

此外，依据《注册建造师管理规定》第三十条、三十六条、三十七条等有关规定，注册建造师执业行为应由行为发生地建设等主管部门管辖和处理，B公司对A公司项目经理D某的建造师执业行为有异议，可向C项目所在地相关部门提出。

【启示】

招投标行政监督部门在办理案件时，必须以事实为根据，只有在查明案件事实的情况下才能合法适当地定性，这里的"事实"必须是执法人员以客观存在的、经过调查属实、有证据证明的事实为依据。必须以法律、行政法规、规章的规定和招标文件的约定为准绳，公正处理，不偏不倚。既要严格按照实体方面的规定办案，也要严格遵守程序方面的规定办案。

56 如何依法限制失信被执行人的投标活动

【案情】

2016年10月28日，某办案用房工程施工项目在某市公共资源交易中心开标，经评标委员会评审，A公司、B公司、C公司分别为第一、二、三中标候选人。B公司提出投诉称：A公司被列入人民法院公布的失信被执行人名单，与《投标人诚信承诺书》承诺的内容不符，存在弄虚作假行为，要求取消被投诉人第一中标候选人资格。并提供了最高人民法院中国执行信息公开网失信被执行人查询截图等有关线索和证明材料。

某市公管局向被投诉人送达了《陈述、申辩告知书》。被投诉人提交了《陈述、申辩书》，辩称：被投诉人在某市某区人民法院的3个失信记录，已于2016年10月份以前通过法院履行完毕，全部结案，被投诉人在本项目投标截止日之前非为失信被执行人，被投诉人不存在弄虚作假之行为。并提供了某市某区人民法院三份《结案说明》（3361 号案、3376 号案、3392 号案）等证明材料。

某市某区人民法院三份《结案说明》（3361 号案、3376 号案、3392 号案）说明：3361 号案于 2016 年 3 月 3 日全部履行完毕、3376 号案于 2016 年 5 月 10 日全部履行完毕、3392 号案于 2016 年 8 月 12 日全部履行完毕，均已结案，被执行人 A 公司信用信息也已均从网上屏蔽。

某市公管局赴某市某区人民法院进行调查核实，某市某区人民法院证实三份《结案说明》内容及所加盖公章真实有效，经办法官还说明：A 公司分别在全部履行上述三个案件生效法律文书确定的义务之日起从失信被执行人名单中解除，非为失信被执行人，因法院网络系统等原因，未及时从最高人民法院中国执行信息公开网中删除 A 公司失信被执行人名单信息。

某市公管局经研究认为：根据上述事实，被投诉人在本项目投标截止日（2016 年 10 月 28 日）之前已从失信被执行人名单中解除，非为失信被执行人，不存在与《投标人诚信承诺书》承诺的内容不符的情况，没有证据证明被投诉人存在弄虚作假行为。遂依据《工程建设项目招标投标活动投诉处理办法》第二十条第一款之规定，作出《投诉处理决定书》，驳回投诉人投诉。

【分析】

1. 依法限制失信被执行人的投标活动是国家信用联合惩戒机制的重要内容。

中共中央办公厅、国务院办公厅《关于加快推进失信被执行人信用监督、警示和惩戒机制建设的意见》（中办发〔2016〕64 号）规定："参与政府投资项目或主要使用财政性资金项目限制。协助人民法院查询政府采购项目信息；依法限制失信被执行人作为供应商参加政府采购活动；依法限制失信被执行人参与政府投资项目或主要使用财政性资金项目。"

《最高人民法院关于公布失信被执行人名单信息的若干规定》第一条规定："被执行人未履行生效法律文书确定的义务，并具有下列情形之一的，人民法院应当将其纳入失信被执行人名单，依法对其进行信用惩戒：（一）有履行能力而拒不履行生效法律文书确定义务的；（二）以伪造证据、暴力、威胁等方法妨碍、抗拒执行的；（三）以虚假诉讼、虚假仲裁或者以隐匿、转移财产等方法规避执行的；（四）违反财产报告制度的；（五）违反限制消费令的；（六）无正当理由拒不履行执行和解协议的。"

最高人民法院、国家发展改革委等九部门《关于在招标投标活动中对失信被执行人实施联合惩戒的通知》（法〔2016〕285号）规定："最高人民法院将失信被执行人信息推送到全国信用信息共享平台和'信用中国'网站，并负责及时更新。招标人、招标代理机构、有关单位应当通过'信用中国'网站（www.creditchina.gov.cn）或各级信用信息共享平台查询相关主体是否为失信被执行人，并采取必要方式做好失信被执行人信息查询记录和证据留存。投标人可通过'信用中国'网站查询相关主体是否为失信被执行人。""依法必须进行招标的工程建设项目，招标人应当在资格预审公告、招标公告、投标邀请书及资格预审文件、招标文件中明确规定对失信被执行人的处理方法和评标标准，在评标阶段，招标人或者招标代理机构、评标专家委员会应当查询投标人是否为失信被执行人，对属于失信被执行人的投标活动依法予以限制。两个以上的自然人、法人或者其他组织组成一个联合体，以一个投标人的身份共同参加投标活动的，应当对所有联合体成员进行失信被执行人信息查询。联合体中有一个或一个以上成员属于失信被执行人的，联合体视为失信被执行人。"

根据上述规定，依法必须进行招标的工程建设项目招标公告、招标文件应当设置依法限制失信被执行人的投标活动的条款，如未设置，相关利害关系人可以据此向招标人或招标代理机构提出异议。各级信用信息共享平台和"信用中国"网站等信息平台应保持失信被执行人信息的准确性、规范性，这是做好依法限制失信被执行人的投标活动的关键环节之一。

2.在实务中应当认真核实，依法限制失信被执行人的投标活动。

根据某市某区人民法院三份《结案说明》，证实三起案件均在投标截止时间之前全部履行完毕，已结案，被执行人A公司信用信息也已从网上屏蔽。某市某区人民法院上述三份《结案说明》的内容符合《关于加快推进失信被执行人信用监督、警示和惩戒机制建设的意见》中"失信被执行人全部履行了生效法律文书确定的义务，或与申请执行人达成执行和解协议并经申请执行人确认履行完毕，或案件依法终结执行等，人民法院要在3日内屏蔽或撤销其失信名单信息"之规定。

某市某区人民法院经办法官也证实A公司分别在全部履行上述三个案件中生效法律文书确定的义务之日起从失信被执行人名单中解除，非为失信被执行人，因法院网络系统等原因未及时从最高人民法院中国执行信息公开网中删除A公司失信被执行人名单信息。依据最高人民法院中国执行信息公开网"全国法院失信被执行人名单信息公布与查询使用申明"第二条"本网站提供的信息仅供查询人参考。如有争议，以执行法院有关法律文书为准"之规定，A公司因3361号案、3376号案、3392号案被列入失信被执行人名单及其解除期限的相关信用信息，应以执行法院某市某区人民法院有关法律文书为准。本案中，没有证据证明A公司在某办案用房工程施工项目投标截止日（2016年10月28日）为失信被执行人。

综上，某市公管局作出的《投诉处理决定书》程序合法，事实清楚，证据确实充分，适用法律正确，结论客观公正。

【启示】

依法限制失信被执行人的投标活动是失信被执行人惩戒制度

的重要组成部分，是对现行民事案件执行制度和招标投标制度的创新发展，"有利于规范招标投标活动中当事人的行为，促进招标投标市场健康有序发展；有利于建立健全'一处失信，处处受限'的信用联合惩戒机制，推进社会信用体系建设；有利于维护司法权威，提升司法公信力，在全社会形成尊重司法，诚实守信的良好氛围"。招投标行政监督部门应在依法限制失信被执行人的投标活动的工作中主动作为，与各相关部门密切配合，切实做好招标投标活动中对失信被执行人的联合惩戒工作。

57 发证和发文时间不一致的奖项得分如何认定

【案情】

某市市民休闲广场为政府投资重点工程项目，投资规模 1.6 亿元，评标办法为综合评标法，采用全流程电子招投标。该项目于 2016 年 1 月 16 日开标，经评标委员会评审，A 公司（综合得分 93.28）、B 公司（综合得分 91.58）、C 公司（综合得分 89.69）分别为第一、二、三中标候选人，公示期自 2016 年 1 月 17 日至 1 月 19 日。公示期内，B 公司提出异议，招标人于 2016 年 1 月 25 日组织原评标委员会进行了复评，并于 2016 年 2 月 6 日书面答复异议人。

B 公司对招标人的答复不服，提出投诉，诉称：被投诉人 A 公司投标项目经理苗某 2011 年 1 月 5 日获得某省建设工程"美山杯"奖（投资大厦一标段），本项目开标时间为 2016 年 1 月 16 日，根据本项目招标文件技术标二评分项"投标项目经理承建的工程近五年内获得'美山杯'奖一次得两分"和技术标二评审说明"近几年指自投标截止日期向前推算，认定日期以投标人提供的证书或文件的落款时间为准"的规定，苗某所获得"美山杯"奖（投资大厦一标段）自开标日期往前推算已超过5年，不能给予相应分数。B公司要求重新计算A公司综合得分，并提供了某省住建厅2011年1月5日下发的《关于公布2010年度某省建设工程"美山杯"奖（省优质工程）获奖名单的通知》文件等证明材料。

某市公管局查明事实如下：

1. 被投诉人A公司电子投标文件中提供了投标项目经理苗某"美山杯"获奖证书（投资大厦一标段）扫描件，证书落款时间为"2011年1月"，与原件一致，该证书合法有效。

2. 某省住建厅于2011年1月5日下发《关于公布2011年度某省建设工程"美山杯"奖（省优质工程）获奖名单的通知》，该文件附件中明确A公司（项目经理苗某）承建的投资大厦一标段获得2010年某省建设工程"美山杯"奖。

3. 本项目招标文件"投标项目经理（建造师）优质工程情况"相应评分标准中规定"投标项目经理承建的工程近五年获得省级优质工程奖一次的得2分，两次及以上的得3分"，还规定"开标时提供署名的获奖文件或获奖证书"，"近几年指自投标截止日期向前推算，认定日期以投标人提供的证书或文件的落款时间为准"。

某市公管局根据上述事实作出了投诉处理决定书，认定：没有证据和依据可以否定评标委员会意见，B公司投诉不成立。

【分析】

1. 本案投诉处理程序合法适当。《招标投标法实施条例》第六十条规定："投标人或者其他利害关系人认为招标投标活动不符合法律、行政法规规定的，可以自知道或者应当知道之日起10日内向有关行政监督部门投诉。投诉应当有明确的请求和必要的证明材料。就本条例第二十二条、第四十四条、第五十四条规定事项投诉的，应当先向招标人提出异议，异议答复期间不计算在前款规定的期限内"。《工程建设项目招标投标活动投诉处理办法》第二十条规定："行政监督部门应当根据调查和取证情况，对投诉事项进行审查，按照下列规定作出处理决定：（一）投诉缺乏事实根据或者法律依据的，或者投诉人捏造事实、伪造材料或者以非法手段取得证明材料进行投诉的，驳回投诉；……"。某市公管局受理 B 公司投诉、进行调查取证和作出投诉处理决定的整个程序符合上述行政法规和部门规章的规定，投诉处理程序合法适当。

2. 本案投诉处理结论合法适当。《招标投标法》第二十七条第一款规定："投标人应当按照招标文件的要求编制投标文件。投标文件应当对招标文件提出的实质性要求和条件作出响应"。《招标投标法实施条例》第二十三条规定："招标人编制的资格预审文件、招标文件的内容违反法律、行政法规的强制性规定，违反公开、公平、公正和诚实信用原则，影响资格预审结果或者潜在投标人投标的，依法必须进行招标的项目的招标人应当在修改资格预审文件或者招标文件后重新招标"。本项目招标文件"投标项目经理（建造师）优质工程情况"相应评分标准等约定未违反法律和行政法规的强制性规定，投标人应当对招标文件提出的实质性要求和条件作出响应。A 公司提供的苗某"美山杯"获奖证书（投资大厦一标段）发证时间为 2011 年 1 月，而与证书对应的"美山杯"获奖文件发文时间为 2011 年 1 月 5 日，获奖发证和发文时间不一致。按发证时间，A 公司满足招标文件规定的优质工程奖项得分要求，但若按发文时间，A 公司不能获得该优质工程奖项得分。评标委员会根据 A 公司投标文件提供的"美山杯"获奖证书，按照招标文件"近几年指自投标截止日期向前推算，认定日期以投标人提供的证书或文件的落款时间为准"的约定，在评审中判定 A 公司该奖项得分，符合招标文件规定。《关于公布 2010 年度某省建设工程"美山杯"奖（省优质工程）获奖名单的通知》等证明材料不能否定 A 公司提供的投标项目经理苗某"美山杯"获奖证书（投资大厦一标段）的合法有效性，也不能否定评标委员会依据本项目招标文件规定的评标标准和方法所得出的评审意见。由此可见，某市公管局作出的投诉处理决定结论合法适当。

3. 本案招标人对异议的答复有不当之处。《招标投标法实施条例》第五十四条第二款规定："投标人或者其他利害关系人对依法必须进行招标的项目的评标结果有异议的，应当在中标候选人公示期间提出。招标人应当自收到异议之日起 3 日内作出答复；作出答复前，应当暂停招标投标活动"。《招标投标法实施条例》第七十七条第二款规定："招标人不按照规定对异议作出答复，继续进行招标投标活动的，由有关行政监督部门责令改正，拒不改正或者不能改正并影响招标结果的，依照本条例第八十二条的规定处理"。本案中 B 公司在中标候选人公示期间（2016 年 1 月 17 日至 1 月 19 日）向招标人提出异议，招标人于 2016 年 2 月 6 日书面答复异议人，答复期限明显不符合上述"自收到异议之日起 3 日内作出答复"的规定，某市公管局应视情况责令招标人改正。

【启示】

实践中，优质工程情况是综合评标法中技术标的重要评审因素。各地招标文件对投标人提供优质工程情况证明材料的要求不同，有的规定提供获奖证书和获奖文件，有的规定提供获奖证书或获奖文件。由于各种原因，还会出现获奖发证时间和发文时间不一致的情况，各地招标文件对此规定的处理方式也是不尽相同。有的规定以发证为准，有的规定以发文为准，还有的规定以投标人提供的证书或文件为准。招标文件应明确规定一种方式。评标委员会在认定优质工程获奖发证和发文时间不一致的奖项得分时，应严格按照招标文件规定的评标标准和方法观公正地进行评审，不可主观臆断、跟着感觉走。招标文件没有规定的评标标准和方法是不得作为评审依据的。

58 未要求提供犯罪行贿记录则不应否决投标

【案情】

县医院迁建工程为省重点建设项目。2017 年 10 月 16 日发布了县医院迁建工程导医配套设施招标公告，12 家单位参加投标。在评审过程中，评标委员会认为某标识工程公司在投标文件中未提供无行贿犯罪记录，因此从网上的评标系统发出了相关澄清事项，并由代理人员电话进行通知，某标识工程公司在规定的时间内没有对澄清事项作出答复，故评标委员会对其作出了否决投标的决定。经评审，某设计营造公司为中标候选人。某标识工程公司提出异议，因对招标人县医院作出的答复不服，随即提起投诉。投诉事项及主张：投诉人因其投标文件未提供无犯罪记录而被否决，其他投标人也存在类似问题，要求评标委员会一视同仁，重新组织专家审查所有投标单位提交的"无行贿犯罪记录"查询截止时间是否为本项目投标截止日 2017 年 11 月 20 日，如果查询时间不满足该资格条件的要求，应当否决本项目所有投标，重新招标。

省发展改革委受理后查明：招标文件"第一章 招标公告"规定的"资格条件"之一是"投标人自 2014 年 9 月 1 日起至投标截止日的无行贿犯罪记录（以检察机关档案为准）"。"第二章 投标人须知前附表"中"否决投标的情形"规定："投标文件存在以下情形之一的，其投标文件将被否决：（一）投标人的资质、业绩、人员、设备等条件未满足招标文件实质性响应要求的（以投标人须知前附表中'实质性响应招标文件资料'内容为准）"。"实质性响应招标文件资料"并未设置"无行贿犯罪记录"相关资料。还规定："招标人定标前，将向检察机关查询拟中标人自 2014 年 9 月 1 日起至投标截止日的行贿犯罪记录（以检察机关档案为准）。有行贿犯罪记录的，取消其中标资格，招标人将重新招标"。该项目的其他投标人在投标文件中提供了"无行贿犯罪记录"，但查询期限未到投标截止日。

省发展改革委认为：经调查，招标文件中未要求投标人在投标时提供"无行贿犯罪记录"，该资料是由招标人定标时对中标人进行查询。评标委员会理解有误，未按招标文件规定的评标标准和方法评标。对于投诉问题，根据《工程建设项目招标投标活动处理办法》第二十条第（二）项、《招标投标法实施条例》第七十一条的规定，作出如下处理意见：投诉成立，责令改正。

【分析】

为了推动健全社会信用体系，营造诚实守信的市场环境，有效遏制贿赂犯罪，促进招标投标公平竞争，最高人民检察院、国家发展改革委决定在招标投标活动中全面开展行贿犯罪档案查询。根据最高人民检察院、国家发展改革委发布的《关于在招标投标活动中全面开展行贿犯罪档案查询的通知》（高检会〔2015〕3号）规定，行贿犯罪记录应当作为招标的资质审查、评标专家入库审查、招标代理机构选定、中标人推荐和确定等活动的重要依据。有关行政主管部门、建设单位（业主单位）应当依据有关法律法规和各地有关规定，对有行贿犯罪记录的单位或个人作出一定时期内限制进入市场、取消投标资格、降低资质等级、不予聘用或者注册等处置。据此，在招标投标领域，招标人可以在招标文件中约定投标人或者其法定代表人、项目负责人一定时期内有行贿犯罪记录的，不具有合格的投标人资格。如本案招标人就在招标文件中规定了中标候选人三年内有行贿犯罪记录的，将取消其中标资格。

关于在投标时提供行贿犯罪记录的要求，根据《关于在招标投标活动中全面开展行贿犯罪档案查询的通知》（高检会〔2015〕3号）和《关于在工程建设领域开展行贿犯罪档案查询工作的通知》

（高检会〔2015〕5号）规定，工程项目招投标，投标人应提供针对投标单位、法定代表人和项目负责人的行贿犯罪记录查询告知函。设备物资采购，投标人应提供针对投标单位、法定代表人的行贿犯罪记录查询告知函。依法必须招标的工程建设项目应当在中标通知书发出前对投标人进行行贿犯罪档案查询。鼓励不属于依法必须招标的工程建设项目对投标人进行行贿犯罪档案查询。招标人可以向本单位住所地人民检察院或者招标项目所在地人民检察院申请行贿犯罪档案查询，也可委托招标代理机构申请查询。投标人根据招标人的要求可以自行到人民检察院申请查询。

正如本案所述，招标文件中明确显示由招标人自行查询获取行贿犯罪记录，并未要求投标人在投标文件中提供"无行贿犯罪记录"。因此，评标委员会以投诉人未提交"无行贿犯罪记录"为由，要求投标人进行补正，在未予补正时否决其投标，这种依据招标文件没有规定的内容进行评标是错误的。

还要说明的一点是，尽管《评标委员会和评标方法暂行规定》第二十二条规定："投标人资格条件不符合国家有关规定和招标文件要求的，或者拒不按照要求对投标文件进行澄清、说明或者补正的，评标委员会可以否决其投标"，但是《评标委员会和评标方法暂行规定》第十九条第一款明确规定："评标委员会可以书面方式要求投标人对投标文件中含义不明确、对同类问题表述不一致或者有明显文字和计算错误的内容作必要的澄清、说明或者补正。澄清、说明或者补正应以书面方式进行并不得超出投标文件的范围或者改变投标文件"，而本案并未要求投标人必须提供行贿犯罪记录，即使要求投标人提供，该内容属于投标人的资格条件要求，属于实质性内容，按照上述规定也不应要求投标人进行澄清补正，而是应依据招标文件直接作出是否否决投标的决定。

【启示】

只要能够通过网络公开渠道获得的信息，都不宜要求投标人提供，可以减轻投标人制作投标文件的负担，更重要的是，招标人自行查询的信息比较可信，可以杜绝投标人伪造变造相关证明材料的失信现象。就像投标人行贿犯罪记录，招标人自行登录中国裁判文书网即可查询。

需要说明的是，因自 2018 年 8 月 1 日起，各级地方检察院相继停止行贿犯罪档案查询工作，投标人无法再向检察院申请开具行贿犯罪档案查询告知函。在此情况下，招标人可在招标文件中规定："若因地方人民检察院停止行贿犯罪档案查询工作，投标人无法开具行贿犯罪档案查询告知函的，投标人应承诺投标单位、法定代表人和项目负责人投标截止日前三年无行贿犯罪行为。如投标人成立不足三年，则承诺期限为投标人成立之日起至承诺书出具之日。如果提供的书面承诺有虚假内容的，其投标无效。"招标人也可以不再要求投标人提供无行贿犯罪行为承诺书，而是由招标人或招标代理机构自行登录中国裁判文书网官网进行查询，这样更为客观真实。

59 这标该被否决吗

【案情】

某一工程建设施工项目招标，招标文件要求：投标人应当在递交投标文件的同时，提交投标保证金 80 万元。某投标人在投标截止时间前，按要求提交了 80 万元投标保证金，并已到达招标文件所指定的账户。

开标后，在宣读投标函时，发现该投标人将投标保证金金额错写为"80 元"。工作人员按"80 元"唱标后，进入评标程序。

对于这份投标文件，评标委员会应该怎样评审，能否否决该投标？评审现场出现了以下三种意见。

意见一，评标委员会应该否决该投标。

持这种意见的理由主要是认为投标函书写不全，应以投标文件内容不全否决其投标。而且，该投标函已经公开唱标，其他投标人都认为该投标人提交的投标保证金是"80元"，而不是"80万元"。评标委员会如不否决该投标，会引起其他投标人的投诉。

意见二，是否否决投标应由评标委员会自主裁量。

这种意见的依据是，《招标投标法》《招标投标法实施条例》和《工程建设项目施工招标投标办法》中，相关法条赋予了评标委员会一定的自由裁量权。评标委员会除了应严格按照招标文件规定的评标标准和办法进行评审以外，针对招标文件中没有明确规定的特殊情形，可以行使一定的自由裁量权，自行决定该投标文件是否被否决。实践中，如出现意见不能统一时，可用投票表决方式形成决议。一般情况下，招标文件对于本案例中出现的这种情形，很少有详细的针对性评判规定。因此，应该让评标委员会运用裁量权自行决定是否否决投标。

意见三，评标委员会应听取招标人的意见。

持这种意见的人认为：对于这种情形，评标委员会应该如何处理，确实比较难以决断。遇到类似问题时，应当听取招标人的意见后再作决定。理由是招标人系本项目的项目业主，也是评审结果最大的利益相关方，征求招标人的意见合情合理。

【分析】

本案情况比较特殊，但也确实是招标投标实践中容易遇到的情形。本案例中，投标人确实已经递交了80万元的投标保证金，其投标文件和投标保证金的递交时间和方式都符合招标文件的相关规定。因此，这是一份在实质上响应了招标文件的投标文件。至于在投标函上的书写错误，应属于一种明显的文字错误，不能被认定为是投标文件"内容不全"而否决其投标。

　　打个比方，招标文件中要求投标人在施工组织设计中，其季节性施工措施应当包括雨季施工措施和冬季施工措施，而某份投标文件中只有雨季施工措施而没有冬季施工措施，或者只有冬季施工措施而没有雨季施工措施，这种情形属于"内容不全"。而因投标文件制作时打字、书写不慎产生的漏字、漏词，不应当被定性为"内容不全"，而应该认定为属于"文字错误"。

　　《招标投标法实施条例》第五十二条规定："投标文件中有含义不明确的内容、明显文字或者计算错误，评标委员会认为需要投标人作出必要澄清、说明的，应当书面通知该投标人。投标人的澄清、说明应当采用书面形式，并不得超出投标文件的范围或者改变投标文件的实质性内容。"在评审时，评标委员会在核实事实、确认该投标人投标保证金递交的金额、时间和方式都符合招标文件的要求以后，针对这种明显的文字错误，应该按照《招标投标法实施条例》等相关法律的规定，要求投标人作出必要的澄清、说明或补正。

　　需要注意的是，在要求投标人作出澄清、说明和补正时，不得允许投标人对投标文件的实质性内容进行修改，而应当只允许其改正明显的文字错误。

【启示】

　　1. 招标人否决投标应当特别慎重，要依照法律和招标文件规定的否决投标条件从严掌握，慎重地作出否决投标决定。只有投标文件在违反招标文件的实质性要求，出现法律法规规定或招标文件中明确约定的可以否决投标的情形时，才可否决投标。

　　2. 投标人应当认真编制投标文件，提高投标文件的编写质量。投标文件必须符合招标文件格式与内容要求，保证资格证明文件齐全、有效，其内容全面响应评标方法规定的各项评价项目及因素，对招标文件要求的实质性内容，投标文件要全面响应，否则极有可能因其中任何一项未作出实质性响应而被认定为无效投标。

编制投标文件要特别注意细节，对内容要加强审核，防止低级的文字或计算错误等情形出现。

60 存在实质性偏差的投标应当否决

【案情】

某市城管局下发《集中供暖链条式热水锅炉项目政府采购招标文件》，载明：（1）本次采购主要内容为3台链条式热水锅炉，"设备一览表"载明的设备名称有"链条锅炉本体""链条炉排""炉排减速机""分层给煤机""仪表、阀门"等，数量均为3台。（2）投标人投标产品（设备）不齐全，不符合招标文件要求的，应视为招标文件未全部响应招标文件规定的实质性条款，投标文件无效。（3）招标人和中标人应当自中标通知书发出之日起30日内书面签订政府采购合同。

锅炉制造公司投标文件载明的设备名称为"锅炉本体""炉排""分层给煤机""减速机""仪表阀门"等数量均为2台(套)。

招标人公示中标结果，其中，锅炉制造公司为第一顺位中标供应商，公示期满后未向锅炉制造公司发放中标通知书。后来招标人发布中标结果变更公示，以锅炉制造公司在投标文件中未全部响应招标文件的实质性要求为由，取消其中标资格，并将中标供应商变更为第二顺位中标供应商某采暖设备公司。最终，锅炉制造公司与某采暖设备公司签订了合同。

锅炉制造公司认为其已中标并进行了必要的签约和大量履约准备工作。某市城管局无故在网上发布《变更公示》，非法取消了锅炉制造公司的中标资格，选定了另一家公司为中标供应商，但从未向锅炉制造公司下达任何书面通知，该行为违反了招标投标法规定。请求法院确认本案招投标采购合同成立并合法有效。

法院认为：（一）关于锅炉制造公司的中标资格是否应当取消的问题。招标文件载明，项目名称为集中供暖链条式热水锅炉项目，所购设备链条式热水锅炉数量为3台，投标文件必须响应"投标人投标产品（设备）齐全，符合招标文件要求"等全部实质性要求和条款，否则应当认定为无效投标文件。锅炉制造公司所投标书中的《投标货物描述表》载明"锅炉本体""炉排""分层给煤""减速机""仪表阀门""吹灰器"等设备数量均为2台（套）。因此，锅炉制造公司的投标文件没有完全响应招标文件的实质性要求，属于无效投标文件，应当认定其不具备中标资格，锅炉制造公司的中标资格应当予以取消。

（二）关于本案招标投标买卖合同是否成立并合法有效的问题。合同法规定，承诺通知到达要约人时生效，当事人采用合同书形式订立合同的，自双方当事人签字或者盖章时合同成立。招标文件载明，招标人和中标人应当自中标通知书发出之日起三十日内书面签订政府采购合同，中标通知书是合同的有效组成部分。本案中，取消锅炉制造公司的中标资格并进行变更公示之时，某市城管局并未向锅炉制造公司发出中标通知书，更没有与锅炉制造公司订立书面合同。因此，某市城管局没有向锅炉制造公司作出订立合同的承诺，涉案招标投标买卖合同尚未成立，亦不需确定该招标投标买卖合同的法律效力。

综上，法院判决驳回锅炉制造公司的诉讼请求。

【分析】

1.未实质性响应招标文件要求的投标,应当否决。《招标投标法》第二十七条规定"投标人应当按照招标文件的要求编制投标文件，投标文件应当对招标文件提出的实质性要求和条件作出响应"。招标文件会结合招标项目实际需求对采购内容提出实质性要求和条件（包括投标人资质条件、招标项目的技术要求、投标报价要求、评标标准、合同条款主要内容等），投标人编制的投标文件应当对此逐项响应确认，不能存有遗漏或重大偏离。《招标投标法实施条例》第五十一条规定的评标委员会应当否决投标的情形之一是"投标文件没有对招标文件的实质性要求和条件作出响应"。《政府采购货物和服务招标投标管理办法》第六十三条规定："投标人存在下列情况之一的，投标无效：（一）未按照招标文件的规定提交投标保证金的；（二）投标文件未按招标文件要求签署、盖章的；（三）不具备招标文件中规定的资格要求的；（四）报价超过招标文件中规定的预算金额或者最高限价的；（五）投标文件含有采购人不能接受的附加条件的；（六）法律、法规和招标文件规定的其他无效情形。"在本案中，锅炉制造公司在投标文件《投标货物描述表》中列明的设备数量均为2台，与招标文件规定的各项设备数量均为3台的内容不符。因此，锅炉制造公司未响应招标文件的实质性要求，其投标应属无效。评标委员会在评标过程中应当对此处理但未予处理，某市城管局在中标公示期满后发出中标通知书之前，发现锅炉制造公司投标无效的该项事由，应依据《招标投标法实施条例》第七十一条规定启动重新评审程序，由评标委员会否决其投标。

2. 否决不合格投标后，因有效投标不足3个使得投标明显缺乏竞争的，评标委员会可以否决全部投标。实践中，在评标工作中会出现经过评审否决部分投标后导致剩余的合格投标只剩下1个或2个，此时应当继续评标还是终止评标，需要评标委员会根据项目实际来判定。对于依法必须进行招标的工程建设项目而言，《评标委员会和评标方法暂行规定》第二十七条对此补充规定："评标委员会根据本规定第二十条、第二十一条、第二十二条、第二十三条、第二十五条的规定否决不合格投标后，因有效投标不足三个使得投标明显缺乏竞争的，评标委员会可以否决全部投标。投标人少于三个或者所有投标被否决的，招标人在分析招标失败的原因并采取相应措施后，应当依法重新招标。"其中"使得投标明显缺乏竞争"的认定标准需要根据不同招标项目实际及原因确定，一般指的是投标人过少，没有达到预期的竞争性，如有串标可能，价格差异较大或者畸高、畸低，技术响应太差等情形，如果继续评标推荐中标候选人，可能导致合格投标与预期采购目标有较大差距，导致最终采购结果不理想，此时允许否决所有投标，有利于保障招标人的权益。所有投标被否决后，如属于强制招标项目，应当依法重新招标，或者经审核批准后采用其他采购方式；但对于非强制招标项目，招标人有权直接决定重新招标或者采取其他采购方式。

3. 未发出中标通知书的，合同未成立。中标通知书是承诺，是签订合同的前提和依据。《合同法》第二十五条规定"承诺生效时合同成立"，《招标投标法》第四十五条中规定"中标人确定后，招标人应当向中标人发出中标通知书，并同时将中标结果通知所有未中标的投标人。中标通知书对招标人和中标人具有法律效力"。《招标投标法》第四十六条第一款规定："招标人和中标人应当在中标通知书发出之日起三十日内，按照招标文件和中标人的投标文件订立书面合同。"本案中，招标人对锅炉制造公司的投标已经按照无效投标处理，并未发放中标通知书，也未签订任何合同，因而涉案招投标采购合同成立要件并未齐备，该合同并未成立并生效。

【启示】

1. 评标委员会应当对投标文件响应的内容与招标文件就采购项目提出的实质性内容和条件逐条逐项一一对照比较，发现存在遗漏或者重大偏离，未能对招标文件作出实质性响应的情形，将不能实现招标人的采购目的，对其投标应当予以否决。评标委员会如未否决投标，则不满足招标文件实质性要求的投标一旦中标，将会影响合同签订、导致招标项目无法执行或损害招标人利益。

2. 对招标文件的实质性要求、条件逐一响应，向招标人提出经济、合理、可行的投标方案，才是具有竞争力的投标文件。投标人应当按照招标文件的要求编制投标文件，投标文件应当对招标文件提出的商务、技术等方面的实质性要求和条件逐项作出应答，不得修改招标文件后作出响应，不得遗漏或者回避招标文件提出的要求，不得提出任何附带条件或者给招标人增加负担。

61 投标人资格条件不合格的应当否决投标

【案情】

2012 年 8 月 17 日，某商业公司发出招标文件，就其商场环境系统中庭挑空吊饰制作、安装工程进行招标，要求参加投标的施工单位必须持有建筑装修工程专业承包一级施工企业。装饰集团递交投标文件，该公司资质为设计甲级、施工乙级。

2012 年 9 月 6 日，商业公司向装饰集团子公司装修公司发出中标通知书。装修公司进行了深化设计方案、项目考察、样品打样及蓝色中庭制作等工作。2013 年 1 月商业公司电话通知项目暂停。双方并未按照中标通知书的期限签订建设工程合同，对此装修公司主张系因商业公司招标方案不完善，称待该公司深化设计完成后经商业公司确定，双方再签订书面合同。商业公司主张，系因装修公司与投标单位装饰集团不一致，而装饰集团施工资质为乙级，未达到招标文件所要求的专业承包一级资质，导致无法签订建设工程合同。

装修公司诉至法院，请求判令商业公司支付项目暂停前的工程款 452528 元。

法院认为：投标人应当具备承担招标项目的能力，国家法律法规或者招标文件对投标人资格条件有规定的，投标人应当具备规定的资格条件。投标人不符合国家或者招标文件规定的资格条件的，评标委员会应当否决其投标。商业公司在涉案工程招标文件中明确要求，投标人须持有建设行政管理部门颁发的建筑装修工程专业承包一级施工企业资质，而无论是投标的装饰集团还是实际施工的装修公司的资质，均未达到上述要求，在不具备招标文件规定的投标人资格条件且投标人与实际中标人不符的情况下，商业公司向装修公司发出中标通知书的行为违反了《招标投标法》及《招标投标法实施条例》的规定，而双方基于该中标通知书所形成的事实建设工程施工合同应属无效。对于合同无效所造成的损失，违反招标文件发出中标通知的商业公司以及不具备投标人资格而以他人名义进行投标的装修公司均有过错，应当各自承担相应的责任。就损失的合理部分，鉴于双方并未签订书面的施工合同，因此参照投标文件的报价予以确定。在投标文件中并不包括设计费及考察费用一项，因此对于该部分的费用装修公司应自行承担；对于样品打样费用及蓝色中庭制作费，以双方各承担50%为宜，即商业公司应支付装修公司上述费用151264元。

综上，法院判决：商业公司赔偿装修公司商场环境系统中庭挑空吊饰制作、安装工程样品打样费用及蓝色中庭制作费15.1264万元。

【分析】

1. 投标人资格应符合法律规定及招标文件约定的资格条件。根据《招标投标法》第二十六条规定，投标人应当具备承担招标项目的能力；国家有关规定对投标人资格条件或者招标文件对投标人资格条件有规定的，投标人应当具备规定的资格条件。投标人应当具备承担招标项目的能力，指投标人在资金、技术、人员、装备等方面，具备与完成招标项目的需要相适应的能力或者条件以及相应的工作经验与业绩证明。国家有关法律规定或者招标文件对投标人资格条件有规定的，投标人应当具备规定的资格条件，如根据《工程监理企业资质管理规定》的规定，330kV及以上电压等级的输变电工程监理项目的投标人，应当具备输变电工程监理甲级资质。不具备相应资格条件的承包商、供应商，不能参加有关招标项目的投标。《招标投标法实施条例》第五十一条规定："有下列情形之一的，评标委员会应当否决其投标……（三）投标人不符合国家或者招标文件规定的资格条件"，在本案中，涉案工程招标文件要求投标人应当持有建筑装修工程专业承包一级施工企业资质，但是装饰集团、装修公司的资质均达不到该要求，在评标过程中应当否决投标。

2. 中标人必然是投标人之一，也与签约人为同一人，不得以他人名义投标。从合同法来说，招投标活动就是交易双方通过要约邀请—要约—承诺的方式订立合同的过程。招标人提出采购要求，发出招标公告、招标文件（要约邀请），邀请潜在投标人向其提出交易的意愿，参与投标竞争。有意向的潜在投标人将向招标人（受要约人）提交投标文件（要约），招标人按照事前公布的程序与标准进行评审，从中选择最为合适的中标人发出中标通知书（承诺）并与之签约。在这其中，只有招标人（承诺人）、投标人（要约人）双方参与合同订立，承诺也是发给向其提出要约的人。因此，投标人的投标被选定中标后，其就是中标人也是最终签订合同的当事人一方。任何人不得顶替他人投标、中标或签订合同，否则存在串通投标、以他人名义投标、在投标人之外确定中标人等违法违规行为。《招标投标法》第五十四条第一款规定："投标人以他人名义投标或者以其他方式弄虚作假，骗取中标的，中标无效，给招标人造成损失的，依法承担赔偿责任；构成犯罪的，依法追究刑事责任。"《招标投标法实施条例》第六十八条第一款也有类似规定。本案中，装修公司以装饰集团的名义投标，商业公司也错误地向装修公司发出中标通知书，都存在过错。故对于装修公司为履行合同做了相应的准备而造成的损失，双方均应承担责任。因此，对于样品打样费用及蓝色中庭制作费，法院根据双方过错程度，判决各承担 50%。

【启示】

1. 在评标过程中,评标委员会必须严格审核投标人的资格条件,对于资质不满足法律规定、资格条件达不到招标文件要求以及弄虚作假,借用他人资质证书、证明文件,以他人名义投标的不诚信的违法行为,应否决其投标。

2. 招标人确定的中标人应当是参与投标并被评标委员会推荐的中标候选人之一,不得在中标候选人之外确定中标人,更不得向未参加投标的其他单位发出中标通知书。

62 未响应招标文件实质性要求的投标应被否决

【案情】

某供水公司就新建输水管道项目公开招标,招标文件对投标人资格要求:投标人所供钢丝网骨架聚乙烯管材和管件产品须提供省级及以上塑料制品或国家建材产品质量监督检验中心检验合格的检测报告;对管道配件技术参数要求:钢丝网骨架聚乙烯管 DN560,DN600 无缝钢管;钢丝网骨架聚乙烯管 DN560 电熔管件。金属制品公司的投标文件附有国家建材产品质量监督检验中心出具的检验报告,检测产品为给水用钢丝网骨架聚乙烯(PE)复合管,型号规格为 PE100、DN315×1.6MPa;给水用聚乙烯(PE)电熔管件,型号规格为 PE100、DN90,直接。

供水公司向金属制品公司发出中标通知书后,有投标人投诉称:金属制品公司不具备本次招标的 DN560 规格 PE 钢丝网骨架聚乙烯管件的自主生产能力。

2014 年 6 月 24 日,县水务局调查后作出处理决定:金属制品公司投标文件不符合招标文件要求,取消其中标资格,依法重新招标。供水公司据此通知金属制品公司评标作废。金属制品公司遂提起诉讼，要求供水公司继续履行合同。

法院认为：招标文件对投标人资格和主要技术参数要求规定明确具体。投标人的投标文件应当包含本次投标需使用的 DN560 PE 管材的检测报告。而金属制品公司的投标文件并未包含前述型号、规格的管材检测报告，结合输水管道是影响案涉工程项目质量至关重要的设备的事实，应当认定金属制品公司的投标文件未响应招标文件的实质性要求。

同时，根据《招标投标法实施条例》第五十一条关于"投标文件没有对招标文件的实质性要求和条件作出响应的，评标委员会应当否决其投标"的规定，因金属制品公司未对招标文件的实质性要求作出响应的事实客观存在，供水公司向金属制品公司发出通知取消其中标符合《合同法》第九十四条关于"在法律规定的其他情形下，当事人可以解除合同"的规定。据此，案涉合同虽在供水公司向金属制品公司发出中标通知书后成立，但基于金属供水公司并不具备招标文件要求的资格条件，供水公司解除合同具有正当的理由，金属制品公司主张本案合同应当继续履行的请求不能成立。

综上，法院判决驳回金属制品公司的诉讼请求。

【分析】

1. 投标人应当按照招标文件的要求编制投标文件，对招标文件提出的实质性要求和条件作出响应。投标文件未实质性响应招标文件要求的，应否决投标。《招标投标法实施条例》第五十一条规定："有下列情形之一的，评标委员会应当否决其投标：（一）投标文件未经投标单位盖章和单位负责人签字；（二）投标联合体没有提交共同投标协议；（三）投标人不符合国家或者招标文件规定的资格条件；（四）同一投标人提交两个以上不同的投标文件或者投标报价，但招标文件要求提交备选投标的除外；（五）

投标报价低于成本或者高于招标文件设定的最高投标限价；（六）投标文件没有对招标文件的实质性要求和条件作出响应；（七）投标人有串通投标、弄虚作假、行贿等违法行为。"

《评标委员会和评标方法暂行规定》第二十三条规定："评标委员会应当审查每一投标文件是否对招标文件提出的所有实质性要求和条件作出响应。未能在实质上响应的投标，应当予以否决。"第二十五条规定："下列情况属于重大偏差：（一）没有按照招标文件要求提供投标担保或者所提供的投标担保有瑕疵；（二）投标文件没有投标人授权代表签字和加盖公章；（三）投标文件载明的招标项目完成期限超过招标文件规定的期限；（四）明显不符合技术规格、技术标准的要求；（五）投标文件载明的货物包装方式、检验标准和方法等不符合招标文件的要求；（六）投标文件附有招标人不能接受的条件；（七）不符合招标文件中规定的其他实质性要求。投标文件有上述情形之一的，为未能对招标文件作出实质性响应，并按本规定第二十三条规定作否决投标处理。招标文件对重大偏差另有规定的，从其规定。"

招标人也可以根据招标项目的实际情况，在不违反法律强制性规定、不违反"三公"和诚实信用原则的情况下规定其他可以否决投标的情形。评标委员会发现有前述法定否决投标情形或者招标文件约定的否决投标情形的，均可以否决投标。在本案中，输水管道是涉案工程的关键设备，对该管道的主要技术参数就是招标文件的实质性要求，由于投标人不满足该要求，应当予以否决。

2. 评标委员会未按招标文件规定的评标标准和方法评标的，行政监督部门有权责令改正。《招标投标法实施条例》第七十一条规定："评标委员会成员有下列行为之一的，由有关行政监督部门责令改正；情节严重的，禁止其在一定期限内参加依法必须进行招标的项目的评标；情节特别严重的，取消其担任评标委员会成员的资格……（三）不按照招标文件规定的评标标准和方法评标。"当招标投标行政监督部门发现评标委员会成员未严格按照招标文件事先规定的评标标准和方法进行评标，如擅自增加、减少评审因素或调整评审因素的评审权重后进行评标，不按照招标文件规定的评审标准进行评审，可以要求评标委员会纠正其错误的评标行为。在本案中，评标委员会本应在评标过程中否决金属制品公司的投标，但因其未尽到谨慎审查义务而错误让其中标，后被投诉，水务局经调查决定取消金属制品公司的中标资格，依法重新招标，才纠正了此错误。

【启示】

1.《招标投标法》第二十七条规定："投标人应当按照招标文件的要求编制投标文件。投标文件应当对招标文件提出的实质性要求和条件作出响应。"其中"实质性要求和条件"，就是招标投标过程中涉及的招标项目名称、投标人资格条件、投标文件格式要求、投标保证金、投标有效期、投标文件签字盖章、投标截止时间、合同标的、数量、价款、履约期限、质量要求、付款期限和方式、违约责任等内容。这些内容，或者涉及投标文件的法律效力，或者涉及投标人的主体资格，或者涉及合同主要条款，或者涉及招标人和投标人的主要权利与义务。只有投标人对这些实质性条件和要求都予以满足，才有可能中标。

2. 评标委员会成员应当仔细研究招标文件，掌握其中的所有实质性要求和条件，就各投标文件针对这些实质性内容和条件所陈述的内容一一对应，如有未作出响应或者响应的内容达不到招标文件的要求、存在重大偏差的，应作为未能在实质上响应的投标予以否决。

63 未依法否决投标的应当予以纠正

【案情】

某航运开发工程为 2016 年省重点建设项目，其中两项船闸工程控制系统、电气与照明系统施工标段分别在省公共资源交易中心开标、评标。某信息技术公司等 11 家单位参与投标，某电力控制工程公司被推荐为中标候选人。招标人某航运建设开发公司提起投诉。投诉事项及主张：评标委员会对一家报价超出投标控制价的单位未作否决投标处理，导致评标结果错误，应当重新计算该标段商务得分，并更正评标结果。

省发展改革委查明：本项目招标文件投标人须知前附表"投标报价"载明"招标人设有投标控制价，投标控制价以招标人报造价审核部门审核后的以施工图预算为基础的工程量清单预算，再乘以随机抽取的调整系数来确定……投标人的报价应控制在招标人设定的投标控制价（含）以下，高于投标控制价的报价，作否决投标处理"。招标文件公布的工程量清单预算为：17614623元，调整系数三个值为：0.95、0.96、0.97。开标记录中现场抽取的调整系数为 0.95。根据招标文件规定的计算方式，投标控制价为 $17614623 \times 0.95=16733891.85$ 元。开标记录公示的八家投标单位中，某信息技术公司投标报价为 16880387.42 元，是唯一一家报价高于投标控制价的投标单位。但评标委员会并未对该公司作否决投标处理。

省发展改革委认为：本项目评标过程中，评标委员会未按照《招标投标法实施条例》第七十一条第（六）项的规定，对报价超过投标控制价的投标提出否决意见，投诉反映情况属实。根据《工程建设项目招标投标活动投诉处理办法》第二十条第（二）项的规定，作出如下处理意见：投诉成立，责令评标委员会改正。

【分析】

为了防止投标人报价过分高于市场价，尤其在竞争不充分、财务预算受限等情形下为了控制价格，招标人可以在招标文件中设置最高投标限价，并声明投标人的报价必须在此限价之下。《招标投标法实施条例》第二十七条第三款规定："招标人设有最高投标限价的，应当在招标文件中明确最高投标限价或者最高投标限价的计算方法。招标人不得规定最低投标限价。"第五十一条规定："有下列情形之一的，评标委员会应当否决其投标：……（五）投标报价低于成本或者高于招标文件设定的最高投标限价"，这是否决投标的法定情形之一。

投标人的投标文件符合法律规定的否决投标条件或者招标文件设定的否决投标条件的，评标委员会应当按照规定对该投标进行否决。被否决的投标，不应进入详细评审环节，更不可能被推荐为中标候选人。但在实践中，常有投标人资格条件不合格的情形，但评标委员会成员因业务素质和法律意识不强，工作疏忽、违规操作或过于慎重难于决断，"应否不否"，直接影响评标结果的公正性，也会招致异议、投诉或严重影响签约履约，埋下合同风险隐患，故应当予以纠正。评标结束之前发现的，评标委员会应当自行纠正。评标结束，招标人发现的，可以要求评标委员会审查确认作出处理，也可以提起投诉，请求招投标行政监督部门责令整改，尤其是当评标委员会不予改正或者评标委员会成员有违法行为时，更有必要提起投诉。根据《招标投标法实施条例》第七十一条规定，评标委员会成员对依法应当否决的投标不提出否决意见的，由有关行政监督部门责令改正；情节严重的，禁止其在一定期限内参加依法必须进行招标的项目的评标；情节特别严重的，取消其担任评标委员会成员的资格。

本案例中，招标文件设定了投标控制价（也就是最高投标限价）

计算方法，投标后根据各投标人的报价计算出投标控制价，但评标委员会并未将超过该控制价的投标予以否决，反而还被推荐为中标候选人，评标结果有失公正，故省发展改革委查实后，责令评标委员会改正。

【启示】

否决投标就是使不合格的投标还未经详细评审即已经被评标委员会淘汰出局，该处理决定应当履行严格规范的程序，并且由评标委员会集体作出。一般情况下，否决投标条件和认定标准，都会在招标文件中详细列明，作为招标文件的必备内容，便于投标人对照参考，也作为评标委员会评审的依据。评标委员会应当尽职尽责履行评标之责，依据招标投标法律法规规定的法定否决投标条件和招标文件规定的约定否决投标条件客观、公正地作出决策，对于符合否决投标条件的应当作否决投标处理。

在程序上，否决投标的决定主体只能是评标委员会。如出现否决投标情形时，应由评标委员会成员提出，经评标委员会集体讨论取得一致意见后可以作出否决投标的决定，当评标委员会成员对是否否决投标有不一致意见时，可以按照"少数服从多数"原则作出决定，这里，是超过半数的简单多数决定还是超过三分之二的绝大多数决定，建议在招标文件中的评标办法的相关内容中提前作出规定。如没有，按照"简单多数"原则处理。

64 评审错误是否重新招标应视项目特点而定

【案情】

由某国有资金投资的、依法必须进行招标的公路工程施工项目，招标人在对投标文件和评标报告进行审查过程中，发现排名第一的中标候选人 A 没有实质上响应招标文件的要求。招标文件明确规定：投标文件必须按照工程量清单规定的格式填写相应子目的单价及合价，同时满足其中给出的范围及数量要求，否则为非响应性投标。而排名第一的中标候选人 A 对其中一项主要项目的工程量，将招标文件工程量清单中的 28456 立方米调整为 8456 立方米，并据此进行了报价。但评标委员会对投标人 A 投标评审的结论是响应性投标，并将其推荐为第一中标候选人。

对于是否应当确定投标人 A 为中标人，招标人中存在以下三种意见。

第一种意见，根据《工程建设项目施工招标投标办法》第五十八条规定，国有资金占控股或者主导地位的、依法必须招标的项目，招标人应当确定排名第一的中标候选人为中标人，仅在排名第一的中标候选人出现如下几种情况时，可以按序选择排名其后的中标候选人为中标人：一是放弃中标；二是因不可抗力提出不能履行合同；三是未按招标文件的要求提交履约保证金；四是被查实存在影响中标的违法情形。而本案发生的情形不属于上述情形，故招标人应选择推荐的 A 为中标人。

第二种意见，A 为非响应性投标，应该被拒绝。招标人可以直接确定排名第二的中标候选人为中标人。

第三种意见，A 为非响应性投标，而评标委员会的评标结论为响应性投标，所以该结论不能作为定标依据。本次招标无效，应该重新招标。

【分析】

在法律规定中有"一般规定"和"特殊规定"之分。"一般规定"针对的是常见状况、一般状况下的法律适用问题，而"特殊规定"则适用于某些法定的特殊情形。当一般规定与特殊规定不一致时，优先适用特殊规定。在此通过引述《招标投标法》的相关规定来逐一分析三种处理意见的不妥之处和判断理由。

第一种意见认为，应该执行《工程建设项目施工招标投标办法》第五十八条的规定，选择 A 为中标人。

该意见的瑕疵在于适用法律条文错误。《工程建设项目施工招标投标办法》第五十八条中确实有"依法必须进行招标的项目，招标人应当确定排名第一的中标候选人为中标人"的规定。但这是一条一般规定，适用这条规定的前提是一种通常状况——"评标委员会客观公正地履行了义务、没有法定的评标无效的情节发生"这种情形。通俗点讲，就是当评标委员会的评审过程和结果都是合法正确的时候，应该适用该法条的规定。当遇到特殊情形，即"评标委员会没有客观公正地履行法定义务"，导致评审结果不正确时，就不能适用这条规定。因此，第一种意见的结论和理由均不正确。

第二种意见认为，A 为非响应投标，应该拒绝，招标人可以直接确定排名第二的中标候选人 B 为中标人。

该意见拒绝 A 投标人投标的处理方式正确，但后续处理方式不正确。招标人不能直接确定第二中标候选人为中标人。理由是适用法律条款错误。《工程建设项目施工招标投标办法》第五十八条中规定了招标人可以确定排名第二的中标候选人为中标人的法定情形只有四种（前文已列明），除此之外，则不可。本案例中的情形，不符合招标人可以直接确定排名第二的中标候选人为中标人的法定情节，因此不能适用前述第五十八条的规定。

第三种意见认为，A 为非响应投标，评标委员会推荐错误；本次招标无效；应该重新招标。

该意见对"评标委员会推荐错误"的定性正确，但判定为"招标无效"不正确，处理方式也不合理。《招标投标办法实施条例》第七十一条规定："评标委员会成员有下列情况之一的，由有关行政监督部门责令改正……（一）不按照招标文件规定的评标标准和方法评标……"在本案例中，招标文件规定："投标文件必须按照工程量清单规定的格式填写相应子目的单价及合价，同时满足其中给出的范围及数量要求，否则为非响应性投标。"评标委员会由于工作上的失误，没有按照招标文件确定的评标标准和方法来评审投标文件和推荐中标候选人，因此该评审结论是不正确的。但是，对照《招标投标法实施条例》关于招标无效的相关规定，本案例中评标委员会的工作失误，不属于"招标无效"而属于"评标无效"的法定情形，不能判定本次招标无效。

此外，第三种意见认为纠正评标委员会的错误应当采取重新招标的方式，有点矫枉过正。重新招标，对于招标人来说，造成的直接损失就是项目实施工期的拖延，还将导致人力、物力、财力的大量浪费，对于符合条件的其他投标人来说，由于其投标报价和商业秘密已被公开，无故让其重新投标显然不太合理。因此，一般情况下，当出现依次确定其他中标候选人与招标人预期差距较大，或者对招标人明显不利的，才适宜选用重新招标的处理方式。

详细分析上述三种意见的不妥之处以后，如何根据法律法规的相关规定处理本案例呢？

《招标投标法》第六十四条规定："依法必须进行招标的项目违反本法规定，中标无效的，应当依照本法规定的中标条件从其余投标人中重新确定中标人或者依照本法重新进行招标。"《招标投标法实施条例》第八十二条规定："依法必须进行招标的项目的招标投标活动违反招标投标法和本条例的规定，对中标结果造成实质性影响，且不能采取补救措施予以纠正的，招标、投标、中标无效，应当依法重新招标或者评标。"《工程建设项目施工招标投标办法》第八十六条规定："依法必须进行施工招标的项目违反法律规定，中标无效的，应当依照法律规定的中标条件从其余投标人中重新确定中标人或者依法重新进行招标。"从这些规定可以看出，认定是招标无效、投标无效还是中标无效，以及是需要重新招标还是重新评标，应当根据违法行为及其被查处的时点来确定。

本案例中，由于评标委员会工作失误违反了相关规定，评审结果无效，从而也导致了中标无效。上述法律条文虽然规定了发生中标无效的情形时，应当依法"重新进行评标或者重新进行招标"，即招标人选择"重新评审"或者"重新招标"都不违法。但是，针对这个特定的项目来说，选择重新评审，依照法律规定的中标条件从其他投标人中重新确定中标人更为合理。

【启示】

1. 评标委员会应客观公正履行职责，仔细审查核实每一投标文件是否对招标文件提出的所有实质性要求和条件逐一作出响应，杜绝因工作疏忽导致评审结论与事实不符的情形。如事后发现评标工作中有疏漏应当否决投标但未否决，导致推荐的中标候选人不合格的，可以重新评审或重新招标。

2. 招标被确认无效的，依法必须招标项目的招标人应当重新招标；投标被确认无效的，在评标过程中，相关投标应当被否决；在中标候选人公示阶段，应当取消其中标资格；已发出中标通知书的，中标无效。中标被确认无效的，招标人应当依法从符合条件的其他中标候选人中确定中标人或者重新招标。

65 评标错误将导致评标无效应重新评标

【案情】

某公路工程为省重点建设项目，该公路绿化工程进行公开招标，园林建设公司、建设环境公司等47家单位参与投标。经评审，建设环境公司被推荐为中标候选人，得分99.49。绿化工程公司对该评标结果不服，经异议程序不服招标人市国省道改造总指挥部答复，提起投诉，投诉事项及主张：评标委员会在评标过程中，商务报价得分计算有误，导致评标结果出现差错，错误推荐建设环境公司为中标候选人。要求重新组织专家进行重评，待重新评标后公示正确评标结果。

省发展改革委受理后进行调查取证。被投诉人（评标委员会）陈述：现经评标委员会核算，评标基准价计算确实存在错误，根据招标文件规定的计算方法，投标人建设环境公司（原中标候选人）报价得分及总得分均非第一，不应推荐为中标候选人。招标人也陈述：某公路工程绿化标段因商务标评标计算结果有误，导致最终评标结果有误。

省发展改革委经查明：评标报告显示，本项目投标单位总计47家，4家投标单位被否决投标，其余43家投标单位通过符合性审查，原中标候选人建设环境公司报价得分为98.69，信用得分为0.8，综合得分为99.49；投诉人绿化工程公司报价得分98.21，信用得分为0.8，综合得分为99.01。

按照招标文件规定的计算办法重新验算，原中标候选人建设环境公司报价得分应为97.04，信用得分为0.8，综合得分为97.84；投诉人绿化工程公司报价得分97.99，信用得分为0.8，综合得分为98.79。因此，建设环境公司综合得分并未排名第一，不应被推荐为中标候选人。

省发展改革委认为：由招标人编制并公开发布的明确资格条件、合同条款、评标方法和投标文件响应格式的招标文件，是投标和评标的依据。经调查，某公路工程绿化施工标段评标委员会未按照招标文件约定的评标办法对投标人商务报价得分进行评审，投诉情况属实。根据《工程建设项目招标投标活动投诉处理办法》第二十条第二项、《招标投标法实施条例》第七十一条的有关规定，作出如下处理意见：投诉成立，责令评标委员会改正。

【分析】

1.评标委员会应当按照招标文件确定的评标标准和方法评标。《招标投标法实施条例》第四十九条第一款规定："评标委员会成员应当依照招标投标法和本条例的规定，按照招标文件规定的评标标准和方法，客观、公正地对投标文件提出评审意见。招标文件没有规定的评标标准和方法不得作为评标的依据。"也就是说，评标委员会应当按照招标文件确定的评标标准和方法，对投标文件进行评审和比较，并向招标人提出书面评标报告和推荐合格的中标候选人，招标文件没有规定的评标标准和方法不得作为评标的依据。合法、科学、具有可操作性的评标标准和方法，既使评标委员会能够按照统一的标准和方法进行评标，也是对评标委员会自由裁量权的合理约束，有利于确保评标结果的公平、公正和科学。

在评标过程中，评标委员会不得随意增加、删减评审因素，也不得调整每个评审因素的评审标准和权重，必须按照招标文件规定的评审因素严格审核、公正客观进行评分，不得出现差错或失误，这是公正评标的基础。但由于评标工作毕竟是评标委员会成员的主观行为，因认识偏差、理解有误、工作疏忽导致评审错误也时有发生，如果评标专家有偏袒、倾向性的，评审结果更加背离招标投标法的规定和招标文件设置的评审标准。正如在本案例中，由于评标委员会计算评标基准价存在错误，根据该错误的评标基准价进行评审，最终评标结果就可能发生错误，有失公正。

2.评审错误影响中标结果的，评标无效，应当组织原评标委员会重新进行评审。《招标投标法实施条例》第七十一条规定："评标委员会成员有下列行为之一的，由有关行政监督部门责令改正；情节严重的，禁止其在一定期限内参加依法必须进行招标的项目的评标；情节特别严重的，取消其担任评标委员会成员的资格：……（三）不按照招标文件规定的评标标准和方法评标"。评标委员会成员如果未严格按照评标标准和方法进行评审，有违法行为或者违背招标文件进行评审时，应及时予以纠正。

在本案中，有投标人对评标结果存在合理怀疑，提起异议进而进行投诉，经过省发展改革委查明事实，确实存在评标委员会计算评标基准价时出现错误，导致最终评标结果有误，原推荐的中标候选人的综合得分并非第一名，不应被推荐为中标候选人的情形。对这一错误，根据《工程建设项目招标投标活动投诉处理办法》第二十条第二项规定，因投诉情况属实，招标投标活动确实存在违法行为，省发展改革委根据《招标投标法实施条例》第七十一条的规定责令改正，要求评标委员会重新进行评审，按照新的评标结果重新推荐中标候选人，恢复了招标结果的公正性。

【启示】

评标委员会应当严格按照招标文件确定的评标标准和方法评标。评标有错误的，招标人自行发现或者在投标人提出异议查实的，应当组织评标委员会进行复核评审，及时、主动纠正错误。在投标人进行投诉之后，投诉受理机关有权依据法律规定调查核实，并责令招标人或评标委员会进行改正，重新评审确定中标人。

66 不对中标候选供应商进行排序合法吗

【案情】

某市财政局政府采购管理办公室于 2010 年 8 月接到一起投诉：某政府采购项目中标信息公告后，排名第二的供应商举报排名第一的中标供应商公章造假。为此，该市采购管理办公室有关人员往返省内外各地调查取证，结果证明，投诉内容子虚乌有。

为避免再遭恶意投诉，2010 年该市创新了评标办法，规定："所有招标采购项目，在评标时只确定唯一一名中标供应商，不再按顺序排列中标候选供应商。如果中标供应商不能履约就废标，重新组织招标。"该市采购管理办公室有关人员解释说，根据财政部第 18 号令《政府采购货物和服务招标投标管理办法》第四十四条第（三）项的规定 [该条规定："评标工作由招标采购单位负责组织，具体评标事务由招标采购单位依法组建的评标委员会负责，并独立履行下列职责：……（三）推荐中标候选供应商名单，或者受采购人委托按照事先确定的办法直接确定中标供应商；……。"财政部 87 号令第四十六条规定："评标委员会负责具体评标事务，并独立履行下列职责：……（四）确定中标候选人名单，以及根据采购人委托直接确定中标人；……"]，评标委员会可以推荐中标候选供应商名单，也可以受采购人委托按照事先确定的办法直接确定中标供应商，因此该做法符合相关法律的规定。

没想到，该评标办法推出后不久，很多采购人即提出异议，认为评标时"直接确定唯一一名中标供应商，一旦该供应商无法履约，即重新组织招标"的做法，剥夺了采购人从其他供应商中选择合适人选的可能，且会造成时间的延误，不利于项目的实施。

【分析】

1. 不对中标候选供应商进行排序的做法不合法。《政府采购货物和服务招标投标管理办法》（财政部18号令）第五十四条第（四）项规定："中标候选供应商数量应当根据采购需要确定，但必须按顺序排列中标候选供应商"，还列举了在采用最低评标价法、综合评分法、性价比法等不同评标办法时，如何对中标候选供应商进行排序的详细规定。（财政部87号令第五十六条规定："采用最低评标价法的，评标结果按投标报价由低到高顺序排列。投标报价相同的并列。投标文件满足招标文件全部实质性要求且投标报价最低的投标人为排名第一的中标候选人。"第五十七条规定："采用综合评分法的，评标结果按评审后得分由高到低顺序排列。得分相同的，按投标报价由低到高顺序排列。得分且投标报价相同的并列。投标文件满足招标文件全部实质性要求，且按照评审因素的量化指标评审得分最高的投标人为排名第一的中标候选人。"）在法律规范中，带有"必须"一词的法条为强制性规范，不得违反。因此，不对中标候选人进行排序是一种违法行为。

2. 评标时只确定唯一一名中标供应商的做法不合理。中标候选供应商数量应当根据采购需要确定，并没有法律对此作出明确限定。因此，针对某一特定的采购项目而言，根据项目特点只推荐一名中标候选供应商，一定程度上是可行的，但如果不区分项目特点整齐划一统一规定所有项目在"评标时只确定唯一一名中标供应商"则不合适。

《政府采购货物和服务招标投标管理办法》（财政部87号令）第四十六条规定："评标委员会负责具体评标事务，并独立履行下列职责：……（四）确定中标候选人名单，以及根据采购人委托直接确定中标人……"该规定包含三层意思：第一层意思是评标委员会可以直接确定中标供应商；第二层意思是评标委员会确定中标供应商时，要根据采购人的委托才可进行；第三层意思是是否委托评标委员会直接确定中标供应商，是出于采购人的自愿。

也就是说，采购人可以选择委托评标委员会直接确定中标供应商，也可以选择不委托，这个权利在于采购人自己。该市"创新"的这种评标办法不加区分，统一规定全市所有的招标项目均由评标委员会直接"确定唯一中标供应商"，直接剥夺了采购人的自主选择权，是一种没有法律依据的做法。

在推荐多名候选供应商的前提下，根据《政府采购法实施条例》第四十九条的规定："中标或者成交供应商拒绝与采购人签订合同的，采购人可以按照评审报告推荐的中标或者成交候选人名单排序，确定下一候选人为中标或者成交供应商，也可以重新开展政府采购活动。"而该市的新评标办法规定："评标只确定唯一一名中标供应商……如果中标供应商不能履约就废标，重新组织招标。"这种做法过于武断，剥夺了采购人本来只进行一次招标即可完成项目招标的可能，违背了上述法律规定，也造成了许多社会资源的重复投入，有悖于建设节约型社会的要求；而且还会造成采购项目实施时间的延误，使项目周期人为延长，这对于采购人来说，也是非常不愿意看到的。

此外，重新组织招标对于善意投标人也是非常不公平的。由于投标报价等商业机密已经公开，不利于其参加第二次竞争，有悖于保护善意相对人的立法要求。

【启示】

1. 评标委员会应当对中标候选供应商进行排序。如果采购人授权评标委员会直接确定中标供应商，则评标委员会的工作除了评标以外，还有直接确定中标人的权利；如果采购人没有授权评标委员会直接确定中标人，则评标委员会只负责向采购人推荐中标候选人，并且在推荐中标候选人的时候，必须严格按照《政府采购货物和服务招标投标管理办法》（财政部87号令）第五十六条、第五十七条的相关规定进行排序，否则涉嫌违法。需要注意的是：

直接确定中标人，不存在排序问题；推荐中标候选人，则必须按法律规定进行。这是两种不同的情形，适用的法律规定不同，不可混为一谈。

2. 评审时，评标委员会应按照招标文件规定的数量来推荐中标候选供应商。如果招标文件没有对中标候选供应商的数量作出明确规定，则可以根据实际情况自行确定 1 ~ 3 名中标候选供应商。如果评标委员会认为除了排名第一的候选供应商之外，其他供应商的投标方案均不可接受，可以只推荐一名候选供应商。招标采购实践中，推荐 2 ~ 3 名候选供应商的好处是，当第一名中标候选人不能履约时，采购人还有选择的余地，不必耗费大量的人力、物力和时间去重新组织招标，也不会因为招标采购程序时限的制约而使项目周期延长。即使前 3 名中标候选人都不能履约，也并不会直接导致重新组织招标。采购人还可以请评标委员会进行重新评审，从余下的供应商中推荐合适的供应商，这不失为一种好办法。

3. 处理恶意投诉无须修改通行的评标办法。恶意投诉行为，其行为实质就是一种"采取不正当手段诋毁、排挤其他供应商"的行为。处理恶意投诉并非无法可依，只须按照《政府采购法》中的相关规定进行处罚即可。《政府采购法》第七十七条规定："供应商有下列情形之一的，处以采购金额千分之五以上千分之十以下的罚款，列入不良行为记录名单，在一至三年内禁止参加政府采购活动，有违法所得的，并处没收违法所得，情节严重的，由工商行政管理机关吊销营业执照；构成犯罪的，依法追究刑事责任……（二）采取不正当手段诋毁、排挤其他供应商的；……供应商有前款第（一）至（五）项情形之一的，中标、成交无效。"

67 招标人可以申请对中标候选人评审复议

【案情】

某保障房公司组织"保障房工程电梯采购及服务项目"的招标，于2015年5月27日公示中标候选人，第1名R公司、第2名T公司、第3名D公司。当天T公司向保障房公司提出异议，保障房公司经查阅投标文件发现，D公司未响应付款方式，向市公共资源交易中心申请评标委员会评审复议。评标委员会复议认为，因D公司未响应付款方式，根据评标办法决定对其投标文件作否决处理。评标委员会还对剩余两家投标人是否具有竞争性进行表决，多数评委认为不具备竞争性，按照少数服从多数原则，否决了全部投标，建议保障房公司重新招标。2015年6月12日，保障房公司发布招标公告重新招标。

2015年6月17日，R公司获知需要重新招标后，向市发改委投诉，请求确认原评标结果合法有效，宣布R公司为中标人。市发改委经调查作出《投诉处理决定》，结论是："经调查未发现保障房公司在本次招标活动过程中存在违法行为，决定驳回R公司的投诉。"R公司不服，提起行政诉讼，请求法院判决撤销《投诉处理决定》并责令市发改委重新作出具体行政行为，确认R公司为案涉招标项目的中标人。

法院认为：（1）关于保障房公司是否可以向市公共资源交易中心申请评标委员会评审复议。R公司认为，招标投标法等相关法律没有规定在投标人提出异议的情形下，招标人可以向评标委员会申请评审复议，行政机关的行政行为法无规定不可为。市发改委认为，招标投标法等相关法律没有禁止招标人向评标委员会申请评审复议。相反，《招标投标法实施条例》第七十一条规定：

"评标委员会成员有下列行为之一的，由有关行政监督部门责令改正：……（三）不按照招标文件规定的评标标准和方法评标……"本案中，D公司未响应付款方式按照招标文件应作否决处理，保障房公司作为招标人发现评审错误时，可以申请要求组织评标委员会复议评审，符合相关法律法规的规定。故对R公司的观点不予采纳。

（2）关于评标委员会评审复议否决了全部投标，建议保障房公司重新招标的行为是否合法。R公司认为，其与T公司均响应招标文件各项条款，已构成有效竞争，评标委员会否决全部投标的行为违法。《评标委员会和评标方式暂行规定》第二十七条规定："评标委员会根据本规定第二十条、第二十一条、第二十二条、第二十三条、第二十五条的规定否决不合格投标后，因有效投标不足三个使得投标明显缺乏竞争的，评标委员会可以否决全部投标。"本案中，评标委员会因D公司未响应付款方式按照招标文件决定作否决处理后，对剩余两家是否具备竞争性进行表决，按照少数服从多数原则，否决了全部投标，建议招标人保障房公司重新招标。关于此问题，在招投标活动中评标委员会独立行使评标权，其行为符合法律规定。故对R公司的观点不予采纳。

综上，市发改委作出《投诉处理决定》，事实清楚，证据确凿，程序合法。法院判决驳回R公司的全部诉讼请求。

【分析】

1. 评标委员会有权独立评标，并向招标人推荐中标候选人或经招标人授权时确定中标人。在评标中，如果评标委员会依据招标投标法律规定和招标文件约定的情形否决不合格的投标之后，剩下的有效投标不足三家的，是继续评标还是终止评标，要看这些有效投标是否具有竞争性。根据《评标委员会和评标方式暂行规定》第二十七条规定，在评标中因有效投标不足三个使得投标明显缺乏竞争的，评标委员会可以否决全部投标，这赋予评标委员会一定的独立自主决定权，任何人不得干涉。在本案中，评标委员会否决 D 公司投标后，按照少数服从多数原则对剩余两家是否具备竞争性进行了表决，最后认为缺乏竞争性而否决了全部投标，建议招标人重新招标，这是行使法律赋予的权利。

2. 在中标候选人公示后，招标人可以依法组织原评标委员会评审复议。《招标投标法实施条例》第五十四条第二款规定："投标人或者利害关系人对依法必须进行招标的项目的评标结果有异议的，应当在中标候选人公示期间提出。招标人应当自收到异议之日起 3 日内作出答复；作出答复前，应当暂停招投标活动。"第七十一条规定："评标委员会未按招标文件规定的标准和方法进行评审的，由有关部门责令改正。"根据这两条规定，在评审结束后，发现评标委员会未按招标文件规定的标准和方法进行评审，招标人向有关部门申请，组织原评标委员会按照原招标文件规定的评标标准和方法进行复审并作出相应处理。在本案中，保障房公司收到 T 公司异议后，依法通过相应程序组织评标委员会评审复议，是对自己和投标人负责任的具体表现。

【启示】

1. 评标委员会应客观、公正、独立进行评标，包括招标人在内的任何人都不得干预。收到投标人对中标候选人结果提出的异议时，可以组织评标委员会评审复议，作出正确的结论。

2. 评标委员会在否决部分投标后，如果仅剩余一家或两家有效投标时，评标委员会可以对剩余投标是否具备竞争性进行表决，认为缺乏竞争性的，可以否决全部投标，建议招标人重新招标；认为具有竞争性的，可以继续评标并推荐出中标候选人。

第五部分 定 标

68 公示中标候选人不代表已决定中标人

【案情】

2013 年 12 月 2 日，某烟草公司委托咨询公司就某技改项目工程招标，第一中标候选人为 L 科技公司。投标人 M 科技公司就自己的得分向招标人提出异议。烟草公司、咨询公司以发现部分中标候选人投标文件中无 2011 年度、2012 年度财务情况说明书，不满足招标文件要求以及投标人 M 科技公司对自己的评分有异议为由，向某区发改委申请原评标委员会复核，某区发改委同意复核。原评标委员会复核认为：L 科技公司等 5 投标人未按招标文件要求提供财务情况说明书，资格不合格，不进入评审；M 科技公司异议不成立；决定否决所有投标，本次招标流标。L 科技公司向某区发改委投诉，认为咨询公司不向 L 科技公司发中标通知书、在中标公示期满后组织复核违法。请求：撤销复评结论，责令烟草公司确认 L 科技公司为中标人。

某区发改委调查核实后向 L 科技公司发出《回复函》：①对投标文件、原评标结果的复核都是评标委员会按招标文件规定的标准和方法进行的，复核结果有效。②依据《招标投标法实施条例》第五十四条规定，评标结果公示后 3 日内，没有异议、投诉或异议、投诉不成立的，可确定中标人，确定中标人后 5 日内发出中标通知书。本项目在评标结果公示期间收到异议，招标人按法定程序复核，所以未发中标通知书合法有效。L 科技公司不服，提起诉讼，请求撤销某区发改委作出的《回复函》并责令某区发改委重新作出处理。

法院认为：根据《招标投标法实施条例》第四条第二款、《工程建设项目招标投标活动投诉处理办法》第四条第一款规定，某区发改委具有受理招投标投诉申请并依法作出处理的主体资格。某区发改委收到投诉后，进行了调查核实，认为L科技公司投诉理由不成立，根据《工程建设项目招标投标活动投诉处理办法》第二十条第（一）项的规定应当驳回投诉，某区发改委作出的回复存在瑕疵，但不影响其行政行为的合法性。

虽然在确定中标候选人之前评标委员会依法应对投标人的资格进行审查，但投标人资格确有问题时，评标委员会对投标人资格再次进行审查并不违反法律禁止性规定且符合公平公正的基本原则。根据《招标投标法实施条例》规定，中标候选人公示期内，投标人和利害关系人有权提出异议或投诉。招标人或有关部门对异议或投诉事项查实需要复核的，由原评标委员会复核。未规定招标人发现问题如何处理，也未禁止评标委员会对投标人无异议的事项进行复核。招标人对投标人资格有异议时申请评标委员会对此进行复核不违反法律禁止性规定，某区发改委同意复核并不影响复核程序的合法性。

综上，被诉《回复函》认定事实清楚，证据充分，符合法律规定。L科技公司请求撤销该《回复函》并责令某区发改委重新作出处理的诉讼请求不予支持。法院判决驳回L科技公司的诉讼请求。

【分析】

1. 公示中标候选人属于定标的前置程序，但不能据此认为已经确定为中标人。《招标投标法实施条例》第五十四条第一款规定："依法必须进行招标的项目，招标人应当自收到评标报告之日起3日内公示中标候选人，公示期不得少于3日。"也就是说，招标人应当在评标结束后3日内将评标委员会推荐的中标候选人名单在发布招标公告的指定媒介上公示，以接受投标人、利害关系人和社会各界的监督，非依法必须进行招标的项目也可以参照上述规定履行中标候选人公示程序。在公示期间无异议、投诉或者投诉、异议不成立的，招标人应当在公示期结束后，按照招标文件规定的定标规则确定中标人，并发出中标通知书。这里，公示中标候选人并非是确定中标人，而是定标的前置程序。本案中，招标人发布的中标结果公示表中载明了3个中标候选人，告知了投诉异议权利和期限，只是履行中标候选人公示的程序，但不能据此得出L科技公司已经被确定为中标人。根据《招标投标法》第四十五条关于中标人确定后，招标人应当向中标人发出中标通知书的规定，投标人是否中标，应当以招标人发出的中标通知书为准，本案中L科技公司认为其作为中标候选人已经公示即意味着其已被确定为中标人的观点不能成立。

2. 招标人或者行政监督部门处理投标人或者其他利害关系人不服评标结果提出的异议或者投诉时，可以组织调查复核。根据《招标投标法实施条例》《工程建设项目招标投标活动投诉处理办法》等相关法律规定，对于评标结果，投标人或者其他利害关系人如果认为不符合法律、行政法规规定的，应当先向招标人提出异议，招标人不处理异议或者对招标人的答复不满意的，可以向有关行政监督部门投诉。招标人在处理异议和行政监督部门处理投诉的过程中，可以组织原评标委员会对异议、投诉涉及的事项按照招标文件规定的评标标准和方法复核确认。此举可以通过专家审核方式查清事实，坚持实事求是，客观准确地作出处理决定。在本案中，烟草公司在发现投标人的投标文件存在问题，其他投标人就评标结果提出异议的情况下，经某区发改委同意后，组织原评标委员会对相关事项进行复核，符合前述法律规定之原则。

【启示】

1. 投标人应当严格按照招标文件提供的投标文件格式、内容编制投标文件，对招标文件提出的采购要求和商务条件要逐项响应，提交的投标文件应当完整。否则，可能因投标文件格式错误、内容不全、文件缺失、商务或技术条件有实质性差异等因素导致其投标被否决。

2.中标候选人公示期间，发出中标通知书之前，如招标人对投标人的资格条件、评标结果有疑问，或收到其他投标人的投诉、异议时，可组织原评标委员会按照招标文件规定的评标标准和方法，客观、公正地进行复核，以便调查清楚事实，排除不合格的中标人。

69 排名第二的中标候选人并不必然递补中标

【案情】

某学院将其影像射击战术训练馆器材设备项目委托某招标公司代理招标，经评标，某研究所为拟中标供应商。投标人某设备科技公司提出质疑，认为根据《政府采购法》第二十二条规定，供应商必须具备"依法缴纳税收和缴纳社会保险金"这一条件，而某研究所不符合该条件，请求取消其中标资格。某招标公司回复：某研究所在投标文件中提供了依法缴纳税收和缴纳社会保险金的证明材料，满足合格投标人的资格条件。某设备科技公司不服该回复结果，向省财政局投诉。省财政厅作出行政处理决定书，认定：某研究所没有"依法缴纳税收和社会保障资金"的良好记录，不具备《政府采购法》规定的供应商条件，本项目采购活动违法。期间，某研究所收到中标通知书并与某学院签订靶场设备及安装合同，至某设备科技公司起诉之日，合同已全部履行完毕。

某设备科技公司认为，某招标公司有责任审查投标人的资格，但其违背诚实信用原则，隐瞒事实真相，故意偏袒某研究所，使得某设备科技公司的合法权益受到侵害，故起诉请求某招标公司赔偿经济损失2000元，承担侵权赔偿责任50万元。

法院认为：

1. 某招标公司虽不是招标人，但作为中介机构，可以作为本案的被告参加诉讼。某学院是被代理人，某招标公司是代理人，《民法通则》第六十三条、第六十七条规定被代理人和代理人基于委托事项对外承担连带责任（注：如本案发生在2017年10月1日以后，应以新颁布的《民法总则》第一百六十二条的规定为处理依据。）故某招标公司作为代理人，有可能与某学院对民事责任承担连带责任，故作为本案的被告参加诉讼并无不当。

2. 某招标公司在本案招投标活动中有违法的过错行为，应承担侵权责任。省财政厅已认定本项目采购活动违法，表明某研究所欺骗招标人以获取中标，违反了诚信原则。《招标投标法》第五条、第二十六条、第二十七条、第三十九条，《政府采购法》第二十三条均表明招标人负有投标人资格审查义务。本案招标文件是由招标人和某招标公司共同发布的，其中明确要求投标人有依法缴纳税收和社会保障资金的良好记录。某招标公司让不具备条件的某研究所参与投标并最终确定其中标，作为招标代理人违反了相应的法定义务，可以认定其存有违法的过错行为，依侵权责任的四个构成要件，某招标公司侵权成立。某设备科技公司在此次招投标活动中花费的投标文件350元、制作标书费1150元，差旅费500元（酌情确定）合计2000元，均系合理且必要的支出，应予赔偿。

3. 某设备科技公司要求赔偿利润损失50万元的诉请，不予支持。某招标公司构成侵权，对某设备科技公司的损失予以赔偿的前提条件是其必须替补中标。从本案来看，某设备科技公司并不能替补中标，理由是：有两种情况下才能产生替补中标机会，一是在招投标文件中有明确约定"推荐第一名为中标单位，如第一名中标单位不符合资格或有违法情形，取消中标资格，则推荐第二名为中标单位"；二是招标单位有违反《政府采购货物和服务招标投标管理办法》（财政部87号令）第七十七条、第七十八条的规定，而中标供应商已确定但采购合同未履行，则按《政府采购法实施条例》第七十一条第一款第三项的规定，撤销合同，从中标候选供应商中按顺序另行确定中标供应商。本案显然不具备上述两种情形之一，且已经签约履约完毕，故某设备科技公司未能替补中标，其获得利润的基本条件尚未成就，获得的利润损失50万元也尚为不可能。

综上，法院判决：某招标公司赔偿某设备科技公司直接经济损失2000元，驳回某设备科技公司其余诉讼请求。

【分析】

1. 第二中标候选人能否递补中标应严格依据招标文件和法律规定来认定。从本案的招标文件来看，只是规定中标人因不可抗力或者自身原因不能履行合同的，招标人可以与第二中标候选人签订合同，而并没有规定此时必须与第二中标候选人签订合同。从法律规定来看，《招标投标法实施条例》第五十五条规定："国有资金占控股或者主导地位的依法必须进行招标的项目，招标人应当确定排名第一的中标候选人为中标人。排名第一的中标候选人放弃中标、因不可抗力不能履行合同、不按照招标文件要求提交履约保证金，或者被查实存在影响中标结果的违法行为等情形，不符合中标条件的，招标人可以按照评标委员会提出的中标候选人名单排序依次确定其他中标候选人为中标人，也可以重新招标。"《政府采购法实施条例》第四十九条规定："中标或者成交供应商拒绝与采购人签订合同的，采购人可以按照评审报告推荐的中标或者成交候选人名单排序，确定下一候选人为中标或者成交供应商，也可以重新开展政府采购活动。"这些规定对于第一中标候选人因故不能中标情况下的处理办法基本是相同的，招标人可以与排名在后的中标候选人依次签订合同，也有权决定不签订合同，决定权在招标人。因此，本案中即使第一中标候选人不能签订合同，作为第二中标候选人的某设备科技公司也不必然中标，其提出的主张不能成立。

2. 招标代理公司违法代理的情况下可能要承担责任。一般，代理人行为的法律后果由委托人承担，但在其违法的情况下可能要自行承担责任或者与委托人承担连带责任。根据《民法通则》第六十三条、第六十六条、第六十七条之规定，被代理人对代理人的代理行为承担民事责任；如果没有代理权、超越代理权或者代理权终止后的行为，只有经过被代理人的追认，被代理人才承担民事责任，未经追认的行为，由行为人承担民事责任；如果代理人知道被委托代理的事项违法仍然进行代理活动的，或者被代理人知道代理人的代理行为违法不表示反对的，由被代理人和代理人负连带责任（《民法总则》第一百六十二条、第一百六十七条、第一百七十一条也有类似规定）。上述规定确立了委托人即被代理人和受托人即代理人基于委托事项对外承担连带责任的可能性。因此，在本案中，某招标公司虽不是招标人，但作为委托法律关系的受托人即代理人，有可能对于因委托关系的成立与某学院对民事责任承担连带责任，故作为本案的被告参加诉讼并无不当，某设备科技公司仅起诉受托人即代理人也并无不当。

【启示】

1. 招标人必须严格审核投标人的资格条件。无论是采取资格预审还是在评标过程中进行资格审查，招标人或其组建的资格审查委员会、评标委员会都应严格按照招标文件规定的投标人资格条件逐项进行审核。潜在投标人不符合资格条件的，不得参加投标；投标人不符合资格条件的，在评标过程中发现的应否决其投标，在中标候选人公示期间发现的应取消其中标资格，合同签订后发现的应撤销合同，合同已经履行的可要求责任人承担赔偿责任。

2. 招标代理机构从事招标代理业务的依据主要是招标投标法律法规和招标人授予的代理权限，应当依照这些规定承揽招标代理业务，不得违法从事招标代理业务，也不得无权代理、超越代理权，否则都要承担法律责任。

70 中标候选人有正当理由主动放弃中标资格不承担责任

【案情】

2012年4月26日,某高速公路2012年养护部分路段路面微裂缝治理工程施工预中标公示显示,某公路工程公司以60240064.19元投标价,被确定为第一中标候选人,某路桥公司以69579112.06元的投标价,被确定为第二中标候选人。预中标公示当天,某公路工程公司向某高速公路管理处致说明函:"由于4月24日晚我公司在S105养护项目突遭强降雨,山洪及泥石流造成路基坍塌,致使我公司铣刨机和摊铺机等主要设备严重损坏,经济损失严重,我公司无力承担贵处高速2012年养护部分路段路面微裂缝治理工程,因此我公司不便中标,请另选合适中标候选人。"某高速公路管理处曾就此给某公路工程公司书面答复。2012年8月10日,某高速公路管理处报经省交通运输厅备案,确定第二中标候选人某路桥公司为中标人并与之签署《合同协议书》。

某高速公路管理处认为某公路工程公司弃标行为给其带来中标差价损失达9339047.87元。尽管根据有关法律规定和该工程招标文件对该公司所缴投标保证金150万元不予退还,仍不足以弥补其弃标行为带来的损失(扣除投标保证金后损失额为7839047.87元)。故起诉至法院,请求判令某公路工程公司赔偿损失7839047.87元。

法院认为:招投标是引入平等竞争机制,应用技术、经济的方法,择优选定中标人确认交易的市场行为。《合同法》第十三条规定"当事人订立合同,采取要约、承诺方式"。在招标投标活动中,招标公告和投标邀请书是要约邀请,投标人递交投标文件构成要约,招标人评标、推荐和确定中标人是为择优选择要约人,招标人发出中标通知书即为作出承诺。某公路工程公司因自然灾害造成主要设备严重损坏，无力承担高速公路2012年养护部分路段路面微裂缝治理工程，在预中标公示期间向某高速公路管理处发出不便中标的说明函，该行为属要约的撤销。后，某高速公路管理处与第二中标候选人某路桥公司签署《合同协议书》，该行为应视为某高速公路管理处对某公路工程公司要约撤销的同意。某公路工程公司要约撤销具有客观理由，本案不适用《合同法》第四十二条关于缔约过失责任的规定。某高速公路管理处主张在扣除投标保证金后的中标差价损失7839047.87元由某公路工程公司承担，没有法律依据。据此，法院判决驳回某高速公路管理处的诉讼请求。

【分析】

1. 中标结果公示期间，中标候选人放弃中标资格属于对要约的撤销。从合同订立的角度，投标属于要约。投标截止时间就是投标文件（要约）生效的时间，也是投标有效期开始起算的时间。潜在投标人是否发出要约，完全取决于自己的意愿。因此，在投标截止时间前，允许投标人撤回其投标，但是在投标截止时间之后，要约已经生效，投标有效期开始计算。投标有效期内投标人的投标文件对投标人具有法律约束力，则不得撤销。根据《合同法》第十九条中"有下列情形之一的，要约不得撤销：（一）要约人确定了承诺期限或者以其他形式明示要约不可撤销……"的规定，投标人不得在投标有效期内撤销其投标。

2. 投标人撤销要约，招标人可不退还其投标保证金。投标截止前，投标文件尚未产生约束力，投标人有权撤回其已经递交的投标文件，且不需要承担任何法律责任。但投标截止后，投标文件对投标人产生约束力，投标人在投标有效期内撤销其投标文件给招标人造成损失的，根据《合同法》第四十二条规定，可能承担缔约过失责任。如果招标文件要求投标人递交投标保证金的，投标人在投标有效期内撤销投标，可能丧失投标保证金，投标保证金不足以弥补招标人损失的，投标人依法还应对超出部分的损失承担赔偿责任。由于投标人撤销投标文件并不必然影响竞争，也不必然造成招标人损失，所以《招标投标法实施条例》第三十五条第二款规定："投标截止后投标人撤销投标文件的，招标人可以不退还投标保证金。"是否退还由招标人在招标文件中明确。

3.投标人有正当理由撤销要约不承担缔约过失责任。《合同法》第四十二条规定："当事人在订立合同过程中有下列情形之一，给对方造成损失的，应当承担损害赔偿责任：（一）假借订立合同，恶意进行磋商；（二）故意隐瞒与订立合同有关的重要事实或者提供虚假情况；（三）有其他违背诚实信用原则的行为。"这是对缔约过失责任的规定。缔约过失责任指当事人在订立合同过程中，因违背诚实信用原则而给对方造成损失的赔偿责任。招标投标是订立合同的一种形式。在招标投标过程中，招标人和投标人都应当按照诚实信用的原则进行谈判，投标人按照招标人的招标文件提出的条件进行响应，提出要约，并且承诺在投标有效期内不撤销其要约，如果违背诚实信用的原则终止谈判，撤销其投标文件而损害对方当事人的利益的，则要承担缔约过失责任，赔偿损失。本案中，某公路工程公司虽然撤销其投标文件，但是其作出该行为有合法的理由，即因自然灾害造成主要设备严重损坏导致无力承担本案将要中标的工程，而及时提出不适合承担该工程，这并不违反诚实信用原则，因此无须承担缔约过失责任，但需要依据《招标投标法实施条例》规定失去其投标保证金。

【启示】

合同任何一方都有缔约自由，在投标期间如因自然事件、不可抗力等因素导致其丧失或减损其履约能力的，应当及时向招标人提出，可考虑撤销投标文件放弃中标，此举虽然可能导致丧失其投标保证金（在获得招标人理解的前提下可能会退还投标保证金），但免去了中标后不能履约而承担更重的违约责任的可能。

当然，在没有合适理由的情况下如擅自撤销其投标文件，则不但将丧失投标保证金，还可能承担缔约过失责任。

71 投标人弃标时招标人退还投标保证金后无权再追回

【案情】

2013 年 6 月，招标人实验小学就教学综合楼 BT 项目进行公开招标，某建筑公司向实验小学交纳保证金 60 万元并参与投标。经评标，建筑公司为第一中标候选人。2013 年 7 月 21 日，建筑公司以工作人员制作投标文件时误将原确定的下浮系数 $K=-8.8$ 写成 "$K=8.8$"，导致中标金额与该公司原确定的下浮率相差 17.6%，无法按此中标金额实施项目为由，书面申请放弃第一中标候选人资格。实验小学以建筑公司自动放弃中标资格为由，另确定第二中标候选人为中标人。

2013 年 10 月 22 日，建筑公司以公司资金周转困难为由向实验小学发函申请退还投标保证金。经协商，实验小学向建筑公司返还了保证金 60 万元。后该项目接受政府部门审计，审计部门认为该项目存在第一中标候选人放弃中标资格未按规定没收投标保证金的问题，实验小学应向建筑公司追索投标保证金。为此实验小学于 2014 年 7 月 15 日向建筑公司发函，要求其返还已退还的投标保证金。因建筑公司不同意退还，实验小学诉至法院。

法院认为：《招标投标法实施条例》第三十五条第二款规定，投标截止后投标人撤销投标文件的，招标人可以不退还投标保证金。故关于投标截止后投标人撤销投标文件的，招标人是否退还投标保证金，属于当事人意思自治的范围，招标人、投标人可以

协商解决。建筑公司在中标候选人公示期过后向实验小学申请放
弃中标资格，并申请退还投标保证金，实验小学表示同意并已实
际退还。双方对于投标保证金是否退还，已经达成合意并已实际
履行，且该退还行为亦不违反法律、行政法规的强制性规定，现
实验小学要求建筑公司返还该款，没有事实与法律依据，不予支持。

依照《招标投标法实施条例》第三十五条第二款之规定，法
院判决驳回实验小学的诉讼请求。

【分析】

1.投标人放弃中标资格的，招标人可以不退还其投标保证金，
也可以决定退还其投标保证金。投标保证金是招标人为了确保投
标人按照《招标投标法》等法律、法规以及招标文件规定，依法
参与投标活动、确保在中标后按照其投标文件签订合同而要求投
标人所交纳的保证金。是否交纳、交纳的形式及具体金额等，均
属于招标人意思自治的范畴，招标人可在招标文件中提出具体要
求。《招标投标法实施条例》第三十五条第二款明确规定："投
标截止后投标人撤销投标文件的,招标人可以不退还投标保证金"。
交纳的投标保证金属于对投标人的一种约束，制约的是投标人的
投标行为，保护的是招标人的利益。当投标人存在法律规定或招
标文件约定的可以不退还投标保证金的事由（如投标截止时间后
投标人撤销投标文件）时，是否退还投标保证金，属于招标人的
权利，正如前述《招标投标法实施条例》第三十五条的规定，其
使用了"可以不退还"字眼，本身就包含"可以退还"也可以"不
退还"之意，是否退还由招标人自主决定，并非"必须不退还"。

2.在投标人违反法律规定或者招标文件约定可以不退还其投
标保证金时，招标人决定退还投标保证金后，不得再反悔。虽然
招标人在投标人不依法履行自身的投标或签约义务时可以不退还
其投标保证金，但这种权利是属于私法上的权利,权利人可以行使,
也可以放弃。权利人一旦放弃行使权利，且放弃权利的意思表示

到达对方时，该民事法律行为即生效，对方因该放弃权利的行为免责。在招投标领域，当投标人有在投标截止后撤销投标文件等行为时，招标人本可以不退还投标保证金，但其自主决定退还投标保证金的，该意思表示到达投标人时即生效，之后不得再反悔追索该投标保证金。

在本案中，建筑公司参与投标并成为该项目的第一中标候选人，后放弃中标资格，招标人有权利不退还投标保证金，但这种权利为私法上的权利，在招标人与投标人进行协商后，放弃投标保证金，并已经实际退还，这种放弃的行为属于权利的灭失并立即生效。后招标人因其审计原因而要求投标人退回，是对其放弃权利行为的否定，因投标人不予认可而无效，故投标人可以拒绝交回对方已放弃的"投标保证金"。

【启示】

1.关于投标保证金不退还的情形，《招标投标法实施条例》有明确的规定，但法律规定的不退还情形往往不能完全覆盖现实需要，为保证招标人利益，招标文件可以对不退还投标保证金的情形补充作出约定（如中标人不按规定交纳招标代理服务费，在招标投标过程中存在串通投标、弄虚作假、行贿等违法行为），为后续操作提供明确的依据。

2.投标保证金由投标人交纳，用来单方面担保投标人按照其承诺的内容履行其投标及签约义务，仅约束投标人的行为。当投标人不按其承诺内容履行其义务时，无论主观上是否故意，招标人均有权决定是否退还投标保证金。如决定放弃扣留投标保证金权利的，则事后无权再向投标人追索投标保证金。

72 招标人可根据招标项目实际决定重新招标

【案情】

2012 年 2 月，某学校新建教学楼工程施工招标，中标候选人依次序分别为 C 公司、H 公司、B 公司。后 B 公司向有关部门反映第一、二中标候选人拟派项目经理均有在建工程，违反了招标文件关于项目经理不得有在建工程的规定，不符合中标条件。省发展改革委对该问题予以查实，并作出书面监督意见：招标人可以按中标候选人排序依次确定其他中标候选人为中标人，也可以重新招标。某学校据此重新进行招标。B 公司就此提起行政诉讼，法院判决认为省发展改革委并无相应职权对招标人如何确定中标人作出处理，判决撤销了监督意见书中的前述意见。B 公司又提起民事诉讼，要求某学校赔偿其损失。

双方争议焦点是对招标文件"5.3 如发生投诉争议等情况，经查实中标候选人存在违法、违规行为，不符合中标条件，且该行为在评标时无法发现和确认的，招标人可以在其他候选人中按照推荐的排序确定中标人"的理解不同。

B 公司认为：应结合招标文件上下条文进行解读。"5.4 当所有中标候选人经查实都存在违法、违规行为时，将重新组织招标"是 5.3 的延续。如果部分中标候选人存在违规行为也可以重新招标，那么 5.3 应当在"招标人可以在其他中标候选人中按照推荐的排序确定中标人"后加上"也可以重新组织招标"，但 5.3 并没有这样讲。并且 5.4 已经明确当所有中标候选人经查实都存在违法违规行为时，才重新组织招标，并没有赋予招标人在部分中标候选人存在违规行为时可以重新组织招标的权利。

而某学校认为：按文意解释方式，5.3 本意就是某学校可以在其他候选人中按照推荐的排序确定中标人，也可以重新招标。

法院审理认为：招标文件第 5.4 条仅是列举了重新招标的一种情形，招标文件第 8.1 条也列举了两种重新招标的情形，可见第 5.4 条并不是对重新招标的排他性规定。且招标文件并未将"经查实中标候选人存在违法、违规行为，不符合中标条件，且该行为在评标时无法发现和确认"这种情形直接列入重新招标的情形之一，而是将其处理方式表述为"招标人可以在其他候选人中按照推荐的排序确定中标人"，这正是授予招标人选择权的表现，即招标人衡量中标候选人的实力、报价等因素之后，可以选择"在其他候选人中按照推荐的排序确定中标人"也可以不选择"在其他候选人中按照推荐的排序确定中标人"，这正是契约自由的表现。故 B 公司对招标文件解读为招标人必须按中标候选人的排序确定中标人，是片面且错误的。而且，依据《招标投标法实施条例》第五十五条规定，对本案情形，招标人可以按照评标委员会提出的中标候选人名单排序依次确定其他中标候选人为中标人，也可以重新招标。因此，某学校选择重新招标也符合该条例的规定。

综上，B 公司基于对招标文件的误读，对订立合同产生了不应有的信赖，其损失并不是因为某学校违反先合同义务而造成的，故 B 公司要求某学校承担缔约过失责任，赔偿其损失的诉讼请求，缺乏事实和法律依据。法院最终判决驳回 B 公司的诉讼请求。

【分析】

对于国有资金占控股或者主导地位的依法必须进行招标的项目，当第一中标候选人因故不符合中标条件的，招标人有权自主决定重新招标或其他中标候选人依次递补中标。《招标投标法实施条例》第五十五条规定："国有资金占控股或者主导地位的依法必须进行招标的项目，招标人应当确定排名第一的中标候选人为中标人。排名第一的中标候选人放弃中标、因不可抗力不能履行合同、不按照招标文件要求提交履约保证金，或者被查实存在影响中标结果的违法行为等情形，不符合中标条件的，招标人可以按照评标委员会提出的中标候选人名单排序依次确定其他中标候选人为中标人，也可以重新招标。"本条规定比较明确，允许招标人根据招标项目实际，选择决定重新招标，或者依次确定后续中标候选人中标，这都是招标人的自主选择权。国有资金占控股或者主导地位的依法必须招标项目尚且如此，其他依法必须招标项目和非依法必须招标的项目应更为宽松，对这类项目，招标人在发出中标通知书前，当发生规定的情形导致排名第一的中标候选人不符合中标条件时影响中标结果的，招标人有权自主决定确定其他中标候选人为中标人，或者决定停止招标并分析相关原因后重新组织招标，采取哪种方式处理的决定权在招标人，并不限制招标人必须从其他中标候选人中依排序递补确定中标人。

处理本案的关键就在于对《招标投标法实施条例》第五十五条及招标文件的准确理解。如前所述，《招标投标法实施条例》的规定明确无误。本案的争议焦点就在于根据招标文件的规定，某学校是否可以在部分中标候选人违法、违规的情况下重新组织招标。

笔者认为，投标人应按照通常的认识理解招标文件。招标文件5.3规定了投标人有违法、违规行为时可以重新招标的情形，而5.4只是将一种可以重新招标的情形进行了明确，并不是B公司主张的只有当所有中标候选人都存在违法、违规行为时，才能重新组织招标。从严格意义上讲，招标文件仅是一种具有约束力的要约邀请，尚不构成双方当事人共同一致的约定，对招标文件个别条款发生的争议，只能按照通常的理解作出合理的解释。B公司对招标文件相关条款的理解发生偏差，意图使招标人"重新招标"的选择权受到更多的束缚和限制，并无法律依据。况且，招标文件5.3只是规定"可以"在其他中标候选人中确定中标人，而未规定"应当"或者"必须"在其他中标候选人中确定中标人，赋予招标人选择权，招标人也可以重新招标。

综上，结合《招标投标法实施条例》第五十五条及招标文件的 5.3、5.4 等条款来说，都只能说中标候选人存在违法、违规行为，不符合中标条件的，招标人既可以在其他候选人中确定中标人，也可以重新招标。

【启示】

1.《招标投标法实施条例》第五十五条中规定，招标人"可以"在其他候选人中确定中标人，而不是"应当"，其并未排除在部分中标候选人存在不符合中标条件时，招标人可自主决定重新招标，除非招标文件另明确规定"应当在其他中标候选人中确定中标人"。

2. 招标文件作为主导招标投标活动的核心法律文件，应当体例安排逻辑性强，内容系统完整，文字表述明确无异议。投标人在投标时应当认真研究招标文件，准确、全面理解招标文件的规定，防止出现歧义、偏差。投标人对招标文件若存有异议或疑惑，应当在法定的时间内向招标人提出，要求解惑答疑。

73 中标候选人弃标另选中标人对招标人不利时，宜重新招标

【案情】

某国有投资建设项目，总投资 1.8 亿元。经评标委员会评审，推荐综合得分排名前三的甲公司、乙公司和丙公司为中标候选人，甲、乙、丙三家公司的投标报价分别为 1.5 亿元、1.7 亿元和 1.58 亿元。

评标结果公示期间，甲公司宣布放弃中标。招标人对此作出如下处理：选择排名第二的乙公司为中标人，不退还甲公司递交的 80 万元保证金，同时要求甲公司赔偿甲乙两家企业之间的报价

差额。

对此处理意见，有以下两种不同观点。

第一种观点认为：根据《招标投标法实施条例》第五十五条"……排名第一的中标候选人放弃中标……招标人可以按照评标委员会提出的中标候选人名单排序依次确定其他中标候选人为中标人，也可以重新招标"的规定，排名第一的甲公司放弃中标后，招标人有权选择排名第二的乙公司为中标人。同时，由于招标人选择乙公司为中标人后，增加了2000万元履约支出，而甲公司的保证金不足以弥补招标人的履约支出损失，故甲公司应当支付扣除保证金外的价差赔偿。

第二种观点认为：按照《工程建设项目施工招标投标办法》第五十八条"排名第一的中标候选人放弃中标……招标人可以按照评标委员会提出的中标候选人名单排序依次确定其他中标候选人为中标人。依次确定其他中标候选人与招标人预期差距较大，或者对招标人明显不利的，招标人可以重新招标"的规定，甲公司与乙公司的投标报价差价2000万元，数额较大且要求甲公司补足价差的法律依据不足，明显对招标人不利，应重新招标。

【分析】

上述两种观点本质上并无太大差异，均认同排名第一的中标候选人放弃中标时，招标人有权选择排名其后的中标候选人中标，也有权选择重新招标。分歧在于：在本案所述情形下，对招标人而言，上述两种选择何为更优选择。而何为更优选择的判定，实则聚焦于招标人是否能获得价差赔偿：如果能，选择第二名为中标人，既提高了效率，也保障了资金节约率；如果得不到价差赔偿，招标人要多付出2000万元，与招标人的预期差距较大，对招标人明显不利，这时重新招标是最好的选择。

一般认为，招标人虽可以向甲公司主张价差赔偿，但从法学理论和司法实践两个层面分析，招标人的这一主张得到支持的可能性不大。主要理由如下：

首先，第一中标候选人在公示期间放弃中标，其应当承担的是缔约过失责任。缔约过失责任的承担，一般以给对方造成的信赖利益损失为限，而不包括可期收益。

其次，虽然《合同法》确定立了缔约过失责任制度，但其对缔约过失责任的损害赔偿范围仍未予以明确，由于合同履行可期收益较难界定，司法实践中对该类损失的赔偿主张大多不予支持。就本案而言，由于工程项目合同履约结果受到诸多因素影响，合同履行结束后，招标人是否最终必须多付出 2000 万元并不确定。因此，类似于本案这类可期收益的索赔主张，在诉讼过程中恐怕难以得到支持。

再次，如果招标人可以得到赔偿，则招标人选择第二中标候选人为中标人无疑将是最好的选项，《招标投标法实施条例》第五十五条和《工程建设项目施工招标投标办法》第五十八条"确定其他中标候选人与招标人预期差距较大，或者对招标人明显不利"的法律规定将在一定程度上失去现实依据，从这一角度看，该法条在立法时，应考虑到了招标人无法得到价差赔偿的情况。

国家发展和改革委员会法规司等编著的《中华人民共和国招标投标法实施条例释义》中对《招标投标法实施条例》第五十五条释义如下："本条虽然赋予了招标人选择权，但招标人要理性行使这一权利。在其他中标候选人符合中标条件，能够满足采购需求的情况下，招标人应尽量依次确定中标人，以节约时间和成本，提高效率。当然，在其他中标候选人与采购预期差距较大，或者依次选择中标人对招标人明显不利时，招标人可以选择重新招标。例如，排名在后的中标候选人报价偏高，或已在其他合同标段中标，履行能力受到限制，或同样存在串通投标等违法行为等，招标人可以选择重新招标。"据此，本案例招标人选择乙公司比甲公司高出 2000 万元的较大差价，而获得价差赔偿的可能性不大，可视为依序选择中标人对招标人明显不利，选择重新招标更为适宜。

【启示】

1. 建议取消《工程建设项目施工招标投标办法》第三十七条关于投标保证金"最高不得超过八十万元人民币"的限定，既可以加大第一中标候选人的弃标成本，也可有效保护招标人的合法利益。同时建议各地立法还应当加大第一中标候选人无正当理由放弃中标时的处罚力度，从严查处相对人的围标串标或其他违法违规行为，同时通过完善市场诚信体系建设等手段，让此类现象失去滋生土壤。

2. 关于第一中标候选人放弃中标，可能给招标人带来的损失补偿方面，由于现行法律规定尚不明确和细化，建议招标人通过在招标文件中约定相应责任追究方式以维护自己的合法权益。

74 招标人有权决定重新招标还是依序递补中标

【案情】

发电公司就电厂扩建项目 2×660MW 超临界 W 火焰燃煤机组第一批辅机设备静电除尘器项目（经国家发改委核准）招标，第一、二、三中标候选人分别为 T 公司、F 公司、Z 公司。Z 公司举报："T 公司没有环保工程设计乙级资质，不符合本次招标的资质要求，更不可能成为中标人。第二名也不具备投标资格。" 2013 年 11 月 13 日，T 公司向发电公司发函，称其愿意放弃第一中标候选人资格。

2013 年 11 月 21 日，发电公司经请示市招标办同意进行复核评审，原评标委员结论为"建议重新招标。"发电公司据此答复 Z 公司："对贵司质疑，我司积极组织核实，期间收到第一中标候选人 T 公司递交的放弃中标资格的书面文件。根据《招标投标法实施条例》第五十五条规定，我司决定重新招标。"

Z 公司向市发改委投诉，市发改委书面回复同意发电公司重新招标的决定。Z 公司不服，起诉至法院请求撤销该回复。

法院认为，招标文件明确规定："若第一中标候选人因故放弃中标，或者未能在招标文件规定的期限内提交履约保证金的，或第一中标候选人被取消中标资格的，招标人可以确定第二中标候选人替补为第一中标候选人，依次类推。或按《招标投标法实施条例》第五十五条规定重新招标。"本案中，Z 公司投诉后，第一中标候选人函告发电公司愿意放弃第一中标候选人资格，应属招标文件规定的"第一中标候选人因故放弃中标"的情形，该规定赋予了招标人选择的权利，不违反《招标投标法实施条例》第五十五条和《工程建设项目货物招标投标办法》第四十八条的规定。

关于本案是否适用《××市招标投标条例》第三十七条第二款关于"排名第一的候选人放弃中标或因不可抗力不能履行合同，或未依据招标文件在规定期限内提交履约保证金的，招标人应当确定排名第二的候选人为中标人。排名第二的候选人因前述原因不能签订合同的，招标人应当确定排名第三的候选人为中标人。排名前三名的中标候选人均不能签订合同的，应当重新招标"的规定的问题。因《××市招标投标条例》自 2009 年 1 月 1 日起实施，而《招标投标法实施条例》自 2012 年 2 月 1 日起施行，同时，《工程建设项目货物招标投标办法》于 2013 年经国家发展改革委等九部委令第 23 号修改，结合本案实际，本案应优先适用《招标投标法实施条例》和《工程建设项目货物招标投标办法》。因此，市发改委作出的关于电厂扩建项目招投标投诉有关问题的回复并无不当。

综上，法院判决驳回 Z 公司的诉讼请求。

【分析】

1.法律适用上,上位法优于下位法。根据《立法法》第八十七条、第八十八条、第八十九条规定,宪法具有最高的法律效力;法律的效力高于行政法规、地方性法规、规章;行政法规的效力高于地方性法规、规章;地方性法规的效力高于本级和下级地方政府规章。这些也是在招投标活动中,对同一事项出现不同层级的立法都有规定,且不一致时,如何适用法律的基本原则。在本案中,《××市招标投标条例》第三十七条与《招标投标法实施条例》第五十五条存在冲突。按照前者规定,第一、二名不符合中标资格的,第三名中标候选人自然递补中标;但依据后者规定,第三名并不必然递补中标,招标人也可决定重新招标,二者不一致,如何适用法律呢?因《××市招标投标条例》是地方性法规,《招标投标法实施条例》是行政法规,根据《立法法》第八十八条关于行政法规的效力高于地方性法规、规章的规定,本案应优先适用《招标投标法实施条例》第五十五条规定,即招标人可以重新招标。

2.招标人有权决定重新招标还是依序递补中标。《招标投标法实施条例》第五十五条规定:"国有资金占控股或者主导地位的依法必须进行招标的项目,招标人应当确定排名第一的中标候选人为中标人。排名第一的中标候选人放弃中标、因不可抗力不能履行合同、不按照招标文件要求提交履约保证金,或者被查实存在影响中标结果的违法行为等情形,不符合中标条件的,招标人可以按照评标委员会提出的中标候选人名单排序依次确定其他中标候选人为中标人,也可以重新招标。"《工程建设项目货物招标投标办法》第四十八条也规定:"国有资金占控股或者主导地位的依法必须进行招标的项目,招标人应当确定排名第一的中标候选人为中标人。排名第一的中标候选人放弃中标、因不可抗力提出不能履行合同、不按照招标文件要求提交履约保证金,或者被查实存在影响中标结果的违法行为等情形,不符合中标条件的，招标人可以按照评标委员会提出的中标候选人名单排序依次确定其他中标候选人为中标人。依次确定其他中标候选人与招标人预期差距较大，或者对招标人明显不利的，招标人可以重新招标。"也就是说，是递补中标还是重新招标，由招标人判断是否"确定其他中标候选人与招标人预期差距较大"之后再决定。本案中，发电公司公布的招标文件也允许招标人决定后续中标候选人递补中标或重新招标。因此，当第一中标候选人 T 公司放弃中标资格，发电公司有权决定重新招标，符合法律规定，也符合招标文件规定，并不是 Z 公司主张的第一、二中标候选人不符合投标资格的，其自然就是中标人。

【启示】

1. 国家及地方层面规范招标投标活动的立法及规范性文件数量庞杂，对于同一问题，各立法文件规定不一致甚至相互矛盾时，就涉及的法律适用问题，此时应依据《立法法》的规定，按照法律效力高低决定优先适用哪一项立法。如《招标投标法》的法律效力高于《招标投标法实施条例》；《招标投标法实施条例》的法律效力高于《工程建设项目货物招标投标办法》等部门规章，也高于各省、自治区、直辖市规范招标投标的地方性法规和政府规章。

2. 中标候选人公示期间，投标人和其他利害关系人均有提出异议的权利。当中标候选人的经营、财务状况发生较大变化或者存在违法行为，例如招标人发现中标候选人可能存在虚假投标、资质不符合规定、履约能力不足等，认为可能影响其履约能力的，应当在发出中标通知书前由原评标委员会按照招标文件规定的标准和方法审查确认。针对投标人、其他利害关系人对评标结果提出的异议，属评标委员会评审错误的，招标人可组织原评标委员会进行核实。

75 唯一中标候选人弃标招标人应重新招标

【案情】

某房地产公司发布了住宅小区前期物业服务招标文件，约定的定标原则为："（1）根据投标企业价格标、商务标、技术标、现场答辩四项总分之和，从高到低排序，由评标委员会推荐标明顺序的第1名为中标候选人。（2）若确定中标的中标候选人放弃中标或者因不可抗力提出不能履行合同的，招标人可以依序确定其他中标候选人为中标人。（3）在投标过程中有违反招标文件规定，提出虚假资料或采取不正当竞争手段的，招标人有权取消中标人的中标资格。"

K物业公司参加投标，并缴纳了5万元投标保证金。评标结果为L物业公司列第一中标候选人，K物业公司第二，L物业公司中标。K物业公司举报L物业公司在投标中存在违规行为。后经相关部门查实，L物业公司提供的部分资料不实，取消了L物业公司的中标资格。K物业公司认为现在取消一家投标资格后，招标、投标、开标、评标和中标仍然合法有效，K物业公司应当为当然中标人。但房地产公司另行组织招标确定了中标人。双方为此发生纠纷。

K物业公司起诉，请求判令房地产公司按照缴纳的保证金一倍赔偿K物业公司5万元。

法院认为：根据房地产公司招标文件中约定的定标原则，规定中标候选人仅为一人，且规定当中标的中标候选人放弃中标或者因不可抗力提出不能履行合同的，招标人可以依序确定其他中标候选人为中标人，并没有规定当中标候选人被取消中标资格后，招标人必须依序确定其他中标人。因此当L物业公司被取消中标资格后，房地产公司重新招标并没有违反招标文件的规定。K物业公司以房地产公司违反了《招标投标法实施条例》第七十三条的规定，不按照规定确定中标人，要求房地产公司承担按缴纳的保证金一倍赔偿 5 万元，没有依据。此外，K 物业公司与房地产公司之间也不存在《合同法》第四十二条规定的缔约过失情形。综上，法院判决驳回 K 物业公司的诉讼请求。

【分析】

处理本案的关键在于原中标候选人被取消中标资格后，招标人是否应当从排序在后的其他投标人中重新确定中标人，排名第二的 K 物业公司是否就当然为中标人？答案是否定的。

从现行法律规定来看，排名第一的中标候选人被取消中标资格后，招标人有权决定重新招标。《招标投标法》第五十四条第一款规定："投标人以他人名义投标或者以其他方式弄虚作假，骗取中标的，中标无效，给招标人造成损失的，依法承担赔偿责任；构成犯罪的，依法追究刑事责任"；第六十四条规定："依法必须进行招标的项目违反本法规定，中标无效的，应当依照本法规定的中标条件从其余投标人中重新确定中标人或者依照本法重新进行招标。"《招标投标法实施条例》第五十五条规定："国有资金占控股或者主导地位的依法必须进行招标的项目，招标人应当确定排名第一的中标候选人为中标人。排名第一的中标候选人放弃中标、因不可抗力不能履行合同、不按照招标文件要求提交履约保证金，或者被查实存在影响中标结果的违法行为等情形，不符合中标条件的，招标人可以按照评标委员会提出的中标候选人名单排序，依次确定其他中标候选人为中标人，也可以重新招标。"

从前述法律规定来看，《招标投标法》及其实施条例并未强制性规定，在中标无效的情况下招标人必须从其余投标人中重新确定中标人，或者必须重新招标，而是赋予了招标人自主选择权。对于依法必须招标项目尚且如此，对于不是依法必须招标的项目更不应作限制，招标人可以重新招标，也可以重新确定中标人，还可以取消招标项目或者采用非招标方式采购。结合本案来看，房地产公司招标文件并未规定在中标无效的情形下，应当从其他投标人中重新确定中标人。因此，招标人有权决定重新招标。

从本案实际情况来看，招标人无法从其他投标人中重新确定中标人。《招标投标法》第四十条中规定："评标委员会完成评标后，应当向招标人提出书面评标报告，并推荐合格的中标候选人。招标人根据评标委员会提出的书面评标报告和推荐的中标候选人确定中标人。招标人也可以授权评标委员会直接确定中标人。"《招标投标法实施条例》第五十三条补充规定："评标完成后，评标委员会应当向招标人提交书面评标报告和中标候选人名单。中标候选人应当不超过3个，并标明排序。"

可见，评标结束评标委员会应当推荐中标候选人，中标候选人为1～3人，招标人决定的中标人只能从推荐的中标候选人中产生。结合本案可知：中标人只能从推荐的中标候选人中产生。重新确定中标人的前提是，评标委员会推荐的中标人候选人不少于2名，在第1名中标资格被取消后，其他中标候选人才有被选择依序递补中标的可能。而本案中，招标文件规定评标委员会只推荐了排序第一的投标人为中标候选人，K物业公司并未被推荐为中标候选人，并无第二名中标候选人可供选择。因此本案招标人选择其他投标人为中标人无现实可能性。

综上，本案中，招标人在取消原定中标人资格的情况下重新招标并无不妥，既符合法律规定，也符合招标文件约定。

【启示】

对于招标人而言，发现中标候选人有弄虚作假行为的，有权依法取消其中标资格；之后，有权根据评标结果和招标项目的实际，自主决定重新招标还是从其他中标候选人中重新确定中标人。一般情况下，在其他中标候选人符合中标条件、能够满足采购需求的情况下，招标人可依序确定中标人。当其他中标候选人与采购预期差距较大、选择其他投标人为中标人时对招标人明显不利（如排名在后的中标候选人报价偏高、履约能力受限）时，招标人可选择重新招标。

招标人决定从其他中标候选人中重新确定中标人，当评标委员会推荐了 2 名以上中标候选人的，招标人可以从剩余的中标候选人中确定中标人（如果是依法必须招标项目，必须依照排序依次递补确定中标人）。如果仅推荐 1 名中标候选人且已被取消中标资格的，则不得从其他投标人中重新确定中标候选人，而只能重新招标。

76 符合承诺构成要件的预中标通知书具有承诺效力

【案情】

2012 年 3 月 28 日，某锅炉公司向某建设集团等公司发出机组脱硝土建、安装工程项目投标邀请。招标文件第 6.1 条规定，投标人收到预中标通知后，派代表与招标人进行合同谈判，若此时投标人提出招标人不能接受合同条件以外的要求，招标人可以取消其中标资格，并没收投标保证金。

同年 4 月 9 日，建设集团交纳了 50 万元投标保证金并投标，报价为 1228 万元。同月 19 日，锅炉公司以电子邮件形式向建设集团发送《关于预中标事宜》，其中载明"我公司将尽快向贵公司补发预中标通知书和补签合同。为确保项目执行进度，请贵公司在收到本传真后立即执行合同内容"。4 月 20 日，建设集团通过电子邮件向锅炉公司发送《关于工程造价调整请求》，要求将报价变更为 1450 万元。锅炉公司于当天通过电子邮件向建设集团发送《关于预中标事宜》，通知建设集团不同意对投标报价进行调整，要求建设集团签订合同并积极履行，否则将取消其中标资格，没收投标保证金。同日，锅炉公司再次通过电子邮件向建设集团发送《关于预中标事宜》，告知建设集团截至 17 时 30 分，未收到建设集团的任何书面回复信息，决定取消该公司中标资格，没收其投标保证金。建设集团不服，提起诉讼，请求判令锅炉公司退还其投标保证金及利息。

法院认为：锅炉公司对该工程的招标投标进行评标后，确定建设集团以投标总价 1228 万元作为该工程的中标单位，并在 2012 年 4 月 19 日以电子邮件的形式向建设集团发出了《关于预中标事宜》。该《关于预中标事宜》的意思表示就是通知建设集团已经中标，并要求建设集团收到该电子邮件后立即执行合同内容，因此该《关于预中标事宜》的实质就是中标通知。因此锅炉公司确定建设集团中标并向建设集团发出中标通知是承诺，且建设集团作为要约人在致锅炉公司的"投标书"中承诺该要约是不可撤销的，所以招标投标文件应认定为双方当事人的真实意思表示，不违反国家法律法规的强制性规定，因此双方的合同关系成立，应合法有效，双方均应按招标投标文件的内容履行各自的权利义务。

根据《招标投标法》第四十五条、《招标投标法实施条例》第七十四条规定，建设集团在收到锅炉公司的中标通知后，应按招标文件规定履行合同内容，而建设集团不但未与锅炉公司签订书面合同也不按招标文件规定履行合同，反而要求锅炉公司增加中标报价，该行为是对招标文件实质内容的重大修改。锅炉公司在明确拒绝其调价要求，并再次限期其书面回复未果的情况下，决定取消建设集团的中标资格，并不予退还投标保证金，符合法律规定。

综上，法院判决，驳回建设集团的诉讼请求。

【分析】

1.招标人向投标人发出的《关于预中标事宜》符合承诺的构成要件，其实质就是中标通知书。招标投标是招标人采取招标邀请或者招标公告的方式发出要约邀请，以吸引投标人投标（要约），并从中择优选择交易对象（承诺）的交易方式。《合同法》第十四条规定："要约是希望和他人订立合同的意思表示"；第十五条规定："要约邀请是希望他人向自己发出要约的意思表示"；第二十一条规定："承诺是受要约人同意要约的意思表示"。结合本案，锅炉公司发出的机组脱硝土建、安装工程投标邀请是要约邀请，建设集团进行投标是要约，但锅炉公司向建设集团发出的是《关于预中标事宜》的书面通知，使用"预中标"字眼不是"中标通知"，是否具有承诺的效力？

判断《关于预中标事宜》通知是否具有承诺的效力，应依据该通知的内容是否具备合同法规定的承诺的构成要件来判断。合同法上的"承诺"，应具备以下要件：一是承诺必须由受要约人作出；二是承诺须向要约人作出；三是承诺的内容须与要约保持一致，受要约人在承诺中对要约的实质内容加以扩张、限制或者变更的，视为对要约的拒绝；四是承诺必须在要约的有效期内作出。结合本案来看，建设集团向锅炉公司提交投标文件（要约）以后，锅炉公司在投标有效期内向建设集团发出《关于预中标事宜》通知，其意思明白无误地表明建设集团已经中标，并要求其收到该通知后立即执行合同内容，缔结合同的意思表示清晰明白，因此该通知实质就是中标通知书，就是招标人作出的承诺。其后，建设集团变更报价的新要约为招标投标法所禁止，锅炉公司亦对此未作出任何承诺。

2.因中标人原因未能签订合同的，招标人有权取消其中标资格并不退还投标保证金。《招标投标法》第四十五条规定："中标人确定后，招标人应当向中标人发出中标通知书，并同时将中标结果通知所有未中标的投标人。中标通知书对招标人和中标人具有法律效力。中标通知书发出后，招标人改变中标结果的，或者中标人放弃中标项目的，应当依法承担法律责任。"结合《招标投标法实施条例》第五十七条规定，中标通知书发出之后，招标人和中标人都有义务按照招标文件和中标人的投标文件签订合同，合同的标的、价款、质量、履行期限等主要条款应当与前二者的内容一致，任何一方拒绝签订合同或者提出新的条件企图变更中标结果实质性内容的，都应承担法律责任，《招标投标法实施条例》第七十四条对此规定："中标人无正当理由不与招标人订立合同，在签订合同时向招标人提出附加条件，或者不按照招标文件要求提交履约保证金的，取消其中标资格，投标保证金不予退还。"在本案中，建设集团收到锅炉公司的中标通知后，应按招标文件规定履行合同内容，而建设集团不但未按招标文件规定履行，反而要求锅炉公司增加中标价格，其行为是对投标文件实质内容的重大修改，经锅炉公司催促仍不纠正按照原条件进行签约，根据前述规定，锅炉公司有权取消其中标资格，并不予退还投标保证金。

【启示】

1. 招标人在决定中标人以后，应当向中标人发出书面的中标通知书。该中标通知书的标题应当用词规范、简洁明了，明确标明"中标通知"字样为妥，勿使用类似本案"预中标通知"等用词不准确、容易引起误解争议的表述；其内容应当明确表明招标人将按照中标结果与中标人签订合同，一般包括招标项目、中标人名称、中标金额、签订合同的办法等内容。

2. 根据《招标投标法》等相关法律规定，投标人在投标截止以后，不得再提出变更其投标文件实质性内容的新交易条件。如果投标人中标后又变更其投标文件的实质性内容或提出为招标人不能接受的新的交易条件，将可能被招标人取消其中标资格并丧失投标保证金。

77 中标通知书应由招标人确定并核发

【案情】

建筑公司参与了药业公司科研质检楼建设工程招投标活动，经评标委员会评议被确定为中标单位，但没有证据证明有招标人要求评标委员会确定中标人的授权。之后，市建设工程招标投标管理办公室给建筑公司出具了"中标通知书"，但药业公司认为建筑公司没有合法的投标资格，不具备履约能力，不同意确定建筑公司为中标人，并拒绝签订书面合同。为此，建筑公司认为药业公司有违诚实信用，向法院提起诉讼，请求判令药业公司赔偿因缔约过失给建筑公司造成的损失 8000 元。

法院认为：招标投标作为一种特殊的签订合同的方式，招标公告应属要约邀请，而投标是要约，招标人选定中标人，应为承诺，承诺通知到达要约人时生效，承诺生效时合同成立。本案中的中标通知书因未经招标人同意，不应视为承诺通知，而中标是合同是否成立的标志，建筑公司未中标即表明合同尚未成立，故双方之间的招投标活动应属合同订立过程，应按照《招标投标法》的规定进行。

建筑公司主张药业公司有违诚实信用，应承担缔约过失责任。根据《合同法》第四十二条关于对在订立合同过程中的恶意谈判、欺诈和其他违背诚信原则的行为适用缔约过失责任的规定，缔约过失责任采用的是过错责任原则。缔约过失责任应具备三个构成要件，针对本案分析如下：（1）药业公司是否违反先合同义务。《招标投标法》第七条、第四十条、第四十五条规定：行政监督部门应依法对招投标活动实施监督并查处违法行为；招标人根据评标委员会提出的书面评标报告和推荐的中标候选人确定中标人，也可以授权评标委员会直接确定中标人；中标人确定后，应由招标人核发中标通知书。但药业公司不授权评标委员会直接确定中标人，也不同意在评标委员会推荐的中标候选人中确定建筑公司为中标人，不给建筑公司核发中标通知书，均应是药业公司的权利；建筑公司没有举出证据证明药业公司有违反先合同义务的情形。（2）药业公司主观上并无过错，建筑公司并未举出证据证明药业公司有仅为自己利益而故意隐瞒与订立合同有关的重要事实或提供虚假情况的过失存在，不能构成缔约过失责任。（3）建筑公司请求赔偿的8000元损失中仅有2700元的费用票据合法，且2700元也不完全属于一种信赖利益的损失，即一方实施某种行为后，另一方对此产生了信赖（如相信其会订立合同），并因此而支付了一定的费用，因一方违反诚信原则使该费用不能得到补偿。本案中建筑公司提出的在招投标活动中所支出的费用2700元部分，只有公证费300元可认为是一种信赖利益的损失，其余均是建筑公司在招投标活动中的正常开支，即建筑公司在开支这些费用时并不能相信其定会中标，且都属药业公司在招标文件中明示不予承担的费用范围。综上所述，建筑公司诉称要求药业公司承担缔约过失责任因并不同时具备以上三个要件，不应支持。

法院判决驳回建筑公司要求药业公司承担缔约过失责任，并赔偿损失8000元的诉讼请求。

【分析】

1. 中标通知书应由招标人发出或者授权招标代理机构发出。《招标投标法》第四十条规定："招标人根据评标委员会提出的书面评标报告和推荐的中标候选人确定中标人。招标人也可以授权评标委员会直接确定中标人。"第四十五条规定："中标人确定后，招标人应当向中标人发出中标通知书，并同时将中标结果通知所有未中标的投标人。"确定中标人和发出中标通知书都是招标人作出承诺的意思表示，不管是招标人自行进行定标，还是委托评标委员会定标，确定中标人后，都应当由招标人向中标人发出中标通知书。《合同法》第二十一条规定了"承诺是受要约人同意要约的意思表示"，也就是说，承诺只能由受要约人也就是招标人作出，当然招标人可以委托其代理人也就是招标代理机构或者其他人向要约人传达其作出的承诺的意思表示。实践中，中标通知书往往以招标人的名义发出，加盖招标人的公章，也可以招标人和招标代理机构或其他代理人联合发出，加盖二者公章。招标人和招标代理机构、其他代理人是委托代理关系，在招标人授权的情况下，也可以由招标代理机构或其他代理人单方发出中标通知书。

2. 评标委员会在未获得招标人授权的情况下无权确定中标人，招标代理机构或其他代理人在未获得招标人授权的情况下发出的中标通知书对招标人也不发生法律效力。根据《合同法》第四十八条规定，行为人没有代理权、超越代理权或者代理权终止后以被代理人名义订立的合同，未经被代理人追认，对被代理人不发生效力，由行为人承担责任。结合招标代理行为来说，评标委员会是由招标人组建专司评审的专门机构，应当按照招标投标法赋予的权利和招标文件规定的评标标准和方法进行评审、推荐中标候选人，经招标人授权也可以代为确定中标人，但超越该权限确定的中标人结论无效。同理，招标人如果授权其他单位或个人发出中标通知书，也是可以的，但必须有明确的授权内容。招标代理机构或其他代理人在代理权限范围内从事招标活动，所造成的法律后果由被代理人即招标人承担；在没有代理权、超越代理权或代理权已终止的情况下的任何行为所造成的后果，应由招标代理机构或其他代理人自行负责，如给招标人或投标人造成损失，则还应当承担赔偿责任。

综上，在本案中，在没有证据证明招标人授权评标委员会确定中标人的情况下，评标委员会提出了中标人名单，市建设工程招标投标管理办公室也是在未经招标人明确授权的情况下向建筑公司出具了"中标通知书"，都超越了代理权限，事后招标人药业公司又不予追认，则该中标通知书对招标人不发生法律效力，其有权拒绝签订合同。且在招投标过程中其没有过失或过错，故不应承担缔约过失责任。市建设工程招标投标管理办公室没有其下发中标通知书已事前取得招标人的授权委托书或者事后取得招标人的同意的相关证据，其行为可以被认定为超越代理权限进行代理，由此造成的损失由其自行承担。需要说明是，本案例是在招标投标过程中发生的纠纷，由于没有签订合同，故应当属于缔约过失责任纠纷，过错方承担的也是缔约过失责任。

【启示】

确定中标人是招标人天然的权利，可以授权评标委员会确定中标人。如果委托评标委员会定标的，应当在招标文件中对此作出明确规定。中标通知书应由招标人发出，招标代理机构只能在招标人明确授权的情况下以自己的名义发出中标通知书，该授权的内容可以在招标代理合同中载明，可以由招标人出具授权委托书载明相应内容，也可以在招标文件中对中标通知书的签发作出具体规定，没有规定的，视为中标通知书只能由招标人发出。即使是评标委员会定标，也应由招标人或授权招标代理机构签发中标通知书。

78 拒绝发放中标通知书应当承担缔约过失责任

【案情】

某火力发电厂对本厂热电联产供热管网工程进行招标。经过开标、评标，评标委员会出具了评标报告，推荐某防腐工程公司为中标候选人。

某火力发电厂给某防腐工程公司发传真，载明因某防腐工程公司投标报价高出本厂预算价，且差距较大，邀请某防腐工程公司派全权代表协商投标价变更事宜，若某防腐工程公司无意对其投标价作出修改，则视为放弃中标候选人资格。于是，某防腐工程公司致函某火力发电厂，对投标价修改表示了异议，并派出主管领导作为全权代表到某火力发电厂磋商相关问题。因双方差距较大，某防腐工程公司难以接受某火力发电厂大幅度降低报价的要求，故双方未能就工程价款协商达成一致意见，也就未签订建设工程施工合同。后某火力发电厂退回了某防腐工程公司的投标保证金、图纸押金，并将该工程发包给其他公司。

某防腐工程公司以某火力发电厂违约为由向人民法院起诉，认为自己是唯一中标候选人，投标方案经招标人选中即为承诺，双方合同关系已经成立，某火力发电厂却违约将工程发包给他人，故应赔偿其可得利益损失80万元。

某火力发电厂辩称合同关系并未成立，某防腐工程公司并未收到中标通知书，某防腐工程公司退回施工图纸领走投标保证金和图纸押金的行为，表明已主动放弃中标候选人资格，故其诉请应予驳回。

法院认为，评标委员会已确定某防腐工程公司为唯一合法中标候选人，招标人应确定某防腐工程公司为中标人并发出中标通知书，但某火力发电厂却未发出中标通知书，存有过错，某防腐工程公司基于对某火力发电厂的信任而遭受了损失，某火力发电厂应承担缔约过失责任，判决某火力发电厂赔偿某防腐工程公司损失 10 万元。

【分析】

1. 推荐中标候选人不等于确定中标人，更不能意味着双方建立了合同关系。根据《招标投标法》第四十五条规定，中标人确定后，招标人应当向中标人发出中标通知书。中标通知书对招标人和中标人具有法律约束力。从合同订立的角度讲，中标通知书是招标人对中标人作出的承诺。《合同法》第二十五条规定："承诺生效时合同成立"。中标通知书发出后招标人与中标人还要签订书面合同，这是因为招投标程序和合同履行过程比较长，合同内容比较复杂，招标人和中标人有必要通过签订书面合同确认合同内容，补充完善有关合同履行的细节，因此按照招标文件和中标人的投标文件订立书面合同是合同生效的特别要件。

本案例中，某防腐工程公司主张某火力发电厂确定其为唯一合法有效中标候选人，即为中标人，双方之间的合同关系已经成立，某火力发电厂在约定之外又将工程发包给他人，既违法又违约，应赔偿损失，实际上错误地认为推荐中标候选人就是确定了中标人。根据《招标投标法》规定，评标委员会的职责只是对投标文件进行评审，并依据评审结果推荐中标候选人，还需招标人依据评标报告从推荐的中标候选人中择优选择中标人，招标人也可以授权评标委员会代其确定中标人。本案仅仅是评标委员会推荐了中标候选人，尚未确定中标人，招标人尚未作出"承诺"，也就尚未形成签订合同的前提条件。只有招标人定标确定中标人并向中标人发出中标通知书之时，才能认定为招标人作出了承诺，且根据《招标投标法》第四十六条规定双方订立书面合同后，才形成具有约束力的合同。如果招标人迟迟不发中标通知书，违反诚实信用原则，投标人有权就其信赖利益损失要求招标人承担缔约过失责任。因此，某防腐工程公司主张合同成立，没有事实和法律依据。

2. 招标人未依法定标，应当承担缔约过失责任，赔偿投标人的损失。《招标投标法》规定招标人应当依法发出中标通知书并与中标人签订合同，《招标投标法实施条例》第七十三条规定了招标人不依法确定中标人的责任，即：依法必须进行招标的项目的招标人有下列情形之一的，由有关行政监督部门责令改正，可以处中标项目金额10‰以下的罚款；给他人造成损失的，依法承担赔偿责任；对单位直接负责的主管人员和其他直接责任人员依法给予处分：（一）无正当理由不发出中标通知书；……"另外，《招标投标法》第四十三条规定："在确定中标人前，招标人不得与投标人就投标价格、投标方案等实质性内容进行谈判。"在订立合同时，招标人向中标人提出附加条件，容易造成中标人受胁迫而签订合同，或者无法接受招标人不合理的要求而放弃中标资格，这都会损害中标人的利益，招标人有权拒绝并要求赔偿。

【启示】

招标人应当按照评标委员会提交的评标报告和推荐的中标候选人名单及其顺序确定中标人，不得擅自决定不确定中标人而终止招标。招标人不得与中标候选人就降低报价、提供更多优惠条件进行谈判，不得将中标候选人接受其超出招标文件要求和中标人的投标文件实质性响应的内容范围提出的条件作为中标的前提条件。对此投标人有权拒绝，且就其拒绝签约可以向行政监督部门进行投诉举报要求查处，也可以起诉要求法院判令其承担赔偿责任来维权。

79 严格限制招投标活动中的保证金类型

【案情】

2012 年，某投资公司在某公路路面提升改造工程招标文件中载明"保证金 56 万元，其中信誉保证金 40 万元（用于保证不围标、不串标、不挂靠、不提供虚假资料等行为），投标保证金 16 万元。如投标人有下列情况，其投标保证金将被没收：①投标人在投标有效期内撤回其投标文件；②中标后拒绝按所附的合同条款签订合同；③中标人未能在规定的时间内签订合同。"

某建筑公司参加投标，缴纳了 16 万元投标保证金和 40 万元信誉保证金，经评标被列为第二中标候选人。后投资公司审查发现，建筑公司投标文件附的注册造价工程师资格证实际持有人为"杨×"，其注册单位为其他公司而不是建筑公司，系提供了虚假材料。投资公司向建筑公司发出《投标违规处罚通知书》，称因建筑公司提供虚假材料违背了《招标投标法》及招标文件的规定，决定取消该公司第二中标候选人资格，没收投标保证金 16 万元的 20%即 3.2 万元。建筑公司出具《承诺书》，接受投资公司的处罚意见。投资公司在扣除 3.2 万元后，将剩余的 52.8 万元保证金退还给了建筑公司。

时隔一年后，投资公司又以建筑公司在投标过程中提供了虚假情况，以致双方不能订立合同为由起诉，请求法院判令建筑公司向其支付 40 万元信誉保证金的赔偿款。

法院认为：根据《合同法》第四十二条规定，当事人在订立合同过程中有下列情形之一，给对方造成损失的，应当承担损害赔偿责任：①假借订立合同，恶意进行磋商；②故意隐瞒与订立合同有关的重要事实或者提供虚假情况；③有其他违背诚实信用原则的行为。但实践中，因过错导致合同最终无法订立时，当事人损害赔偿责任的范围应视具体情况而定。本案中，首先，建筑公司只是第二中标候选人，即使其不存在提供虚假材料的行为，也不必然导致双方成立合同关系的结果。其次，虽然建筑公司存在造假情形，但投资公司已就该行为发出《处罚通知书》，建筑公司也通过《承诺书》的方式表示接受，且处罚措施已履行完毕，即应视为双方已就缔约过程中的损害赔偿责任达成一致意见，现投资公司再以同一事实和理由要求建筑公司承担缔约过失责任无事实和法律依据。最后，投资公司已确定其他中标候选人中标且建立合同关系，并无其他证据显示其因建筑公司的造假行为另有遭受40万元的损失。

综上，投资公司在已对建筑公司投标过程中提交虚假材料行为采取惩罚措施之后，再以同一事实要求建筑公司给付40万元信誉保证金的赔偿款，承担该缔约过失责任之主张事实与法律依据不足，不予支持。法院判决驳回投资公司全部诉讼请求。

【分析】

1. 在招投标过程中，允许招标人收取投标保证金。投标保证金是投标人递交给招标人的投标责任担保，其主要保证投标人在投标截止后不得撤销投标文件，在中标后不得拒绝订立合同，在签订合同时不得向招标人提出附加条件，或者不按照招标文件要求提交履约保证金，否则招标人有权不退还该投标保证金，这些在《招标投标法实施条例》第三十五条、第七十四条有明文规定。此外，还可在招标文件中对投标人违法违规和违反招标文件的其他情形作出不退还投标保证金的约定，以督促投标人按照招标投标法及招标文件规定的程序和要求参与投标竞争。如可规定以下情形不退还投标保证金：①在提交投标文件截止时间后主动对投标文件提出实质性修改；②投标人串通投标、以他人名义投标、弄虚作假骗取中标，向招标人及其工作人员、评标委员会成员行贿或有其他违法行为；③投标人未按照招标文件规定交纳招标代理服务费；等等。在本案中，招标文件设置了投标保证金，也设置了信誉保证金，其中信誉保证金的目的是用于督促投标人不围标、不串标、不挂靠、不提供虚假资料等行为，其作用实则与投标保证金的作用相同，制约投标人的不诚信行为是设置投标保证金制度的价值所在。因此，涉案的信誉保证金也就是投标保证金。

需要说明的是，当前在工程建设领域设置的保证金类型过多过滥，如信用保证金、磋商保证金、不出借资质保证金、预付款保证金、安全生产风险抵押金、项目保证金、文明施工保证金、安全文明措施费、生活预留地保证金、租地保证金、天然气上户保证金、用电保证金和拆迁保证金等无法律法规依据的保证金，形形色色，其中信用保证金、磋商保证金、不出借资质保证金等与投标保证金的作用都有交集。保证金名目繁多、数额巨大，增加了市场主体的负担和成本，恶化了市场环境，阻碍了市场竞争，增加企业负担。国务院办公厅 2016 年 6 月 23 日发布《关于清理规范工程建设领域保证金的通知》(国办发〔2016〕49 号)要求:"(一)全面清理各类保证金。对建筑业企业在工程建设中需缴纳的保证金，除依法依规设立的投标保证金、履约保证金、工程质量保证金、农民工工资保证金外，其他保证金一律取消。对取消的保证金，自本通知印发之日起，一律停止收取……(七)严禁新设保证金项目。未经国务院批准，各地区、各部门一律不得以任何形式在工程建设领域新设保证金项目。"只保留了 4 类保证金，其中与招投标活动有关的只剩下投标保证金一项。类似本案中提到的信誉保证金不在此列，应当予以取消。

2. 投标人在招投标活动中有虚假投标行为的，应当承担相应法律责任。如前所述，《招标投标法实施条例》规定了投标保证金制度，其目的就在于制约投标人在投标之后、签约之前不得从事违反诚实信用原则的行为，以此维护招投标活动秩序，维护招标人的利益。对于投标人串通投标，以他人名义投标、弄虚作假骗取中标，向招标人及其工作人员、评标委员会成员行贿或有其他违法行为，也可以纳入投标保证金制度范畴，规定招标人有权不退还投标保证金。在本案中就是如此，将投标人在投标活动中有围标、串标、挂靠、非法分包、弄虚作假行为规定为不退还信誉保证金的情形，实则就在投标保证金的规范之下。除此之外，如果投标人违反诚实信用原则实施的违法违规行为给招标人造成损失的，还应依照《合同法》第四十二条规定因其缔约过失行为赔偿损失，如招标人组织招投标活动和合同谈判中发生的费用和成本等。

【启示】

1. 在招投标活动中，招标人可以设置投标保证金，该投标保证金金额不得超过合同估算价的 2%，但不得设置诸如信用保证金等其他名目的保证金。

2. 投标人应当严格遵守诚实信用原则，杜绝在投标过程中弄虚作假骗取中标的不诚信行为，否则可能搬起石头砸自己的脚，被招标人予以处罚，付出失去投标保证金、限制投标资格等代价。

第六部分

订立合同

80 强制招标项目在定标前进行实质性谈判签订的协议无效

【案情】

2011 年 7 月 5 日，某建筑公司与某房产公司（市属国有企业）签订《补充协议》，约定双方在施工合同的基础上，签订本补充协议，工程采用招标方式，双方一经签订工程施工合同，房产公司负责办理招投标手续，建筑公司积极参与，还约定了工程施工范围、工程质量保证金、工程价款等条款。同年 7 月 6 日，建筑公司（承包人）与房产公司（发包人）签订《建设工程施工合同》，约定由发包人将其住宅小区工程发包给承包人，合同价款暂定 8000 万元，采用可调价格合同方式确定；工程款（进度款）的支付方式和时间按双方补充协议执行。后房产公司对案涉工程招标，建筑公司中标并向房产公司交付履约保证金 700 万元，备案的合同系双方当事人于 2011 年 7 月 5 日签订的补充协议。

2013 年 7 月 17 日，房产公司退还建筑公司保证金 200 万元，尚欠履约保证金 500 万元未予退还。2014 年 7 月 5 日，该工程竣工验收合格。2015 年 11 月 18 日，建筑公司与房产公司就该工程价款进行了结算。房产公司仅支付了部分工程款，也未退还保证金。建筑公司向法院提起诉讼，请求判令房产公司向建筑公司支付工程款，返还工程质量保修金，退还履约保证金 500 万元，并支付前述资金占用损失。

法院认为：（1）关于合同效力的问题。根据《招标投标法》第三条第一款和《工程建设项目招标范围和规模标准规定》（注：从 2018 年 6 月 1 日起，执行国家发展改革委发布的《必须招标的工程项目规定》和《必须招标的基础设施和公用事业项目范围规定》），本案讼争工程系必须进行招投标的工程。双方当事人就讼争工程签订的《建设工程施工合同》在招标投标之前，尚未经过招标投标程序，符合《最高人民法院关于审理建设工程施工合同纠纷案件适用法律问题的解释》第一条第（三）项规定的无效情形，故应认定为无效合同。

双方当事人于2011年7月5日签订的《补充协议》虽经过备案，但系在招标投标之前签订。尽管在此后的招标投标过程中，建筑公司亦经投标程序而中标，但根据《招标投标法》第四十三条有关"在确定中标人前，招标人不得与投标人就投标价格、投标方案等实质性内容进行谈判"的规定，双方当事人在招标投标前所签订的《施工合同》和《补充协议》中，对所涉工程内容、价款等进行了明确约定，表明双方当事人在招标前对拟招标工程的投标价格、投标方案等实质性内容进行了谈判，且影响到中标结果。故建筑公司的中标行为明显违反了《招标投标法》的禁止性规定，根据《最高人民法院关于审理建设工程施工合同纠纷案件适用法律问题的解释》第一条第（三）项有关建设工程必须进行招标而未招标或者中标无效的，应认定建设工程施工合同无效的规定，虽经备案的《补充协议》亦应认定为无效。

（2）关于工程如何结算。由于本案讼争工程已经竣工验收合格，且双方当事人已依据《施工合同》和《补充协议》的约定合意进行了结算并最终确定了工程总价款。因此，按照《最高人民法院关于审理建设工程施工合同纠纷案件适用法律问题的解释》第二条有关"建设工程施工合同无效，但建设工程经竣工验收合格，承包人请求参照合同约定支付工程价款的，应予支持"的规定，案涉合同的无效，不影响建筑公司请求按照合同约定及结算结果支付工程价款。

综上，法院判决房产公司向建筑公司支付工程价款，退还履约保证金以及工程质量保修金，并支付前述资金的资金占用损失（均按照中国人民银行发布的同期同类贷款利率计算至付清时止）。

【分析】

讼争工程属于依法必须招标的项目，禁止招标前对实质性内容进行谈判，否则中标无效，所签合同亦无效。《招标投标法》第四十三条规定："在确定中标人前，招标人不得与投标人就投标价格、投标方案等实质性内容进行谈判"；第五十五条规定："依法必须进行招标的项目，招标人违反本法规定，与投标人就投标价格、投标方案等实质性内容进行谈判的，给予警告，对单位直接负责的主管人员和其他直接责任人员依法给予处分。前款所列行为影响中标结果的，中标无效。"简而言之，招标人和投标人在定标之前就实质性内容进行谈判的，中标无效。本案中，房产公司、建筑公司双方当事人在招标前对拟招标工程的投标价格、投标方案等实质性内容进行了谈判，且影响到中标结果，并签订了《建设工程施工合同》和《补充协议》，其中标行为违反《招标投标法》的前述禁止性规定，根据《最高人民法院关于审理建设工程施工合同纠纷案件适用法律问题的解释》第一条"建设工程施工合同具有下列情形之一的，应当根据合同法第五十二条第(五)项的规定，认定无效……(三)建设工程必须进行招标而未招标或者中标无效的"之规定，《建设工程施工合同》及备案的《补充协议》均应认定为无效合同。

本案双方当事人所签订的《建设工程施工合同》及《补充协议》被认定无效后，房产公司仍应参照前述合同约定支付工程款。《最高人民法院关于审理建设工程施工合同纠纷案件适用法律问题的解释》第二条对建设工程施工合同无效后的工程款支付作出了明确的规定，即："建设工程施工合同无效，但建设工程经竣工验收合格，承包人请求参照合同约定支付工程价款的，应予支持。"故本案中，在合同被宣告无效后，由于施工工作已完成预期目标，施工合同款项应参照合同约定计算支付，法院就是按照该规定处理的。

【启示】

1. 依法必须招标项目应依法组织招标并依据中标结果签订合同，招标人不得在中标结果确定之前与投标人进行实质性谈判，防止因违反法律、行政法规的禁止性规定导致合同无效。

2. 根据《最高人民法院关于审理建设工程施工合同纠纷案件适用法律问题的解释》，建设工程施工合同即使无效，但该工程验收合格后也应当支付施工款项，以保护施工方利益，补偿施工方的支出。

81 什么是"合同实质性内容"

【案情】

2016 年 7 月，房地产集团对其房地产项目第三、四标段招标，建设集团均中标。2016 年 11 月 1 日，房地产集团为甲方（发包人）与建设集团为乙方（承包人）分别签订三标段、四标段《施工合同》，并在市建设委员会备案。

2017 年 11 月 26 日，双方就三、四标段工程又签订《施工协议》，约定竣工日期为 2017 年 11 月 15 日，约定的结算方式、付款方式均与 2016 年 11 月 1 日《施工合同》不同，该合同未办理备案登记。

2018 年 11 月 30 日，案涉全部工程通过竣工验收，竣工验收报告显示工程于 2016 年 7 月 20 日开工，2018 年 11 月 30 日竣工。后双方因工程结算产生争议，建设集团起诉至法院，要求房地产集团给付拖欠工程款、赔偿窝工等经济损失并支付相应利息。

2017 年 11 月 26 日签订的《施工协议》是否有效是本案争议焦点之一，对此法院审理认为：《招标投标法》第四十六条第一款规定："招标人和中标人应当自中标通知书发出之日起三十日内，按照招标文件和中标人的投标文件订立书面合同。招标人和中标人不得再行订立背离合同实质性内容的其他协议。"《最高人民法院关于审理建设工程施工合同纠纷案件适用法律若干问题的解释》第二十一条规定："当事人就同一建设工程另行订立的建设工程施工合同与经过备案的中标合同实质性内容不一致的，应当以备案的中标合同作为结算工程价款的根据。"以上规定中所谓"合同实质性内容不一致"，是指合同在工程价款、工程质量和工程期限等方面与备案合同不一致，因为这三个方面涉及招标人和中标人的基本权利义务。本案中，备案的三标段、四标段《施工合同》签订于 2016 年 11 月 1 日，其中约定三标段工程竣工时间为 2017 年 11 月 15 日；工程价款为暂定价 14887 万元，采用可调价格方式确定合同价款，执行当地定额，付款方式为房地产集团在开工前 5 日内支付合同价款 25% 的工程预付款 3765 万元，按形象进度拨付进度款，竣工结算完成后 15 天内支付完质量保证金以外的所有款项。四标段工程竣工时间为 2017 年 9 月 15 日，工程价款为 176 万元，付款方式与三标段一致。诉争 2017 年 11 月 26 日签订的《施工协议》系针对案涉同一工程项目另行签订的协议，没有经过备案，该协议约定的竣工时间早于协议签订时间，并不真实，且付款方式改为"主体结构十五层以下暂不付款"，亦即主体结构十五层以下由承包人垫资施工，改变了备案合同关于发包人支付预付款和进度款的约定，明显加重了承包人的义务，对建设集团的利益影响较大。因此，该《施工协议》属于与备案合同实质性内容矛盾的黑合同，违反《招标投标法》第四十六条第一款的强制性规定而应认定为无效。

【分析】

《招标投标法》第四十六条规定招标人和中标人不得再行订立背离合同实质性内容的其他协议。《最高人民法院关于审理建设工程施工合同纠纷案件适用法律若干问题的解释》第二十一条也规定："当事人就同一建设工程另行订立的建设工程施工合同与经过备案的中标合同实质性内容不一致的，应当以备案的中标合同作为结算工程价款的根据。"那么什么是"合同实质性内容"呢？

正如本案法院指出的，所谓"合同实质性内容"，是指影响或决定当事人基本权利义务的条款，但目前就其范围尚没有明确的法律界定。笔者认为，参照《招标投标法实施条例》第五十七条的规定，一般而言，只有标的、价款、质量（含主要技术规格）和履行期限等对招标人或者中标人利益产生重大影响的内容属于实质性内容。

首先，参考最高人民法院关于建设工程施工合同纠纷案件的相关司法观点，招标投标合同的"实质性内容"并不是合同的所有条款。具体到建设工程领域，一般指合同约定的工程价款、工程质量和工程期限。《最高人民法院建设工程施工合同司法解释的理解与适用》一书认为要准确区分"实质性内容不一致"与依法进行的正常合同变更的界限，只有内容的变更足以影响当事人的基本合同权利义务，才可认定为构成"实质性内容不一致"。如在建筑工程合同中，事关当事人权利义务的核心条款是工程结算，主要涉及三个方面：工程质量、工程期限和工程价款。如果合同在建设工期、施工质量、计价付款等方面发生变化，属于实质性内容的变化。当事人经协商在上述三个方面以外对合同内容进行修改、变更的行为，都不会涉及利益的重大调整，不会对合同的性质产生影响，不属于实质性内容的变化。《全国法院第八次民商事审判座谈会纪要（民事部分）》第31条也明确规定："招标人和中标人另行签订改变工期、工程价款、工程项目性质等影响中标结果实质性内容的协议，导致合同双方当事人就实质性内容享有的权利义务发生较大变化的，应认定为变更中标合同实质性内容"。可以看出，最高人民法院主张实质性内容的范围不宜过于宽泛。

其次，判断哪些条款属于不得变更的"合同实质性内容"，应主要以是否影响合同双方的实质性权利义务为标准。招标投标活动的本质就是通过竞争性投标的方式，确定合同双方当事人的权利义务。通过竞争性方式在质量、期限（交货期）和价款三项内容上获得最优的条款，也是采购人招标投标的主要目的。因此，上述三项内容应当属于不得变更的合同实质性内容，除非有合理的理由，如正常的设计变更、国家政策变化等。对于其他条款，例如争议解决方式，属于当事人针对双方的利益安排及可能产生的利益矛盾而预先设置的规则，如果当事人作出与招标投标合同不一致的变更，不应视为变更合同实质性内容，而应视为当事人所享有的变更合同的权利，应当承认这种变更约定的效力。

最后，从法律禁止招标项目合同进行实质性内容变更的立法原意出发，也不宜认为合同所有条款都是实质性内容。有观点引用《合同法》第三十条"有关合同标的、数量、质量、价款或者报酬、履行期限、履行地点和方式、违约责任和解决争议方法等的变更，是对要约内容的实质性变更"的规定，认为这些都是不得变更的合同实质性内容。笔者认为，要约发生在合同订立前的磋商阶段，双方只有在对所有事项达成一致后才能正式缔结合同，因此上述内容都是要约的实质性内容。而法律规定招标投标合同不得进行背离实质性内容的变更，主要目的是防止合同双方通过变更合同的方式改变中标结果，保证招投标结果能够落到实处，防止招标人或投标人迫使对方在合同价格等实质性条款上作出让步，或者招标人与中标人串通影响公平竞争，损害国家利益或社会公共利益。价款、质量和履行期限是影响双方当事人权益的关键因素，对这些内容进行变更也会直接损害招标投标制度的公开、公平、公正，认定为实质性内容符合立法原意。

当然，招标投标本身属于民事行为，允许当事人对其活动规则自主决定，只要不违背效力性强制性规定，不损害国家利益和社会公共利益，不违背公序良俗即可。因此，为了防范争议，招标人可在招标文件中对"合同实质性内容"事前作出约定。

【启示】

招标人可在招标文件中可以对"合同实质性内容"事前作出扩大性的约定。中国招标投标协会制订的行业推荐性标准《招标采购代理规范（2016 年版）》第 2.13.2 项规定将"合同实质性内容"定义为"合同标的、数量、质量、价款或者报酬、履行期限、履行地点和方式、违约责任和解决争议方法等内容"，可以借鉴。

82 中标通知书发出之日起 30 日后签订的合同有效

【案情】

某市发展改革委批复同意本市电影公司新建一座影视城，并要求该工程施工项目采用公开招标方式确定施工企业。经过招标，某建设公司中标，电影公司向中标人某建设公司发出了中标通知书，要求该公司自本通知书发出之日起 30 日内签订正式的施工合同。某建设公司收到中标通知书，立即派出代表与电影公司反复协商合同履约中的一些具体问题，导致双方并未在中标通知书规定的期限内签订该工程施工承包合同。直到 17 个月之后，双方才就合同的一些细节问题协商一致，正式签订了一份《建设工程施工合同》。建设公司按照合同约定施工完毕，最终电影公司组织竣工验收，影视城工程按照合同约定竣工验收合格，按期交付电影公司投入使用。但双方因工程价款结算、支付事宜产生纠纷，未能协商达成意见，故建筑公司提起诉讼，请求法院判令电影公司支付拖欠的工程款及其利息。电影公司答辩主张之一是因施工合同在中标通知书下发之日起 30 日之后才签订，违反了《招标投标法》第四十六条的规定，该合同无效，故不存在违约问题，只应支付拖欠的工程款，但无需支付违约金。

就本案中建设工程施工合同的效力问题，法院经审理认为：《招标投标法》第四十六条关于"招标人和中标人应当自中标通知书发出之日起三十日内，按照招标文件和中标人的投标文件订立书面合同。招标人和中标人不得再行订立背离合同实质性内容的其他协议"的规定，主要价值取向是规范招标投标活动，保证招标项目质量，维护国家利益与社会公共利益，目的也仅仅是限定一定时间约束合同双方当事人尽快订立合同，并未规定在限定时间内未签订书面合同而导致合同无效的法律后果。因此，并不能仅因双方当事人根据招标文件和中标人的投标文件内容签订的合同超过了该规定时间，即可认定无效。因此，法院认定本案双方当事人签订的施工合同有效，电影公司应当向建筑公司支付拖欠的工程款，并支付自该款项逾期支付之日起计算的利息。

【分析】

招标人和中标人对于双方及时签订合同、尽早确定交易关系，明确权利义务并尽快履约实现合同目的都有着一定期待。采购效率与效益同样都是招标人关注的重要因素，投标人也希望尽早将其投标竞争成果通过合同固定下来，防范因合同过度延误导致其原报价基础发生变化从而增加投资、减少效益的不确定性风险。因此，招标活动结束应当在合理的时间内签订合同，明确双方权利义务，为履约积极创造条件。

《招标投标法》对签约日期作出了明确规定，第四十六条第一款要求"招标人和中标人应当自中标通知书发出之日起三十日内，按照招标文件和中标人的投标文件订立书面合同"。对于政府采购项目，《政府采购法》第四十六条也要求采购人与中标人应当在中标通知书发出之日起 30 日内，按照采购文件确定的事项签订政府采购合同。而且，法条里面使用了"应当"的字眼，表明这是一项强制性法律规定。也就是说，招标人和中标人都有义务在中标通知书发出后 30 日之内签订中标合同，否则就应当承担相应法律责任（目前有违约责任、缔约过失责任两种观点）。

本文关注的问题是招标人和中标人超过中标通知书发出 30 日之后签订的合同是否有效？

持否定说的观点认为：《招标投标法》第四十六条第一款的规定属于法律强制性规定，违反强制性规定的民事行为无效，因此双方逾期签订的合同没有法律效力，自始无效。

持肯定说的观点认为：《招标投标法》第四十六条第一款的规定虽然属于法律强制性规定，但不属于效力性强制性规定，不违反《合同法》第五十二条的规定，故双方签订合同逾期并不能成为合同无效的情形，因此该合同有效。

上述两种观点依据的都是《合同法》第五十二条，该条规定："有下列情形之一的，合同无效：（一）一方以欺诈、胁迫的手段订立合同，损害国家利益；（二）恶意串通，损害国家、集体或者第三人利益；（三）以合法形式掩盖非法目的；（四）损害社会公共利益；（五）违反法律、行政法规的强制性规定。"《最高人民法院关于适用〈合同法〉若干问题的解释（二）》第十四条规定："合同法第五十二条第（五）项规定的'强制性规定'，是指效力性强制性规定。"

所谓效力性强制性规范，指法律及行政法规明确规定违反了这些强制性规定将导致合同无效或者合同不成立的规范；或者是法律及行政法规虽然没有明确规定违反这些强制性规范后将导致合同无效或者不成立，但是违反了这些强制性规范后如果使合同继续有效将损害国家利益和社会公共利益的规范。从这个意义上来讲，《招标投标法》第四十六条第一款的规定属于法律强制性规定没有异议，但是是否构成效力性强制性规范？从整个《招标投标法》条文来看，并没有规定超过 30 日签订的合同无效，也没有规定超过 30 日签订的合同将损害国家利益和社会公共利益，因此，不能认定违反该规定将导致合同不成立。超过 30 日签订合同，只可能损害合同当事人一方的合法权益，侵害其期待利益，但合同签约原则之一是自愿，如果当事人都自愿，则法律自无干涉其意思表示的必要，反而有利于尊重合同双方当事人的意思自治，鼓励达成交易。

因此，投标有效期过后，招标人可继续向中标人发出中标通知书，双方也可签订合同。中标人同意按中标通知书的要求签订合同的，其投标报价仍然有效。中标人拒绝按中标通知书的要求签订合同的，招标人应当宣布招标失败并重新招标。招标人与中标人未能在投标有效期内签订合同的，招标人与中标人可继续根据招标文件、投标文件及中标通知书签订合同，无需重新招标，但如果因招标人原因未能及时签署合同，中标人有权拒绝签订合同，并且可以要求招标人承担缔约过失责任。

【启示】

招标人或者中标人未在中标通知书发出之日起 30 日内订立书面合同的，即为逾期签约。如果招标文件中规定了投标有效期的，一方逾期签约，则存在着法律风险。

对于招标人而言，如果招标人在招标文件中规定了投标有效期，招标人应在投标有效期内完成评标和与中标人签订合同；逾期要求与中标人签订合同的，中标人有权拒绝签订合同并无须承担责任。

对于中标人而言，招标人在招标文件中规定了投标有效期的，如果招标人没有在投标有效期内完成评标和与中标人签订合同，投标文件失去法律效力，中标人也无权要求招标人再行签订合同。

83 招标文件、投标文件是合同文件签订的依据

【案情】

2011 年 4 月 11 日，某市建设局就热源厂设备采购安装项目进行公开招标，招标文件要求 2011 年 6 月 16 日前供货；渣浆泵和热水循环泵底座配备减震器，每台泵配备 1 套机械密封备件。同年 5 月 16 日，泵业公司投标，并说明渣浆泵标准配置为不带公共底座；所供货物均包括两套备品备件，且备品备件为免费提供，不计入投标总价；所有货物于 2011 年 6 月 16 日前到货。

后泵业公司中标，与某市建设局签订了采购合同，约定交货时间为某市建设局提前 20 天书面通知供货；泵业公司必须在招标文件要求时间内送到某市建设局指定的地点；供货日期每延误 1 天，按照合同价款的 5‰进行处罚。后泵业公司将补水泵、一次网循环水泵、渣浆泵等货物交付某市建设局并安装完毕，但未提供两套渣浆泵备品备件及渣浆泵底座。

法院认为：根据《招标投标法》规定，招标人和投标人应当依照招投标文件签订采购合同，而合同主要条款应当与招投标文件一致。①双方签订的合同既约定由泵业公司提前 20 天书面通知供货，同时又约定必须在招标文件要求时间内送到泵业公司指定的地点，该约定相互矛盾，故双方应按照招、投标文件约定的 2011 年 6 月 16 日前交货。②虽然采购合同并未约定交付两套备品备件，但泵业公司在投标文件中明确表示免费提供两套备品备件，且该备品备件不计入投标总价。而招标文件、投标文件、中标通知书等均为签订合同的依据，双方不得签订背离合同实质性内容的其他协议，据此，泵业公司理应以投标文件的内容履行备品备件的供货义务。

综上，泵业公司未按约定履行交货义务，构成违约。但某市建设局主张的违约损失过高，应按中标价款的 5% 承担违约金。法院判决泵业公司向某市建设局交付一次网循环水泵的机械密封配件等备品备件各两套，给付某市建设局违约金 24 190 元。

【分析】

1. 招标人和投标人必须按照招标文件和中标人的投标文件签订合同。招标文件属于要约邀请，提出具体的采购要求，邀请多个投标人对其发出要约；投标文件是要约，是接受招标人的采购条件希望与之签订合同的意思表示，是响应招标文件实质性内容作出的详细应答；中标通知书是承诺，是对选定的中标人的确定。签订的合同主要条款应当与招标文件和中标人的投标文件一致。《招标投标法》第四十六条第一款规定："招标人和中标人应当自中标通知书发出之日起 30 日内，按照招标文件和中标人的投标文件订立书面合同。招标人和中标人不得再行订立背离合同实质性内容的其他协议。"招标人与中标人不按照招标文件和投标文件订立合同，或者合同的标的、价款、质量、履行期限、双方的权利义务等主要条款与招标文件、中标人的投标文件内容不一致，或者在合同之外再签订背离合同实质性内容的其他协议的，都违反了前述法律规定。

2. 招标文件和中标人的投标文件是处理合同争议的主要依据。招标文件与投标文件共同决定了合同的主要内容，最终签订的书面合同只是对招标文件与中标人的投标文件的确认和固定，不得背离招标投标结果（含价格、商务条件和技术条件）订立合同。在发生对合同内容前后不一致、理解有歧义或者合同未作约定的情况下，合同双方当事人应当依照招标文件和中标人的投标文件的约定来进行解释。正如本案中，合同关于交货时间的约定前后矛盾，法院判决按照招标文件、投标文件约定的 2011 年 6 月 16 日前交货；合同虽未约定交付两套备品备件，但中标人在其投标文件中明确表示免费提供两套备品备件，合同存在漏项或不明确的，法院判决也是应当按照招标文件和中标人的投标文件的约定进行解释，应当交付备品备件。

【启示】

1. 合同实质性内容必须与招标文件和中标人的投标文件内容一致。在发出中标通知书后，招标人与中标人应按照招标文件（含给定的合同格式）和中标人的投标文件承诺的条件签订合同，不得违反前述实质性内容（如采购标的、价款、质量、履行期限、双方的权利和义务等）订立合同。

2. 合同内容出现不一致或漏项的，参照招标文件、投标文件进行解释和处理。为了减少争议，招标文件合同格式中可约定"合同文件组成及效力优先顺序"条款。如《标准施工招标文件》第四章"合同条款及格式"通用合同条款"1.1 词语定义"规定："合同文件（或称合同）：指合同协议书、中标通知书、投标函及投标函附录、专用合同条款、通用合同条款、技术标准和要求、图纸、已标价工程量清单，以及其他合同文件"；并在"1.4 合同文件的优先顺序"中规定："组成合同的各项文件应互相解释，互为说明。除专用合同条款另有约定外，解释合同文件的优先顺序如下：（1）合同协议书；（2）中标通知书；（3）投标函及投标函附录；（4）专用合同条款；（5）通用合同条款；（6）技术标准和要求；（7）图纸；（8）已标价工程量清单；（9）其他合同文件。"招标人可参照该标准文本在招标文件中自行规定合同文件组成部分及其效力顺序。

84 不得订立与招投标结果不一致的协议

【案情】

2014 年 6 月 9 日，某建筑公司就客运总站幕墙工程铝型材材料制作采购项目发布招标文件，其中约定：投标保证金 6 万元。投标单价为货到工地价（包下车），包括材料原价、加工成型、运费、运输和上下车损耗、装卸费及其他费用等。有下列情形之一的，投标保证金将不予退还：①投标人在规定的投标有效期内撤销或修改其投标文件；②中标人在收到中标通知书后，无正当理由拒签合同协议书。中标人无正当理由拒签合同的，招标人取消中标资格，其投标保证金不予退还。

铝业公司参加投标，交纳 60000 元投标保证金，在投标报价中确定铝型材工程量为 136910 千克，单价 22.5 元，合价 3080475 元，并注明"投标人在投标报价时需考虑运输（到工地）、协助安装、上下车、二次搬运、相关部门送检验收等所有费用"。投标文件还载明："铝型材出厂包装物为纸，包装后的比重增加值为 6% ~ 8%。"

2014 年 7 月 14 日，建筑公司向铝业公司发出中标通知书，载明："中标价：3080475 元……请接到本通知起 5 日内与我方签订供货合同，在此之前缴纳履约保证金 308047.50 元。"

2014 年 7 月 18 日，铝业公司发出《投标价格补充函》，主要载明："我方报价中含型材表面保护纸包装费，如要求无包装铝型材的报价，我方报价实际应为 3348342 元。"

2014 年 7 月 25 日，建筑公司向铝业公司发出《催缴履约保证金的函》，要求铝业公司 2 个工作日内交纳履约保证金，否则没收投标保证金。铝业公司回函拒绝先行交纳履约保证金的要求，要求招标方在 5 个工作日内先与其签订合同，并表示"尽量降低包装物的比例，力争控制在 4% 以内"。

2014 年 8 月 15 日，建筑公司通知铝业公司，取缔其中标人资格，投标保证金不予退还。铝业公司诉至法院，请求判令建筑公司退还投标保证金 6 万元及资金占用利息损失。

法院认为：铝业公司在投标报价中确定了客运总站铝型材的工程量为 136910 千克，单价 22.5 元，合价 3080475 元，并注明了"投标人在投标报价时需考虑运输（到工地）、协助安装、上下车、二次搬运、相关部门送检验收等所有费用"。建筑公司要求按此工程量及价格签订购销合同，符合《招标投标法实施条例》第五十七条及招标文件的规定。该报价的工程量应为铝材本身的重量，不应当包含包装物的重量，但铝业公司在中标后提出无包装的实际报价应为 3348342 元，将铝材重量概念偷换为含包装物的铝材重量概念，明显与投标文件不符。铝业公司在中标后对投标标的物的重量、价款等实质性内容与建筑公司进行协商，不符合《招标投标法》第四十三条"在确定中标人前，招标人不得与投标人就投标价格、投标方案等实质性内容进行谈判"的规定。

招标文件中约定："向招标人提出不按照招标文件和中标人的投标文件订立合同属于投标保证金不予退还的情形"。铝业公司在中标后，无正当理由不按照招标文件和投标文件内容与招标人订立书面合同，提出附加条件，既违反合同约定又违反法律规定，无权要求招标人退还投标保证金。

综上，对铝业公司要求建筑公司退还投标保证金并支付资金占用利息损失的诉讼请求，不予支持。据此，法院判决驳回铝业公司的诉讼请求。

【分析】

1. 投标人有依据其投标文件签订合同的义务，不得在中标后变更其投标内容，要求招标人接受新的合同条件与其签订合同。《招标投标法》第四十六条规定："招标人和中标人应当自中标通知书发出之日起 30 日内，按照招标文件和中标人的投标文件订立书面合同。招标人和中标人不得再行订立背离合同实质性内容的其他协议。"《招标投标法实施条例》第五十七条也规定："招标人和中标人应当依照招标投标法和本条例的规定签订书面合同，合同的标的、价款、质量、履行期限等主要条款应当与招标文件和中标人的投标文件的内容一致。招标人和中标人不得再行订立背离合同实质性内容的其他协议。"也就是说，中标人确定后，招标人和中标人在中标通知书发出后 30 日内按招标文件和中标人的投标文件内容订立书面合同。任何一方都不得变更其合同条件订立与招标文件实质性要求和投标文件响应的合同条件相背离的其他协议，否则损害另一方当事人利益，或者双方串通损害其他投标人利益。在本案中，铝业公司的投标报价为 3080475 元，在中标后又提出无包装的实际报价应为 3348342 元，要求招标人按该报价签订合同，实则变更了招投标结果，背离合同实质性内容。

2. 中标人拒签合同是严重的失信行为，将失去投标保证金并承担相应法律责任。《招标投标法实施条例》第七十四条规定"中标人无正当理由不与招标人订立合同，在签订合同时向招标人提出附加条件，或者不按照招标文件要求提交履约保证金的，取消其中标资格，投标保证金不予退还。对依法必须进行招标的项目的中标人，由有关行政监督部门责令改正，可以处中标项目金额 10‰ 以下的罚款。"涉案招标文件也载明投标保证金不予退还的情形之一是投标人拒签合同协议书。因此，在本案中，因中标人铝业公司无正当理由提出新的条件要求招标人接受，最终导致合同无法签署，对此招标人有权取消铝业公司的中标资格，且不予退还其投标保证金。

【启示】

1. 中标通知书发出后 30 日内按招标文件和中标人的投标文件内容订立和履行合同，是双方当事人当然的合同义务。招标文件中的合同条件、投标文件对合同条件的响应与最终签订的合同实质性内容应当是一致的。任何一方均不得对投标文件的实质性内容进行变更，或者提出附加条件作为签订合同的前提条件，试图签订与中标结果不一致的其他协议。

2.招标文件的内容应当全面、意思清晰，文字表述无疑义，有利于投标人准确掌握招标文件的实质性内容，有的放矢作出响应性投标，也可以防范投标人利用招标文件的内容疏漏来作为提高报价、修改合同条件的借口。

85 中标人自愿降价不损害他人利益的合同有效

【案情】

通过招投标，某钢材公司与某建筑公司签订不锈钢管买卖合同一份，合同约定：钢材公司为建筑公司供应不锈钢管，单价按投标文件、工程量按实际供货数量结算。钢材公司签约同日出具承诺函给建筑公司："单价按我公司投标价下浮30%，工程量按实际供货量结算"。事后，钢材公司向建筑公司发货，按合同金额为558061.01元。建筑公司收货后先后付款270000元，退货按合同金额为109682.22元，尚余合同金额178378.79元未付。钢材公司起诉至法院，请求判令建筑公司支付该货款并承担利息损失。

法院认为：钢材公司与建筑公司签订案涉货物买卖合同，合同文本载明，单价按投标文件计算，工程量按实际供货数量结算。钢材公司在签署合同当天出具承诺函，承诺价格按照投标价下浮30%，建筑公司在收到承诺函后签署了合同文本。建筑公司的行为表明其接受了承诺函的价格，双方当事人就买卖合同货物价格重新达成合意。钢材公司中标后在与建筑公司签订的买卖合同中自行让利，并无证据表明存在损害其他投标主体或者发包人利益的情形，客观上也不影响其他投标主体平等参与竞争的权利。故建筑公司与钢材公司间的买卖合同及承诺函系双方真实意思表示，不违反法律、法规强制性规定，应认定有效。案涉货款应当以钢材公司出具的承诺函价格结算。综上，法院判决建筑公司支付钢材公司货款 43 865.15 元及逾期付款利息损失。

【分析】

实践中，招标人和投标人对中标人的投标文件进行变更，如属于非实质性内容是允许的，但如果涉及实质性内容，往往损害招标人或其他投标人合法权益。对此，《招标投标法》第四十六条、《招标投标法实施条例》第五十七条强调招标人和中标人应当按照招标文件和中标人的投标文件订立书面合同，不得再行订立背离合同实质性内容的其他协议。可见，合同主要条款应当与招标文件和中标人的投标文件一致，是签订合同的基本原则。但是不是无论何种情况，合同主要条款都不得进行实质性变更。本案法院根据立法本意，正确地作出了中标人自愿降价行为，有利于招标人且不侵害他人权益的，应认定为有效的判决。

首先，以禁止订立背离合同实质性内容的其他协议为原则。招标人和中标人订立的合同的主要条款，包括合同标的、价款、技术方案、质量、履行期限等实质内容，应当与招标文件和中标人的投标文件一致，确保招投标结果落到实处，防止招标人胁迫中标人提出更优惠条件让利或投标人在取得谈判优势地位（如买方市场、工程紧急）时逼迫招标人接受其涨价或更为苛刻的条件，甚或招标人与中标人串通，从而订立背离招标文件和中标人的投标文件实质性内容的其他协议，这样违背公平、公正原则，破坏公平竞争秩序，损害招标人或其他投标人利益甚至国家利益和社会公共利益，对此应予禁止。

其次，不损害他人利益的自愿降价让利的行为有效。法谚云："有原则必有例外。"定标之后变更实质性内容为立法所禁止，但不能机械地将其理解为定标后一概不能变更实质性内容。如果中标人自愿承诺让利，作出降低合同价，或者提出更为优惠的合同条件（如压缩工期、增加货物数量等）的真实意思表示，其行为并不增加招标人负担，不损害其他投标人或者招标人利益，客观上也不影响其他投标人平等参与竞争的权利，则并不违反法律强制性规定。正如本案判决认定的中标人在签约时自行让利，并不损害他人利益、不影响其他投标人平等竞争的，该行为应认定为有效。

另外，在履约过程中客观情况已经变化，如果禁止变更合同内容，则可能会损害一方当事人利益，导致利益失衡，此时可根据实际对合同约定的价款、质量和工期等内容进行变更。当然，变更合同必须不损害其他投标人利益、不存在恶意串通等行为。如果事前约定按照招标文件、投标文件签订合同，后在履约阶段通过变更来达到其非法目的，则根据《合同法》第五十二条规定，以合法形式掩盖非法目的的合同无效。

【启示】

1. 在投标截止时间之后确定中标人之前，招标人和投标人不得就投标文件的实质性内容进行协商或者投标人变更其投标文件（包括降价、提出更为优惠的条件），因为这样可能会取得优于他人的条件进行不正当竞争，侵害其他投标人的竞争利益。

2. 在确定中标人之后，中标人如果自愿降价让利或提出比其投标文件的承诺更为优惠的条件，有利于招标人且并不损害他人利益，这是允许的。如有变更内容，应在签订合同时一体吸纳或在合同签订之后另行签订补充协议、承诺书等。

86 不得以合同条款缺失为由拒绝签约

【案情】

某单位就冬季供暖燃煤采购事项进行招标。招标文件要求中标人在中标后一周内签订供煤合同，否则视为自动放弃；投标人应交纳投标保证金5万元，未按规定缴纳投标保证金的方案将被视为无效方案；如果中标人不按规定签订供煤合同或不交纳履约保证金，投标保证金视为放弃不予退还。在合同条款部分规定了招标人和投标人的权利义务，但未载明某单位的付款方式和时间。供煤公司按要求向某单位交纳了投标保证金5万元。经公开竞标，供煤公司中标。后某单位要求供煤公司签订书面供煤合同时，供煤公司认为某单位未将付款方式和时间写入招标文件，对某单位提供的供煤合同文本中的付款方式和时间不能接受，故不同意签订书面供煤合同，因此发生纠纷。双方当事人均认可煤炭价格已经发生较大变化，即便某单位同意供煤公司提出的付款方式，签订书面供煤合同亦已无可能。

供煤公司认为某单位的行为违背了诚实信用原则，且按照《合同法》的规定，合同条款应当包括履行的期限、地点和方式，因为招标文件未写入合同主要条款，故造成供煤合同不能签订的责任在某单位，其不退还投标保证金没有法律依据。所以，请求判令某单位退还投标保证金5万元。

法院认为：某单位为解决冬季供暖燃煤采购事项编制招标文件进行公开招标，供煤公司接受某单位提供的招标文件，按招标文件规定交纳了投标保证金，并且在整个招标投标过程中未对招标文件提出异议，所以招标文件应认定为双方当事人的真实意思表示。某单位发出的招标公告是要约邀请，供煤公司针对招标文件的内容进行响应是要约，某单位确定供煤公司中标并向供煤公司发出中标通知书是承诺，整个招标投标过程合法有效。供煤公司收到中标通知后，应按招标文件规定交纳履约保证金、签订书面供煤合同，而供煤公司未与某单位签订书面供煤合同，导致供煤合同最终不能成立。对此，供煤公司应承担相应的缔约过失责任。就供煤公司提出的导致供煤合同不能签订的原因是招标文件未规定付款方式和时间，这属于某单位的过失，应由某单位承担相应的责任之主张，法院认为招标文件第八条已经规定了供煤合同的主要条款，供煤公司如果认为招标文件有遗漏，应在投标前向某单位提出，而供煤公司未在招标投标过程中提出，且付款方式和时间可以依据《合同法》的有关规定补正，所以供煤公司以此为由拒绝签订书面供煤合同显然不能成立。

综上，法院判决驳回供煤公司的诉讼请求。

【分析】

1. 招标文件中的合同条款不完备的，可以依据合同法规定的方法补正。合同条款涉及招标人和中标人的权利与义务，影响招标项目最终能否顺利实施。根据《招标投标法》第十九条规定，招标文件应当包括拟签订合同的主要条款。因此，招标文件应当规定完整的合同条件，至少规定主要条款，根据《招标投标法实施条例》第五十七条规定，合同的主要条款包括合同标的、价款、质量、履行期限等实质内容，《合同法》第十二条也规定了合同内容一般包括以下条款：当事人的名称或者姓名和住所，标的，数量，质量，价款或者报酬，履行期限、地点和方式，违约责任及解决争议的方法，这些内容视为合同的主要条款。一旦发出中标通知书，就意味着合同主要条款已经达成合意。

在招标投标结束才发现一项或者几项合同内容没有约定或者约定不明确时，除了如果当事人名称、标的、数量缺失则合同内容无法确定也无法补正外，如本案缺失付款方式和时间等条款的，可以依据《合同法》第六十一条、第六十二条规定补正，即招标人可以和中标人协商按照合同其他条款或者交易习惯确定；按上述规定仍不能确定的，可适用下列规定：①质量要求不明确的，按照国家标准、行业标准履行；没有国家标准、行业标准的，按照通常标准或者符合合同目的特定标准履行；②价款或者报酬不明确的，按照订立合同时履行地的市场价格履行；依法应当执行政府定价或者政府指导价的，按照规定履行；③履行地点不明确，给付货币的，在接受货币一方所在地履行；交付不动产的，在不动产所在地履行；其他标的，在履行义务一方所在地履行。④履行期限不明确的，债务人可以随时履行，债权人也可以随时要求履行，但应当给对方必要的准备时间；⑤履行方式不明确的，按照有利于实现合同目的的方式履行；⑥履行费用的负担不明确的，由履行义务一方负担。在本案中，招标文件中缺少拟签供煤合同的合同付款方式和时间条款，双方应当按照上述规定确定，但不能以主要内容缺失为由拒绝签订合同。

2. 中标人中标后无正当理由拒绝签订合同的，招标人有权不退还其投标保证金。投标保证金有一项职能就是督促中标人在中标后按照招标文件和中标人的投标文件签订合同。如果中标人无正当理由不与招标人订立合同，根据《招标投标法实施条例》第七十四条规定，招标人有权不予退还其投标保证金。在本案中，如上所述，供煤公司在收到中标通知书后未按招标文件的规定交纳中标价10%的履约保证金，并以未协商一致为由拒签供煤合同，没有法律依据和正当理由，根据《招标投标法实施条例》的规定和案涉项目招标文件的约定，某单位有权不予退还投标保证金。

【启示】

1. 合同中的当事人名称或者姓名、标的、数量是合同的必备条款，缺一不可。关于标的物的交付期限、交付地点、质量、包装、价款及其支付时间等条款缺失时，尽管可以依据合同法规定予以补正，但这种情况下双方协商成本高、效率低，故提醒招标人对这些合同的主要条款内容都应在招标文件中作为必备条款事前详尽规定，减少争议和风险。

2. 招标文件中规定的合同条款有遗漏缺失的，招标人有义务在招标文件发售后、投标截止时间之前进行修改补正，投标人亦可以要求招标人进行澄清，否则将导致合同的不稳定。

87 因双方责任不能签约的，责任共担

【案情】

2013 年 11 月，某发电公司发出《灰场灰渣承包招标文件》，明确投标保证金为 20 万元，投标人未能在接到中标通知书后 20 个工作日内签署合同协议书的情况下，将不予返还投标保证金，并附合同条款。再生资源公司交纳了 20 万元投标保证金参加投标并中标。

后来双方就签订合同协商多次，但在合同起始时间、合同终止时间、硬化灰场检修道路、村民堵路等纠纷如何解决等方面未能达成一致意见。同年 5 月 8 日，发电公司书面函告再生资源公司 5 月 23 日签订合同，逾期未签订合同则视为再生资源公司主动放弃，将不退还投标保证金并另择承包单位。但双方仍未签订合同，为此发生纠纷。相关人员证实，因发电公司长期在发电公司至灰场公路上运输灰渣致使当地环境污染严重，村民多次反映要求解决无果，在 2014 年春节前用电线杆将该公路堵住，禁止车辆通行。再生资源公司看到村民堵路后，遂以该公路存在历史遗留问题为由与发电公司谈判要求解决此事，发电公司认为其只能保证道路

畅通后交付再生资源公司使用，但以后若出现纠纷则由再生资源公司自行解决，且不同意硬化整治道路，故双方就此事的谈判破裂。再生资源公司以未能签订合同系发电公司违约为由诉至法院，请求判令发电公司退还 20 万元投标保证金。

2015 年春节后，发电公司另行启动灰场灰渣综合利用项目招标工作。另外招标期间发电公司未告知再生资源公司发电公司至灰场公路上与村民存在历史遗留问题的事实。

法院认为：发电公司招标文件所附合同条款，虽然再生资源公司在投标文件中认可，但因该合同对合同起止时间、硬化灰场检修道路、村民堵路纠纷如何解决等内容，涉及双方权利义务等重要事项，并不具体明确，需要双方进一步协商谈判以达成一致，进而签订正式合同。对此，再生资源公司在中标后，提出与发电公司就相关事项进行磋商，不属于对招投标文件内容进行的实质性更改。

发电公司对灰场公路因灰渣外运导致当地环境污染，与周边村民存在历史遗留问题应当知晓，但其在对外招标中以及再生资源公司中标后，未将该情况如实告知再生资源公司，有违诚实信用原则。但事后双方亦可以通过协商加以解决。现双方经多次协商谈判仍未能签订正式合同，从证据材料来看，不能明确归结于哪一方的原因。发电公司在双方对合同条款及内容未能协商一致的情况下，要求再生资源公司限期与其签订正式合同，否则不退还投标保证金的行为不当。

现发电公司已另行启动招标工作，再生资源公司已不能承包该项目，交纳投标保证金的目的已不能实现，其要求退还 20 万元投标保证金的诉讼请求，法院予以支持。

据此，法院判决发电公司向再生资源公司退还投标保证金 20 万元。

【分析】

1. 定标之后，招标人和中标人都负有依法签订书面合同的义务。

《招标投标法》第四十六条第一款规定："招标人和中标人应当
自中标通知书发出之日起三十日内，按照招标文件和中标人的投
标文件订立书面合同。招标人和中标人不得再行订立背离合同实
质性内容的其他协议。"《招标投标法实施条例》第五十七条第
一款进一步规定："招标人和中标人应当依照招标投标法和本条
例的规定签订书面合同，合同的标的、价款、质量、履行期限等
主要条款应当与招标文件和中标人的投标文件的内容一致。招标
人和中标人不得再行订立背离合同实质性内容的其他协议。"可见，
经招标投标程序签订合同要求如下：在主体上，应当是招标人和
中标人签订；在时间上，应当自中标通知书发出之日起30日内签
订合同；在内容上，应当按照招标文件和中标人的投标文件订立
合同，合同的标的、价款、质量、履行期限等主要条款不得变更；
在形式上，应当签订书面合同。

2.招标人和中标人在不改变招标投标实质性内容的条件下，
可对非实质性内容协商确定；对于招标文件和中标人的投标文件
均未涉及的其他合同实质性内容，也可通过协商确定。合同实质
性内容影响招标人与中标人的权利、义务和经济利益，影响投标
人的投标报价以及投标决策，故不得在投标后随意更改，不得在
签订合同时进行变更。但对于具体执行合同所需要明确的非实质
性内容，为方便合同履行，应允许双方通过谈判进一步协商一致，
对原合同条款进行细化完善和补充。对于招标文件和中标人的投
标文件未涉及但在中标后签订合同时才发现必须明确的其他实质
性内容，属于新增加的内容，亦应允许双方协商确定。就像在本
案中因在招标投标过程中未考虑的村民堵路纠纷等涉及双方权利
义务的重要事项，不能协商一致就将导致合同无法签订，双方可
在不改变原招投标结果的基础上，经协商一致增加规定该部分内
容，这不属于另行订立背离合同实质性内容的其他协议。

3.合同不能签订的,由负有责任的一方承担责任。《招标投标法》
第四十六条规定，招标人和中标人应当自中标通知书发出之日起

30 日内订立书面合同。中标通知书发出后，招标人和中标人任何一方无正当理由不与对方订立合同的，都应受到法律的制裁。《招标投标法实施条例》第七十三条、第七十四条分别规定了招标人、中标人不按规定签订合同的法律责任。在民事责任方面，招标人无正当理由不与中标人订立合同，给中标人造成损失的，依法承担赔偿责任；中标人无正当理由不与招标人订立合同，在签订合同时向招标人提出附加条件，或者不按照招标文件要求提交履约保证金的，取消其中标资格，投标保证金不予退还。双方都有责任的，各自按照前述规定分别向对方承担相应责任。

【启示】

1.潜在投标人认为招标文件有存在遗漏、表述错误、意思不明等问题或者对部分内容存在疑问的，都可以向招标人及时提出异议，要求招标人澄清解释和答复，以便完整全面地了解招标文件内容。潜在投标人也应当对招标项目事先进行调研评估、踏勘现场，以便如实掌握招标项目的实际情况，准确作出投标决策。

2.招标人应按照诚实信用原则，在招标文件中如实描述招标项目相关背景资料。潜在投标人对招标文件提出的异议或者就招标项目提出疑问的，招标人应如实解释答复，帮助投标人全面掌握招标项目情况，准确理解招标人的采购要求，以便能够编制切合招标项目实际，有利于合同履行和项目实施的投标文件。中标后，就招标文件遗漏、双方理解有分歧的问题，双方应当坚持诚实信用、公平公正的原则充分沟通，协商解决。

88 招标人拒签合同应承担赔偿责任

【案情】

　　某水利公司向城投公司缴纳了 5000 万元投标保证金，参加其市政路网工程 BT 项目的投标并中标，但因城投公司原因双方未签订合同。

　　2013 年 7 月 22 日，城投公司致函水利公司，载明："你司至今项目合同未签，也一直未能进场施工，对此我公司表示最诚挚的歉意。我公司承诺：一是 2013 年 7 月底前签订合同；二是 2013 年 8 月 10 日前进场施工；三是如前两条不能做到，2013 年 8 月底前退还全部投标保证金及相关利息"。同年 8 月 29 日，城投公司又致函水利公司，告知水利公司以下内容："（一）按照上级相关规定，我公司实施的市政路网工程 BT 项目与贵公司终止合作；（二）10 日内退还你公司缴纳的 5000 万元投标保证金；（三）对由于合作终止给贵司产生的相关费用，由双方协商解决。"同年 9 月 10 日，城投公司以转账方式退还水利公司投标保证金 5000 万元。

　　2013 年 9 月 18 日，水利公司致函城投公司，要求支付 BT 项目招标人取消签署合同造成的相关损失费用。因双方未能就该费用协商一致，水利公司起诉，请求法院判令城投公司向其支付：投标费用 1.3 万元（其中标书购买费 1000 元、投标文件编制费 1 万元、差旅费 2000 元）；投标保证金利息 1052.5 万元（按逾期付款违约金日万分之五计算），合计 1053.8 万元。

　　法院认为：水利公司在中标后，按照中标通知书的要求应于 30 日内到城投公司处签订承包合同。此后，双方进入为订立合同进行磋商的阶段，即开始负有相应的先合同义务，水利公司亦基于信赖关系作了施工前期准备。但因城投公司的过错致使承包合同未能签订，由此造成水利公司的损失，城投公司依法应当承担赔偿责任。

水利公司诉讼请求中要求的投标文件编制费 1 万元、差旅费 2000 元，因该公司未提交相关证据证实存在投标文件编制费、差旅费支出，不予支持。招标文件载明了招标文件售价每份 1000 元，由投标单位开标日现场缴纳，鉴于水利公司已参加投标并中标，能够印证水利公司此项费用已实际支出，对于该公司要求赔偿标书购买费 1000 元的诉讼请求，予以支持。双方对于投标保证金利息如何计算并未约定，而水利公司要求投标保证金利息按日万分之五标准计算，但未能提供按该标准计算利息的充分依据。参照《最高人民法院关于适用〈合同法〉若干问题的解释（二）》第二十九条第二款的规定，当事人约定的违约金超过造成损失的 30% 的，一般可以认定为《合同法》第一百一十四条第二款规定的"过分高于造成的损失"，酌定以中国人民银行同期同类贷款利率的 1.3 倍，计算该 5000 万元资金占用期间的利息。

综上，法院判决城投公司支付水利公司标书购买费 1000 元及投标保证金的利息 4 674 854.17 元。

【分析】

1. 招标人没有合理理由却不签订合同，应承担赔偿责任。中标通知书就是招标人的承诺，对招标人和中标人发生法律拘束力，招标人和投标人都必须在中标通知书发出之日起 30 日内根据招标文件和中标人的投标文件签订合同。招标人不能按照其承诺与中标人签订合同的，违背了诚实信用原则，应承担相应责任，赔偿对方损失。本案中，水利公司收到中标通知书后，城投公司拒绝签订承包合同，违背了诚实信用原则，应承担赔偿责任，该赔偿责任仅限于水利公司的实际损失，如参加投标的费用、投标保证金利息损失等，而不包括基于合同成立后的可得利益损失。

2. 招标人应当及时退还投标保证金及其利息。《招标投标法条例》第三十一条、第五十七条都规定了招标人退还投标人的投标保证金时同时支付其银行同期存款利息。该"银行同期存款利息"是一定期限（如6个月、1年）的定期存款利息还是活期存款利息，没有明确规定。一般招标文件约定按照银行同期活期存款利率计算利息，当然对于投标保证金金额大、担保时间长的招标项目，以约定较高利率的利息为宜。逾期退还投标保证金的，根据《招标投标法实施条例》第六十六条规定，除责令其退还投标保证金及银行同期存款利息外，还应当另行赔偿投标人的损失。在本案中，水利公司提交的5000万元投标保证金，被城投公司无故长时间占用，该资金占用期间的利息损失客观存在。由于双方对于投标保证金利息如何计算并未约定，因此若依据水利公司主张的按照日万分之五标准计算利息明显过高，又无事实和法律依据，最终法院酌情按照中国人民银行同期同类贷款利率的1.3倍计算利息损失并无不妥。

【启示】

1. 在发出中标通知书后，招标人如果不能签订合同，应尽早与中标人协商解决，并就中标人因信赖该合同必将签署而已经造成的实际损失进行赔偿，比如中标人参加投标的成本、应招标人要求为履约而提前支出的费用及造成的损失等。

2. 招标人应按规定时限退还投标保证金。招标人终止招标的，应当及时退还所有投标人的投标保证金及银行同期存款利息；完成招标程序的，招标人最迟应当在书面合同签订后5日内向中标人和未中标的投标人退还投标保证金及银行同期存款利息。

89 投标保证金可按招标文件要求自动转为履约保证金

【案情】

某炼铁厂发布高炉煤气干法除尘灰处理项目的《招标销售公告》，载明：将其6座高炉干法除尘灰采用公开招标销售方式选择买家；报价方式为当场函件投标方式；数量约22500吨／年；投标保证金为30万元，若中标，投标保证金转为履约保证金。某工贸公司交纳30万元投标保证金参加投标，并以295元／吨中标，但炼铁厂未发中标通知书，双方直接签订《处置协议》。

工贸公司前往区环保局了解本案标的物向外省转移的相关手续，工作人员告知其作为接收方所应提供的相关材料。炼铁厂作为危险废物的产出单位向区环保局提出转移申请，因工贸公司未能提交应由其提交的四种材料，区环保局向炼铁厂出具《关于办理含锌废物跨省转移事宜的答复》，载明：根据省环保厅《关于进一步规范和加强危险废物转移管理有关工作的通知》，因炼铁厂未能提供委托运输协议复印件、运输单位危险货物准运证等四类有效证明材料，经初审认定，炼铁厂的申请不符合相关规定，不予办理炼铁厂申请的含锌废物（干法除尘灰）跨省转移事宜。

工贸公司得知上述情况后，要求炼铁厂返还投标保证金30万元，但炼铁厂拒不退还。炼铁厂认为工贸公司中标后原投标保证金已转为履约保证金，因其怠于提供办理环保审批手续应由其出具的材料，导致环保审批手续未能通过，合同无法履行，已构成违约，故不予退还履约保证金。工贸公司起诉到法院，请求判令炼铁厂返还投标保证金30万元，赔偿损失5万元。

法院认为：（一）关于招投标活动的效力。根据《招标投标法》规定，中标人确定后，招标人应当向中标人发出中标通知书，招标人和中标人应当自中标通知书发出之日起 30 日内，按照招标文件和中标人的投标文件订立书面合同。该规定并非效力性规定，虽然工贸公司中标后，炼铁厂并未发送中标通知书，但炼铁厂已告知工贸公司已中标且双方签订了《处置协议》，这并不导致双方招投标活动无效。

（二）关于履约保证金。根据《招标投标法实施条例》第二十六条规定，投标保证金不得超过招标项目估算价的 2%。而根据炼铁厂公告的高炉干法除尘灰数量约为 22500 吨，招标底价 240 元／吨计算，投标保证金应为 10.8 万元，炼铁厂收取工贸公司投标保证金 30 万元超出上述规定的限额。根据《招标投标法实施条例》第五十八条规定，履约保证金不得超过中标合同金额的 10%，工贸公司以 295 元／吨中标，合同金额达到了 663 万余元。双方当事人约定中标后，前述投标保证金直接转为履约保证金，此时炼铁厂收取履约保证金 30 万元并不违反相关规定。

（三）关于工贸公司是否违约。根据省环保厅关于进一步规范和加强危险废物转移管理的规定，从省内向外省转移危险废物的，应由产生单位向环保部门申请办理跨省转移危险废物审批手续，因工贸公司未提供其作为接收方所应提供的四种材料，导致炼铁厂作为危险废物的产出单位向区环保局提出含锌废物（干法除尘灰）跨省转移转移申请时被环保局作出不予办理的决定，导致双方签订的《处置协议》无法履行。工贸公司的行为已构成违约，依法应承担相应责任，炼铁厂依法有权不予退还工贸公司履约保证金 30 万元，也不赔偿工贸公司的损失。

综上，法院判决驳回工贸公司的诉讼请求。

【分析】

1. 中标后投标保证金可以转为履约保证金，履约保证金不超过合同金额的 10%。根据《招标投标法》第四十六条第二款、《招标投标法实施条例》第五十八条规定，履约保证金并不是在招投标活动结束后签订合同时予以约定，而是只要招标文件要求中标人提交履约保证金的，中标人就应当提交，且履约保证金不得超过中标合同金额的 10%。

本案中，《招标销售公告》规定："若中标，投标保证金转为履约保证金"，明确约定中标人在中标后，其投标保证金即自动转为履约保证金，法律对此并未作出禁止性规定。投标人工贸公司按照招标文件进行响应，对该条款也予以接受。因此，工贸公司提交的该 30 万元投标保证金，按照招标文件规定在其中标后已自动转为履约保证金，炼铁厂已没有退还投标保证金的义务。而且根据工贸公司的报价，整个合同总金额约为 663.75 万元，法定的履约保证金限额为 66.375 万元，因此这 30 万元履约保证金并未超出合同金额 10% 的法定限额，故该履约保证金有效。《处置协议》系工贸公司、炼铁厂双方就买卖高炉干法除尘灰订立的买卖合同，但因工贸公司的原因不能履行，根据《招标投标法》第六十条第一款"中标人不履行与招标人订立的合同的，履约保证金不予退还，给招标人造成的损失超过履约保证金数额的，还应当对超过部分予以赔偿；没有提交履约保证金的，应当对招标人的损失承担赔偿责任"的规定，炼铁厂有权不予退还该笔履约保证金。

2. 招标人虽未发出中标通知书但与实际中标人签订的书面合同有效。《招标投标法》第四十六条规定："招标人和中标人应当自中标通知书发出之日起三十日内，按照招标文件和中标人的投标文件订立书面合同。招标人和中标人不得再行订立背离合同实质性内容的其他协议。"本条对中标后签订合同约定的期限作出了明确的规定，意在督促招标人和中标人及时签订合同，固定合同双方当事人的权利、义务，保护交易顺利完成，违反本条规定应当承担不利的后果，但并不是说未严格执行该条规定即导致合同无效。发出中标通知书是招标人的法定义务，是其作出"承诺"的标志，其目的是告知中标人已被招标人选定为交易对象并告知签约相关事项。如果招标人未发出中标通知书，但以其行为明确无误地表明对方中标之事实，并实际签订合同的，与中标通知书所表明的"承诺"之法律效果相同，这种以事实行为代替中标通知书且被交易对方（中标人）接受的，该民事行为有效，双方所签合同亦有效。本案中，招标人虽未发出中标通知书，但双方已通过订立协议的方式对主要权利、义务进行了确认，满足《合同法》关于合同成立的规定，故案涉《处置协议》已依法成立并生效。

【启示】

1. 投标保证金可以转为履约保证金，但必须事前在招标文件中作出规定，或中标后在签订合同时予以明确并将相关内容载入合同（注意审核投标保函有无可以转为履约保函的内容，如没有，不能直接抵作履约保函）。投标保证金的金额与履约保证金的金额不同，不足的应另行补足。

2. 中标人确定后，招标人应当向中标人发出中标通知书这一"承诺"性质的法律文件，明确无误地表明其接受招标人的"要约"。招标人和中标人都应当自中标通知书发出之日起 30 日内，按照招标文件和中标人的投标文件订立书面合同。

90 不交纳履约保证金将丧失中标资格

【案情】

某路桥公司中标承建某高速公路工程后，组织对该工程土方施工分包项目进行招标。招标文件约定："投标人交投标保证金 50 万元；合同签订时间：中标人收到中标通知书后 10 天；中标人在收到中标通知书（以发出时间为准）后 7 天内，并在签订合同协议前，向招标人提交履约保证金 100 万元；中标人中标后投标保证金转为履约保证金。"

　　某劳务公司参加投标并交纳 50 万元投标保证金。路桥公司与劳务公司为在正式签订合同前明确双方的责任和义务，经协商先行签订《土方施工意向书》，对计价方式、双方各自的工作内容、工程量进行了约定，并约定待正式合同签订后自行失效。但此后，路桥公司没有发出中标通知书，双方也没有签订正式合同。

　　2013 年 2 月 22 日，路桥公司为响应高速公路工程业主履约检查，通知劳务公司在 2013 年 2 月 26 日前进场施工。3 月 19 日，路桥公司再次通知劳务公司于 3 日内交纳 50 万元履约保证金，之后签订正式土方施工劳务分包合同。但劳务公司未交纳此款，路桥公司遂通知劳务公司中标无效，没收投标保证金。双方协商确认前期费用为 193630 元，且路桥公司将投标保证金 50 万元与前期费用 193 630 元一并支付给劳务公司。劳务公司提起诉讼，请求法院判令路桥公司作出的劳务分包中标无效及解除《土方施工意向书》的行为无效，确认该意向书合法有效，并责令路桥公司与劳务公司签订《劳务分包合同》。

　　法院认为：涉案工程的招标文件明确规定，中标人在接到中标通知书后，在签订合同协议前向招标人提交履约保证金 100 万元。劳务公司作为投标人参与投标，其对招标文件上述规定应是认可的，且双方未对此作出新的变更，均应按规定履行。劳务公司交纳了投标保证金 50 万元参与投标，并与路桥公司签订了《土方施工意向书》，其后接通知进场施工，说明路桥公司已初步确定劳务公司为中标单位。劳务公司在将 50 万元投标保证金转为履约保证金后，还应按招标文件规定，再向路桥公司交纳 50 万元履约保证金，而劳务公司并未交纳。因此，根据《招标投标法》第四十六条"招标文件要求中标人提交履约保证金的，中标人应当提交"及招标文件的规定，路桥公司有权解除双方签订的《土方施工意向书》，不与劳务公司签订《劳务分包合同》。路桥公司在通知劳务公司中标无效及要求劳务公司退场后，双方协商劳务公司退场事宜，路桥公司退还了劳务公司 50 万元投标保证金，并补偿了经劳务公司确认的前期费用，双方签订的《土方施工意向书》实际上已被解除。

综上所述，法院判决驳回劳务公司的诉讼请求。

【分析】

1. 招标人可自主约定履约保证金条款，投标人应当遵守。《招标投标法》第四十六条第二款规定："招标文件要求中标人提交履约保证金的，中标人应当提交。"《招标投标法实施条例》第五十八条规定："招标文件要求中标人提交履约保证金的，中标人应当按照招标文件的要求提交。履约保证金不得超过中标合同金额的 10%。"上述立法规定了履约保证金制度，但并不是强制的，是否交纳履约保证金以及履约保证金的金额（上限为中标合同金额的 10%）、形式（现金、银行保函、银行汇票、银行电汇、支票、专业担保公司的担保等）、交纳时间和不交纳履约保证金的法律后果，都由招标人自主决定，并在招标文件中明确约定。履约保证金的有效期自合同生效之日起至合同约定的中标人的合同义务履行完毕时止。在本案中，尽管中标人路桥公司未严格按照规定发出中标通知书，程序上存在一定瑕疵，但是以签订意向书、通知进场施工、催促交纳履约保证金等行为足以证明劳务公司已经中标的事实，劳务公司就应当按照招标文件要求，在将原交纳的投标保证金转为履约保证金后，再交纳 50 万元履约保证金。

2. 中标人拒绝交纳履约保证金的，将失去其投标保证金及中标资格。在招标投标活动中，一般要求投标人提交投标保证金，中标人提交履约保证金。投标保证金与履约保证金的功能不同，投标保证金是投标人向招标人递交的约束投标人在从参加投标起至正式签订合同时止整个招标投标活动中履行其相应投标义务的担保，履约保证金属于中标人向招标人提供的在合同签订后的履行阶段用以保障其履行合同义务的担保。《招标投标法实施条例》

第七十四条规定了中标人拒绝交纳履约保证金的责任，其中规定"中标人……不按照招标文件要求提交履约保证金的，取消其中标资格，投标保证金不予退还"。因此，在招投标实践中，通常会在招标文件中将履约保证金作为合同订立的条件，并要求在合同签订前提交，如果不提交履约保证金，不予退还中标人提交的投标保证金并取消其中标资格。本案中，因劳务公司未按照招标文件规定全额交纳履约保证金，则路桥公司有权取消其中标资格并不退还其投标保证金。

【启示】

1. 招标人可以根据招标项目的实际需要，决定中标人是否提交履约保证金。决定收取履约保证金的，应在招标文件中约定履约保证金条款，如：①在签订合同前，中标人应按招标文件规定的金额、担保形式向招标人提交履约保证金（可规定履约保函格式）。②中标人不能按要求提交履约保证金的，招标人将取消其中标资格，其投标保证金不予退还。在此情况下，招标人可将合同授予排名在后的中标候选人或重新招标。③中标人的投标保证金可转为履约保证金。

2. 招标人可将履约保证金作为合同订立的条件，在招标人与中标人签约前提交履约保证金。如果招标人允许中标人在签订合同之后一定时间内提交履约保证金的，应将提交履约保证金作为合同生效的先决条件，根据《合同法》第四十五条规定，中标人提交履约保证金时合同生效。

3. 投标人应当按时足额交纳履约保证金，这是合同签订或者合同生效的前提条件，如果拒绝交纳履约保证金，将失去签订合同的资格并失去其投标保证金，有的可能会被列入不良供应商名录予以制裁。

91 分包人应与中标人向招标人承担连带责任

【案情】

某锅炉厂组织冷渣器采购招标，某设备公司以最低价格 557 万元中标，双方签订了冷渣器设备买卖合同，约定："质量标准按双方签订的电厂工程技术协议要求生产，如出卖人所提供的产品达不到买卖合同约定的质量标准，买受人有权要求出卖人退货或换货。"该合同后附技术协议约定了单台冷渣器排渣出力、出渣温度、冷却能力等技术参数。合同签订后，锅炉厂支付货款 350 万元。后来设备公司和另一家企业机械公司向锅炉厂交付了冷渣器设备，由机械公司进行安装指导。

冷渣器设备投入运行后，出现排渣出力不足，单台冷渣器每小时排渣仅为 6.98 吨，低于技术协议约定的每小时 25 吨的标准；排渣温度超标，最高可达 255℃，高于技术协议约定的不高于 150℃标准，以及存在漏渣、冒灰等严重质量问题。锅炉厂被迫降低锅炉整体运行负荷，并两次对冷渣器设备进行改造。但经现场运行验证均宣告失败，遂通知设备公司解除冷渣器设备买卖合同，后又拆卸冷渣器设备并进行了公证，还与案外人环保公司另行签订冷渣器买卖合同，采购价值为 980 万元的冷渣器。

锅炉厂提起诉讼，请求解除案涉合同；设备公司向其返还已支付的货款 350 万元，并赔偿其经济损失 428 万元；机械公司对此承担连带责任。

法院认为：案涉《冷渣器买卖合同》及《技术协议》系双方当事人的真实意思表示，且内容不违反法律、行政法规的禁止性规定，合法有效。①锅炉厂提供多份证据，足以证明冷渣器设备投入运行后出现排渣出力不足，达不到案涉合同约定的技术要求，且还存在漏渣、冒灰等严重质量问题，虽经维修、改造，产品质量仍不符合合同约定，设备公司构成违约。②案涉买卖合同约定了质量标准及合同解除的条件之一是冷渣器质量达不到买卖合同规定的质量标准要求，买受人有权要求出卖人退货或换货。设备公司和机械公司提供的冷渣器设备在运行中出现严重质量问题，故根据《合同法》第九十三条规定："当事人可以约定一方解除合同的条件。解除合同的条件成就时，解除权人可以解除合同"，案涉买卖合同约定的合同解除条件已成就，锅炉厂关于解除案涉《买卖合同》的请求成立，予以支持。设备公司应将已收取的350万元货款返还给锅炉厂。锅炉厂应将冷渣器设备返还设备公司。③锅炉厂另行购买设备所支付的价款不属于设备公司在订立合同时应当预见到的其违约可能造成的损失，故根据《合同法》第一百一十三条规定，锅炉厂关于设备公司应赔偿其向案外人另行采购设备多支付428万元的诉讼请求，不予支持。④锅炉厂提供的证据足以证明机械公司参与了诉争冷渣器设备的生产、安装指导及维修、改造，设备公司将合同的主体、关键性工作分包给机械公司完成，机械公司履行了合同的主要义务，故依据《招标投标法》第四十八条规定，机械公司应对设备公司产品质量不符合约定承担连带赔偿责任。

综上，法院判决：①解除锅炉厂与设备公司签订的《买卖合同》；②设备公司返还锅炉厂货款350万元，机械公司对此承担连带清偿责任；返还货款同时，锅炉厂将冷渣器设备返还设备公司；③驳回锅炉厂的其他诉讼请求。

【分析】

1. 禁止中标人转包或违法分包中标项目。中标人应当亲自、全面履行合同约定的义务，完成中标项目，不得转让或者违法分包中标项目。《招标投标法》第四十八条和《招标投标法实施条例》第五十九条均规定："中标人应当按照合同约定履行义务，完成中标项目。中标人不得向他人转让中标项目，也不得将中标项目肢解后分别向他人转让。中标人按照合同约定或者经招标人同意，可以将中标项目的部分非主体、非关键性工作分包给他人完成。接受分包的人应当具备相应的资格条件，并不得再次分包。中标人应当就分包项目向招标人负责，接受分包的人就分包项目承担连带责任。"首先，禁止中标人转包中标项目，不得将其承包的中标项目倒手转让给他人承包实施，包括将中标项目肢解后以"分包"的名义分别向他人转让。其次，禁止非法分包，包括中标人将中标项目分包给不具备相应资质条件的单位或个人，合同中未有约定又未经招标人认可时将部分中标项目交由他人完成，将中标项目的部分主体、关键性工作分包给他人以及分包单位将其承包的部分中标项目再行分包等情形。在本案中，设备公司将合同的主体、关键性工作分包给机械公司完成，属于违法分包行为。

2.分包人应当与中标人共同对招标人承担连带责任。根据前述规定，中标项目的主体性、关键性工作必须由中标人自行完成，不得分包；只有在合同有约定或者招标人同意的前提下，才可以将中标项目的部分非主体性、非关键性工作分包给他人完成，而且分包只能进行一次。基于合同的相对性原理，在合同法上，只有中标人对招标人承担合同责任，分包人只对中标人负责，并不直接向与其无合同关系的招标人承担责任。但是，为了维护招标人的权益，《招标投标法》第四十八条及《招标投标法实施条例》第五十九条专门规定："中标人应当就分包项目向招标人负责，接受分包的人就分包项目承担连带责任"，合法分包的情况下尚且如此，在违法分包、双方存在过错的情况下更应如此。因此，在本案中，设备公司违法将其中标项目部分分包给机械公司，出现违约时，二者应向招标人锅炉厂共同承担连带清偿责任。

3.一方当事人违约给对方造成损失的，应当赔偿损失《合同法》第一百一十三条规定："当事人一方不履行合同义务或者履行合同义务不符合约定，给对方造成损失的，损失赔偿额应当相当于因违约所造成的损失，包括合同履行后可以获得的利益，但不得超过违反合同一方订立合同时预见到或者应当预见到的因违反合同可能造成的损失。"赔偿的损失必须是签约时双方能预见到的损失，其范围不能随意扩大，合同法以"预见性"（即违约人在订立合同之时能够预见的违约的损失）条件来限制赔偿范围，预见不到的损失，不在赔偿范围之列。在本案中，法院因锅炉厂不能证明"预见性"而未支持合同金额差作为损失款赔偿。如果合同中约定违约金或将合同差额约定为损失的，则具备"预见性"条件，可能得到法院支持。

【启示】

1. 中标人拟将其中标项目分包的，应当事先在其投标文件中载明，在其中标后，随着其投标文件（要约）被招标人接受（承诺），其分包方案自然在招标人认可范围之内。中标以后，中标人也可与招标人协商，经招标人同意后，将其中标项目的部分非主体、非关键性工作分包给其他资格条件满足规定的单位或个人完成。

2. 招标人在同意中标人将其中标项目分包给他人完成的情况下，必须注意审核分包事项和分包人的资格条件，比如要求中标人只能将部分非主体、非关键性工作分包给他人，分包人具备承接分包项目的资格条件，分包人不得再次分包。同时，必须在合同中约定中标人与分包人的相关权利义务以及履约时的连带责任。

92 逾期退还投标保证金被追责

【案情】

某纸业公司拟就高档包装纸板和特种纸板项目一期工程进行

公开招标，投标保证金 90 万元。招标文件第 3.7.4 条约定："未中标的投标单位的投标保证金将于招标人最终定标并签订合同后三十日内无息退还。"某装备公司参与了投标，并向纸业公司交纳投标保证金 90 万元，最终并未中标，纸业公司已于 2014 年 9 月 26 日与中标方签订合同，但未向装备公司退还投标保证金 90 万元。

装备公司起诉，请求法院判令纸业公司退还投标保证金 90 万元，并支付自与中标方签订合同的五日后至退还投标保证金之日的欠款利息。

法院认为：装备公司参与纸业公司建设项目的投标，并按招标文件的要求交纳投标保证金 90 万元，在确定未能中标后，纸业公司应向未中标的装备公司退还投标保证金。就投标保证金的退还时间，招标文件约定应于签订合同后 30 日内无息退还，但该约定违反《招标投标法实施条例》第五十七条第二款"招标人最迟应当在书面合同签订后五日内向中标人和未中标的投标人退还投标保证金及银行同期存款利息"的规定，应视为无效，纸业公司应于与中标方签订合同后 5 日内（即 2014 年 10 月 1 日前）向装备公司退还投标保证金及银行同期存款利息。装备公司未要求该期间的利息，属于其自行放弃权利；纸业公司未能在该期间内返还投标保证金，应自 2014 年 10 月 2 日起按中国人民银行发布的同期同类贷款利率向装备公司支付利息。

法院判决：纸业公司向装备公司返还投标保证金 90 万元，并按中国人民银行同期同类贷款利率支付自 2014 年 10 月 2 日起至本判决指定的履行期间内实际履行之日止的利息。

【分析】

1. 投标保证金应在合同签订后 5 日内退还。实践中，招标人迟迟不退还投标人交纳的投标保证金，无偿占用投标保证金获取利息收益甚至挪作他用的事件较为常见。这种不诚信的行为侵害了投标人的利益，有必要对招标人占有投标保证金的合理期限进行必要的限制。《招标投标法实施条例》第五十七条规定："招标人最迟应当在书面合同签订后5日内向中标人和未中标的投标人退还投标保证金及银行同期存款利息。"当中标人与招标人签署合同之时，招标任务即告完成，招标人也就失去占有投标保证金的基础，即应立即退还未中标的投标人的投标保证金。

2. 退还投标保证金应支付利息。《招标投标法实施条例》第五十七条规定了招标人占有投标保证金期间应当支付利息，改变了以往无息退还投标保证金的做法，提高了资金利用效率，纠正了招标人无偿占有投标人资金期间获利的问题。招标文件可以约定按照银行同期活期存款利率计算投标保证金的利息。对于招标人逾期退还投标保证金的，根据《招标投标法实施条例》第六十六条规定，除了支付利息外，还应另行赔偿投标人的损失。本案中，纸业公司应在签订合同后5日内退还装备公司投标保证金，并支付占有期间利息，由于装备公司起诉时只要求支付合同签订5日之后的经济损失，未要求支付此前直至投标截止之时的利息，视为对其权益的放弃。

3. 违反强制性法律规定的招标文件条款无效。《合同法》第五十二条规定："有下列情形之一的，合同无效……（五）违反法律、行政法规的强制性规定。"根据《最高人民法院关于适用〈中华人民共和国合同法〉若干问题的解释（二）》第十四条规定，这里所谓的"强制性规定"仅指效力性强制性规定。所谓效力性规范，指法律及行政法规明确规定违反了这些禁止性规定将导致合同无效或者合同不成立的规范；或者是法律及行政法规虽然没有明确规定违反这些禁止性规范后将导致合同无效或者不成立，但是违反了这些禁止性规范后如果使合同继续有效将损害国家利益和社会公共利益的规范。《招标投标法实施条例》第五十七条第二款关于"招标人最迟应当在书面合同签订后五日内向中标人和未中标的投标人退还投标保证金及银行同期存款利息"的规定，即属于效力性强制性规定。而本案中招标文件第3.7.4条约定:"未中标的投标单位的投标保证金将于招标人最终定标并签订合同后三十日内无息退还",违反了《招标投标法实施条例》第五十七条规定,符合《合同法》第五十二条规定的情形,应属无效。

【启示】

招标文件的前提条件首先是合法合规。招标人应依法编制招标文件条款,尤其是不能违反法律和行政法规规定的效力性强制性规范。《招标投标法实施条例》中关于退还投标保证金的时间以及利息的规定属于强制性法律规定,任何人都应当遵照执行。招标人应当在合同签订后5日内退还投标保证金及其利息,不允许在招标文件中作出变通甚至完全相悖的规定。

93 中标人应当按照合同约定完成中标项目

【案情】

某水电工程集团(甲方)与某实业公司(乙方)签订《合作协议书》,约定:甲方以其资质对某水电站工程投标,在乙方的协助下中标,签订施工总承包合同;乙方负责咨询、公关等工作;甲方负责组建工程指挥部,负责工程管理与实施,负责与业主的交往、对外联系等,乙方可委派人员以甲方工作人员名义参与合同谈判;工程中标后,甲方按其结算合同总额计提管理费用2.5%;中标后,双方组织单项工程的招标,均可推荐施工队伍,单项工程中标单位应向甲方提供履约保证金。

后来实业公司(甲方)又与公路工程公司(乙方)签订《水电工程合作协议》,约定:以甲方与水电工程集团的《合作协议书》为基础，甲方将水电站项目中约 2 亿元的工程量交由乙方施工；由乙方承担水电站 2000 万元的履约保证金，交给甲方以水电工程集团名义缴纳。公路工程公司按协议交付 2000 万元履约保证金，实业公司转交水电工程集团。

水电工程集团经投标，与水投公司签订《水利水电土建工程施工合同》，获得水电站工程施工总承包权后，向公路工程公司发出中标通知书，通知公路工程公司以 2.05 亿元价格中标大坝及溢洪道水电工程项目。公路工程公司随即进场施工，后双方发生矛盾经协商中途退场。

公路工程公司起诉认为，《合作协议书》《水电工程合作协议》无效，因无效合同取得的履约保证金应返还公路工程公司并偿付利息损失。

法院认为：（一）关于《合作协议书》《水电工程合作协议》效力的认定问题。第一，水电工程集团与实业公司通过《合作协议书》约定以水电工程集团的资质参加投标，实业公司组织其他单位一起竞标，中标后双方组织单项工程招标，收取单项工程中标单位履约保证金，水电工程集团收取管理费，从协议内容上看，实际上就是约定双方在招投标过程中通过借用他人资质、围标、串标等方式中标，中标后再通过所谓"单项工程招标"的方式进行转包或分包，收取履约保证金和管理费。该协议内容违反招标投标法和建筑法的相关规定，亦属于以合法形式掩盖非法目的的情形，符合《合同法》第五十二条第（三）项、第（五）项的规定，应属无效合同。

第二，实业公司与公路工程公司签订《水电工程合作协议》并收取公路工程公司的履约保证金，是基于其与水电工程集团之间的合作关系，履行合作协议的行为，应当认定水电工程集团和实业公司共同为公路工程公司的合同相对人。《水电工程合作协议》中明确约定以实业公司与水电工程集团签订的《合作协议书》为基础，但该《合作协议书》本身即因内容违反招标投标法相关规定而无效。同时，因水电站工程系须经招投标程序确定承包人的工程，《水电工程合作协议》中直接约定将该工程中包括石坝工程、溢洪道工程等在内的部分主体工程交由公路工程公司施工，违反了《招标投标法》第四十八条关于禁止将主体工程分包的规定。因此，水电工程集团、实业公司与公路工程公司签订的《水电工程合作协议》内容违反法律法规的强制性规定，应属无效。

（二）关于返还公路工程公司履约保证金并赔偿利息损失的问题。水电工程集团和实业公司基于合作关系，以实业公司的名义与公路工程公司签订《水电工程合作协议》并收取公路工程公司 2000 万元履约保证金的行为，系合作体的共同行为。根据《合同法》第五十八条规定，因该合作协议无效，水电工程集团和实业公司基于无效合同取得的 2000 万元履约保证金应当返还。公路工程公司以银行贷款利息为损失计算标准诉请赔偿损失，符合法律规定。公路工程公司与水电工程集团、实业公司明知约定有借用资质、围标、串标等内容的合作协议违反法律法规的强制性规定，仍约定以该合作协议为基础，签订《水电工程合作协议》，即合同双方对合同无效的情况均知悉，对无效合同的签订及损失的产生均有过错，且过错相当，应各自承担 50% 的损失。

综上，法院判决：《合作协议书》《水电工程合作协议》无效，水电工程集团、实业公司共同向公路工程公司返还履约保证金 2000 万元并按照中国人民银行公布的同期贷款利率的 50% 计算支付资金占用损失。

【分析】

1. 以他人资质投标而中标后签订的合同无效。《合同法》第五十二条规定："有下列情形之一的，合同无效：（一）一方以欺诈、胁迫的手段订立合同，损害国家利益；（二）恶意串通，损害国家、集体或者第三人利益；（三）以合法形式掩盖非法目的；（四）损害社会公共利益；（五）违反法律、行政法规的强制性规定。"

其中投标人非法勾结，为谋取私利，串通投标，共同订立的、损害招标人或者其他投标人利益的合同属于第二种情形，约定违法分包、串通投标等内容的合同属于第五种情形，都应当判定合同无效。本合同中，水电工程集团与实业公司通过《合作协议书》约定，在招投标过程中借用他人资质、围标、串标，实业公司与公路工程公司签订的《水电工程合作协议》约定，部分主体工程交由公路工程公司施工，都因违反《招标投标法》第三十二条、第四十八条等强制性规定而无效。《合同法》第五十八条规定："合同无效或者被撤销后，因该合同取得的财产，应当予以返还；不能返还或者没有必要返还的，应当折价补偿。有过错的一方应当赔偿对方因此所受到的损失，双方都有过错的，应当各自承担相应的责任。"因此，合作协议无效，且三方均有过错，故法院判决水电工程集团、实业公司应返还公路工程公司的履约保证金并承担 50% 的利息损失。

2. 中标人应当按照合同约定完成中标项目，主体、关键性工作不得分包。中标人应当遵循诚实信用原则，全面履行合同约定的义务，完成中标项目，这是其基本义务。当然，招标人也同样应当按照合同的约定履行其义务。《合同法》第六十条规定："当事人应当按照约定全面履行自己的义务。"《招标投标法》第四十八条第一款规定："中标人应当按照合同约定履行义务，完成中标项目。"就合同转让问题，《招标投标法》第四十八条第二款规定："中标人按照合同约定或者经招标人同意，可以将中标项目的部分非主体、非关键性工作分包给他人完成。接受分包的人应当具备相应的资格条件，并不得再次分包。中标人应当就分包项目向招标人负责，接受分包的人就分包项目承担连带责任。"也就是说，原则上中标项目都应当由中标人自行完成，在招标人同意的情况下允许将非主体、非关键性工作分包给其他资质条件合格、有履约能力的人完成，且分包只能进行一次，主体、非关键性工作不得分包。《建筑法》第二十八条、《合同法》第二百七十二条也有类似规定。本案中，中标人擅自将其承包的中标项目中的部分主体工程分包给他人，违反了法律规定。

【启示】

中标人应按照合同约定履行合同义务，完成中标项目，不得将工程转包或者违法分包。一是中标人只能将中标项目的非主体、非关键性工作分包给具有相应资质条件的单位；二是分包的工程必须是招标采购合同约定可以分包的工程，合同中没有约定的，必须经招标人认可；三是中标项目的主体性、关键性工作必须由中标人自行完成，不得分包。四是分包单位不得再次分包，但劳务分包除外。

94 履约过程中可以因设计变更调整合同价款

【案情】

某国有企业综合办公楼工程，通过招标选择的施工单位已进场施工，后建设单位对该工程重新规划设计，结构形式由砖混结构改为框架剪力墙结构，工程量有所增加，对于这种情况是否需要重新招标，形成不同的观点。

一种观点认为，因为这项工程已经依法进行了招标投标，虽然发生设计变更，工程量、工程款也发生很大变化，但不用重新招标，之后在合同履行过程中可以签订变更协议即可解决出现的新问题。

另一种观点认为，应当必须重新招标，因为既然发生了设计变更，合同内容必将发生变更，但《招标投标法》禁止合同双方当事人另行签订与招标文件和中标人的投标文件的实质性内容不一致的其他协议，因此只能解除原合同，重新进行招标并确定新的合同内容。

【分析】

经招标的工程建设项目合同执行过程中，工程变更和物价波动可能是持续发生的，合同价格一直处于变动之中也是常态，中标价和最终结算价款不一致的情况较为常见。出现这种情况，应依据双方签订的合同条款规定来处理。

1.经过招标投标签订的合同，变更合同受到严格限制。《合同法》允许合同双方在履约过程中经协商一致就可以变更合同，但基于招标采购的特殊性，经过招标程序签订的合同的变更应更为严格。其理由是：变更合同，可能是由于履约过程中情势发生变化，确需变更合同内容，如不变更，将导致合同双方当事人利益失衡，显失公平，但也可能存在招标人与投标人事前串通，先以低价或很高的技术要求中标，之后双方再通过合同变更手段达到变更招标结果的目的，这实质上就是一种变相的规避招标或虚假招标行为，应被禁止。因此，招标人和中标人都不能在合同签订之后擅自变更合同内容，应杜绝弄虚作假、以合同变更之名行变更招标结果之实的违法行为。

2.招标项目确实发生变化的，可以变更合同。在合同履行过程中，对于合同非实质性内容，双方当事人可以随时协商变更；但对于工程价款、工程质量、工程期限等合同实质性内容，原则上不得变更，除非合同事前约定因客观原因导致工程设计重大变更等因素可以修改、变更合同的，才可以对合同内容作出与原内容不一致的变更。

实践中出现投标人中标后合同价（投标价）仍能变动的情形，一般都是因为设计变更和工程量的核定引起的合同总价的变动，而且合同中也已经明确因设计变更或暂估工程量核定后的价款变更原则，但合同单价和总价计算方法并没有变更，只是依据合同约定执行。如单价合同中单价不能变动，但由于招标时工程量清单中的工程量只是参考工程量，在合同实施时须以最终核定增减后的工程量乘以中标的单价来确定合同结算价。

因此，由于设计原因合同是可以变更的，这些变化都是依据合同条款本身的规定，也即是单价合同性质所决定的，并不是修改合同实质性条款。如果采用固定总价承包合同，发生设计变化也一般不调整合同价格，除非属于重大设计变更引起合同金额变化较大。

当然，招标项目重新进行规划导致项目规模、内容发生变化后，变更合同还是重新招标，还应从经济、管理以及承包人的资格能力等方面考虑。在本案例中，因已经签订合同，且原项目立项没有发生变化，故属于合同履行中的合同变更问题，可签订补充协议明确因规划设计调整发生变化的内容，无需重新招标。当然，如果新增加的内容是单独可分割的项目，可以继续执行原合同，仅就新增加的部分进行招标。如果因项目发生重大变化导致原承包人不具备承担调整后项目的资质或履约能力，则应终止原合同，由发包人给予原承包人补偿后再重新招标。如果因规划调整取消原项目，重新立项，此时因原项目已经取消，招标人应当协商解除合同、赔偿实际损失并重新招标。

【启示】

合同履行过程中发生合同内容变更的，按照合同约定来处理。工程建设项目的增减、工程设计、施工程序的改变等均属于变更工作。变更程序和估价在招标文件中都应有详细的规定。如《标准施工招标文件》通用合同条款第 15 条对变更按如下原则处理：一般工程量清单中子项工程量变化不作为变更处理，但是工程量变化过大，符合通用合同条款"15.1 变更范围和内容"之（5）的情况时，才按变更条款处理。该文件还规定了变更的程序、变更价格的确定及支付等内容。相对而言，变更的工程量较大，按上述原则处理是由于在无竞争的条件下与承包人协商，所以费用较高，如果另外招标更经济时，也可以不按变更处理，另行招标（只要是额外独立的工程）。

第七部分

处理投诉

95 招标人可否对评标委员会提起投诉

【案情】

某大学校园扩建及新校区工程为 2017 年省重点建设项目，其中动物中心空气源四管制多功能冷热水机组采购项目于 2018 年 1 月 23 日进行评标，共有 5 家单位参与投标，中标候选人为某电器公司。某大学（招标人）于 2018 年 2 月 14 日向省发展改革委提起投诉。投诉事项及主张：招标文件"评标办法"中规定："投标品牌自 2014 年 1 月 1 日以来具有单个合同金额 200 万元及以上动物实验室四管制多功能冷热水机组供货的业绩；每个 1.5 分，最高 3 分。"中标候选人某电器公司提供的评分业绩均与动物实验室无关，而评标委员会对其资信业绩打了 3 分，投诉人主张评标委员会重新评审。

省发展改革委依法受理该投诉事项。作为被投诉人的该项目评标委员会陈述申辩：评标委员会中的评标专家均承认某电器公司业绩中没有"动物实验室"的业绩，但申辩称其提供的 2 个医院项目业绩对设备的要求高于动物实验室，理应符合本项目要求，所以给某电器公司业绩评分为 3 分；招标人代表称：评标过程中评标委员会忽略了"动物实验室"这一要求，故评标存在错误。

省发展改革委查明：①招标文件"业绩评分"规定：投标品牌自 2014 年 1 月 1 日以来具有单个合同金额 200 万元及以上动物实验室四管制多功能冷热水机组供货的业绩；每个 1.5 分，最高 3 分。②某电器公司投标文件提供了 4 个业绩，其证明材料为合同，四份合同中均未反映"动物实验室"的内容，且也未说明设备的具体工作环境。③评标报告载明：评标委员会给予某电器公司的业绩评分为 3 分。

省发展改革委认为：由招标人编制并公开发布的明确资格条件、合同条款、评标方法和投标文件响应格式的招标文件，是招标、投标和评标的依据。经核实，评标委员会未按照招标文件规定的评标标准和方法评标，导致业绩评分错误，直接影响评标结果。根据《招标投标法实施条例》第七十一条第（三）款和《工程建设项目招标投标活动投诉处理办法》第二十条第（二）款的规定，作出如下处理意见：投诉成立，责令改正。

【分析】

1. 不只投标人和利害关系人可以进行投诉，招标人也可以进行投诉。对招标投标活动进行投诉的主体，限于与该项招标投标活动有直接利害关系的人。《招标投标法》第六十五条规定："投标人和其他利害关系人认为招标投标活动不符合本法有关规定的，有权向招标人提出异议或者依法向有关行政监督部门投诉。"本条规定了招投标投诉主体包括投标人和其他利害关系人两类，他们属于已经或者可能因招标投标活动违反招标投标法规定的规则和程序导致其利益受到直接损害的人，有权通过投诉维权。投标人是当然的利害关系人。"其他利害关系人"，是指除投标人以外的，与招标项目或者招标活动有直接或者间接利益关系的自然人、法人或者非法人组织，实践中常见的情形是：招标项目的使用人、有意参加资格预审或者投标的潜在投标人、资格预审申请文件或者投标文件中列明的拟用于招标项目的项目负责人、分包人和货物供应商，以及资格审查委员会或者评标委员会成员等。

需要强调的是，招标人是招标投标活动的主要当事人，是招标项目毫无争议的利害关系人，当然可以就招标投标活动中的违法行为向行政监督部门提起投诉。招标人投诉的问题，主要是招标人不能自行处理，需要通过行政救济途径才能够解决的问题。例如，招标人在评标过程中发现投标人存在相互串通投标、弄虚作假骗取中标、行贿评标委员会成员谋取中标等违法行为的，除了由评标委员会对其作否决投标处理外，招标人还可以向行政监督部门投诉，要求取消投标人一定期限的参加必须招标项目投标的资格，作出行政处罚。

2. 评标委员会也可以作为被投诉主体。被投诉人是在投诉活动中与投诉人相对应的一方主体，是投诉人认为其行为违法违规、侵害投诉人利益的招标投标活动参与主体。如果评标委员会未按照招标文件规定的评标标准和方法评标，直接影响评标结果，就会损害招标人的利益。按照《招标投标法》的规定，评标委员会专司评标之职，招标人应当根据评标委员会提交的评标报告和推荐的中标候选人名单确定中标人。当评标委员会未依法评标存在错误时，可以要求评标委员会进行纠正，也可以向招投标行政监督部门投诉要求责令改正，尤其当评标委员会拒绝按照招标人意见纠正其违法行为、收受投标人的贿赂或者其他好处、或者与投标人恶意串通时，招标人只能进行投诉要求处理。本案中，评标委员会未按照招标文件规定的评标标准和方法评标，导致业绩评分错误，直接影响评标结果，侵害了招标人利益，因此，招标人提起了投诉，也得到了省发展改革委的支持，责令评标委员会予以改正。

【启示】

评标委员会应当严格按照法律法规和招标文件中的评标标准和方法进行评审，应当熟悉和理解招标文件中的采购内容、资格要求、评审办法等，应当认真阅读所有投标人的投标文件，对所有投标文件逐一认真审核投标人的资格条件，并且按照招标文件规定的评审方法和标准进行评审。如果评标委员会履职不当，评分有误影响评标结果的公正性的，招标人可以要求评标委员会进行纠正，也可以投诉要求责令改正，当评标委员会有受贿、协商一致评分等违法行为的，可以通过投诉请求招投标行政监督部门予以查处。

96 超过投诉期限的投诉无效

【案情】

某国际工程公司代理某公司高压煤浆泵采购项目国际招标，第一中标候选人为某矿业公司。2013 年 6 月 28 日某泵业公司对此在招标网上提出异议，认为矿业公司以虚假泵型、业绩投标。同日，国际工程公司在招标网"异议答复"项中录入"我们正在核实贵公司提出的异议问题，将尽快作出异议处理"，此后双方多次通过电子邮件沟通。2013 年 7 月 30 日，国际工程公司书面答复："对招标文件中提出的关键技术及业绩要求，矿业公司均响应且满足。"

2014 年 4 月 28 日，泵业公司向市商委提交投诉书，认为招标机构对其异议没有作出令人信服的答复，招标网显示截至 2014 年 4 月 26 日该项目异议处理结果尚未作出，仍处于异议答复期间，要求确定泵业公司自动成为中标人。市商委以投诉超过投诉期限为由，作出不予受理告知书。泵业公司不服，申请行政复议，商务部维持不予受理决定。泵业公司遂起诉，请求法院撤销市商委的不予受理告知书，判令受理其投诉并重新作出处理意见。

法院认为：本案争议焦点是泵业公司的投诉是否超过法定期限。根据原《机电产品国际招标投标实施办法》（商务部 2004 年第 13 号）第四十五条规定，投标人如对评标结果有异议，可以在评标结果公示期内直接向主管行政部门提出质疑，也可先向招标机构提出异议，招标机构未予答复或对答复结果仍有异议时再向主管行政部门提出质疑。但 2012 年 2 月 1 日实施的《招标投标法实施条例》，将投标人不服评标结果的救济程序规定为招标人的异议答复程序和主管行政部门的投诉处理程序，并将异议答复程序设置为行政投诉的前置程序。按照上位法优先原则，商务部原

《机电产品国际招标投标实施办法》（注：新的《机电产品国际招标投标实施办法（试行）》已经商务部令 2014 年第 1 号颁布，自 2014 年 4 月 1 日起施行）有关异议、质疑的内容因与上位法相抵触不再执行，应适用《招标投标法实施条例》的规定。

一是关于投诉期限，根据《招标投标法实施条例》第六十条规定，投标人或者其他利害关系人认为招标投标活动不符合法律法规的，可以自知道或者应当知道之日起 10 日内向有关行政监督部门投诉，就条例第五十四条规定事项投诉的，应当先向招标人提出异议，异议答复期间不计算在前款规定的期限内。因而，对评标结果的投诉期限为异议答复期加 10 日。

二是关于异议答复期，根据《招标投标法实施条例》第五十四条规定，投标人或者其他利害关系人对依法必须进行招标的项目的评标结果有异议的，应当在中标候选人公示期间提出，招标人应当自收到异议之日起 3 日内作出答复。该 3 天异议答复期为法规确定的固定期间，《招标投标法实施条例》第六十条规定的不计算在投诉期限内的异议答复期间，亦应为 3 天。投标人对招标人在 3 日答复期内作出的答复不接受的，应当在答复作出后 10 日内投诉；招标人在 3 日答复期内未答复的，应当在答复期满后 10 日内投诉。

在本案中，泵业公司 2013 年 6 月 28 日的异议系在公示期内提出的有效异议，招标机构应在 3 日内，即 2013 年 7 月 1 日前作出答复。"我们正在核实贵公司提出的异议问题，将尽快作出异议处理"的意见，是招标网异议答复栏内的内容，投标人如果对其不认可，应在该答复作出之日起 10 日内向主管部门投诉；如果认为该答复没有实质内容，属于无效答复或者视同未答复，应当在答复期满之日（2013 年 7 月 1 日）起 10 日内向主管部门投诉。因而，对于 2013 年 6 月 28 日异议的投诉期，最长至 2013 年 7 月 11 日止。同时，考虑到招标机构曾于 7 月 30 日书面答复，即使按照该时间计算期限，泵业公司最迟也应在该日期后的 10 日内投诉。

泵业公司未及时行使投诉权，而是与招标机构反复沟通，最终导致其投诉超过法定期限。

《机电产品国际招标投标实施办法（试行）》于2014年4月1日开始施行，泵业公司在新实施办法施行后提出投诉，按照"程序从新"原则，市商委接收投诉材料，在认定泵业公司已超过投诉期限的情况下，依据新《机电产品国际招标投标实施办法（试行）》第八十五条第（七）项之规定，对其投诉不予受理，适用法律正确。

综上，法院判决驳回泵业公司的诉讼请求。

【分析】

1. 对中标候选人公示结果可以提出异议，该异议是投诉的前置程序。《招标投标法实施条例》第五十四条规定了评标结果公示制度和异议程序，即："依法必须进行招标的项目，招标人应当自收到评标报告之日起3日内公示中标候选人，公示期不得少于3日。投标人或者其他利害关系人对依法必须进行招标的项目的评标结果有异议的，应当在中标候选人公示期间提出。招标人应当自收到异议之日起3日内作出答复；作出答复前，应当暂停招标投标活动。"中标候选人公示后，投标人或者其他利害关系人根据招标文件规定的评标标准和方法、开标情况等，作出评标结果是否符合法律法规和招标文件规定的判断，如认为评标结论不符合招标文件的规定，可以在中标候选人公示期间向招标人提出异议，如果招标人不受理、在收到异议后3日内未答复或者对答复的意见不满意，投标人或者其他利害关系人均可根据《条例》第六十条规定向行政监督部门提出投诉，以维护自己的合法权益。《招标投标法实施条例》第六十条第二款规定："就本条例第二十二条、第四十四条、第五十四条规定事项投诉的，应当先向招标人提出异议，异议答复期间不计算在前款规定的期限内"，也即是说异议前置，对于开标、招标文件内容、评标结果不满意的，必须先提出异议，对异议处理结果不满意才可以投诉。因此，在本案中，泵业公司对评标结果有异议并按照规定在公示期间先向招标人提出异议，对答复不满意又进行了投诉。

2. 投诉必须在投诉期限内提出。超出投诉期限的投诉无效，行政监督部门有权不受理。《招标投标法实施条例》第六十条第一款规定了投诉时间，即："投标人或者其他利害关系人认为招标投标活动不符合法律、行政法规规定的，可以自知道或者应当知道之日起 10 日内向有关行政监督部门投诉。投诉应当有明确的请求和必要的证明材料。"基于效率考虑，也是为了督促当事人尽快行使权利，促进法律关系的稳定性，要求必须自知道或者应当知道违法行为发生之日起 10 日内提出投诉，权利人在此期间内不行使相应的投诉权利，则在该法定期间届满时，当事人即失去投诉的权利，行政监督部门也不予受理。《机电产品国际招标投标实施办法（试行）》第八十五条规定："有下列情形之一的投诉，不予受理：（一）就本办法第三十六条、第四十八条、第六十九条规定事项投诉，其投诉内容在提起投诉前未按照本办法的规定提出异议的；（二）投诉人不是投标人或者其他利害关系人的；（三）《投诉书》未按本办法有关规定签字或盖章，或者未提供单位负责人证明文件的；（四）没有明确请求的，或者未按本办法提供相应证明材料的；（五）涉及招标评标过程具体细节、其他投标人的商业秘密或其他投标人的投标文件具体内容但未能说明内容真实性和来源合法性的；（六）未在规定期限内在招标网上提出的；（七）未在规定期限内将投诉书及相关证明材料送达相应主管部门的。"《工程建设项目招标投标活动投诉处理办法》第十二条也有类似规定。因此，在本案中，泵业公司未在收到异议答复之日起 10 日内进行投诉，超过投诉时效，才被行政监督部门拒绝受理。

【启示】

投标人或者其他利害关系人对招投标活动进行投诉的，必须在知道或者应当知道之日起 10 日内向有关行政监督部门投诉；超出投诉期限的，行政监督部门有权不予受理。对于开标、招标文件内容、评标结果的投诉，必须先向招标人提出异议。如果招标人在收到异议之日起 3 日内未予答复，或者在 3 日内对异议答复不满意的，可向有关行政监督部门投诉。

97 招投标活动的投诉信息来源要合法

【案情】

2014 年 4 月 28 日，N 消防公司向市住建委投诉，诉称在招标人 Z 建筑公司进行的数据机房等五项消防工程招投标过程中，A 消防公司等众多投标人涉嫌存在项目经理职业资格证书、职称证书、学历及技术负责人的职称证书和学历造假等情况，要求市住建委调查处理。

2014 年 5 月 4 日，市住建委向 N 消防公司发出《关于请补充投诉材料的函》，要求 N 消防公司补充提交有关资格预审结果的信息来源，说明和其他投标人资格预审申请文件中内容的信息来源说明。N 消防公司向市住建委回复，认为市住建委要求其提交补充材料没有法律依据，并要求市住建委立即依法履行调查监督职责。同年 5 月 26 日，市住建委认为，根据《招标投标法》第二十二条第一款的规定，在投标截止时间之前，已获取招标文件的潜在投标人的名称、数量等均应保密。根据《招标投标法》第四十四条第三款的规定，各潜在投标人的资格预审申请文件内容、资格预审评分的打分情况、评审结果和入围情况不应被投诉人知悉。因此，根据《工程建设项目招标投标活动投诉处理办法》第二十条的规定，驳回 N 消防公司的投诉。N 消防公司不服，向法院提起行政诉讼，请求撤销投诉处理决定。

法院认为：依据《招标投标法实施条例》第四条第二款、《工程建设项目招标投标活动投诉处理办法》第四条第一款以及国办发〔2000〕34 号《关于国务院有关部门实施招标投标活动行政监督的职责分工意见》第三条的规定，市住建委作为本市的建设行政主管部门，具有对本行政区域内建设项目招标投标过程中的举报予以受理并作出处理的法定职责。本案中，市住建委收到 N 消防公司的投诉书和投诉材料后，要求 N 消防公司提交投诉材料中有关招标投标信息的来源说明，以证明其投诉材料的合法来源，但 N 消防公司未予提供；市住建委依据《招标投标法实施条例》第六十一条规定，认定 N 消防公司的"投诉缺乏事实根据或者法律依据的，或者投诉人捏造事实、伪造材料或者以非法手段取得证明材料进行投诉……"，据此驳回了 N 消防公司的投诉并无不当。《招标投标法实施条例》第六十一条第二款规定："行政监督部门应当自收到投诉之日起 3 个工作日内决定是否受理投诉，并自受理投诉之日起 30 个工作日内作出书面处理决定……"；《工程建设项目招标投标活动投诉处理决定》第二十一条第一款亦规定："负责受理投诉的行政监督部门应当自受理投诉之日起 30 日内，对投诉事项作出处理决定，并以书面形式通知投诉人、被投诉人和其他与投诉处理结果有关的当事人。"市住建委于 2014 年 4 月 28 日收到 N 消防公司的投诉后，于 2014 年 5 月 26 日作出本案被诉决定并予以送达，符合上述规定。因此，市住建委作出的被诉决定认定事实清楚，适用法律、法规正确，履行了法定程序。N 消防公司的诉讼请求缺乏事实和法律依据，不予支持。

综上，法院判决驳回 N 消防公司的诉讼请求。

【分析】

1. 潜在投标人信息应当保密。为了在激烈的市场竞争中取得优势，有的投标人不惜采取各种不正当的手段进行投标竞争，如千方百计了解潜在投标人的名称、数量，扭曲投标价格，破坏竞争的充分性和公平性。因此，为了创造公平竞争的环境，有必要对潜在投标人信息进行保密。《招标投标法》第二十二条第一款规定："招标人不得向他人透露已获取招标文件的潜在投标人的名称、数量以及可能影响公平竞争的有关招标投标的其他情况。"也就是说，在开标之前，对于已获取招标文件的潜在投标人的名称、数量、资格预审申请文件内容等与投标有关的情况，不应被他人所知悉，以防止事先泄露导致潜在投标人串通侵害招标人利益或者其他投标人利益，破坏市场竞争秩序。

2. 投标人的投诉信息来源要合法，在投诉处理机关要求时必须提供相关线索。投标人或者其他利害关系人认为招标投标活动不符合法律法规的，可以投诉，这是其法定权利。但是行使投诉权必须依法有据，对此法律法规在赋予投诉权的同时也作出必要的限制，比如投诉人捏造事实、伪造材料或者以非法手段取得证明材料进行投诉，法律不予支持。不能仅因为投诉人认为招投标活动不符合有关规定即可无条件启动投诉，还必须有明确的请求并附必要的证明材料。《招标投标法实施条例》第六十条规定："投标人或者其他利害关系人认为招标投标活动不符合法律、行政法规规定的，可以自知道或者应当知道之日起 10 日内向有关行政监督部门投诉。投诉应当有明确的请求和必要的证明材料。"第六十一条第三款进一步规定："投诉人捏造事实、伪造材料或者以非法手段取得证明材料进行投诉的，行政监督部门应当予以驳回。"《工程建设项目招标投标活动投诉处理办法》第二十条第（一）项亦规定："行政监督部门认为投诉缺乏事实根据或者法律依据的，应当驳回投诉。"因此，投诉人在向行政监督部门投诉时，应当说明其投诉材料的合法来源。如果投诉人捏造事实、伪造材料或者以非法手段取得证明材料进行投诉的，行政监督部门应当予以驳回。在本案中，被投诉对象 A 消防公司等尚属于潜在投标人，其相关信息理应不为外人所知悉。市住建委要求投诉人 N 消防公司对其投诉信息来源予以补充说明，要求合理，并无不当。在 N 消防公司未就投诉信息的合法来源予以说明的情况下，市住建委依据前述规定认为其投诉缺乏事实根据或者法律依据，决定驳回投诉，于法有据。

【启示】

1. 招标人应做好保密工作，不得泄露潜在投标人信息和评标相关情况。招标人（包括招标代理公司）不得向他人透露已获取招标文件的潜在投标人的名称、数量以及可能影响公平竞争的有关招标投标的其他情况。招标人组建的评标委员会成员和参与评标的有关工作人员也不得透露对投标文件的评审和比较、中标候选人的推荐情况以及与评标有关的其他情况。

2. 投标人或者利害关系人认为招标投标活动不符合法律、行政法规规定的，可以在知道或者应当知道之日起 10 日内提出书面投诉。书面的投诉书必须载明投诉人和被投诉人的基本信息、投诉事项的基本事实、相关请求及主张以及有效线索和相关证明材料。如果投诉事项不具体，且未提供有效线索，投诉受理机关有权要求其补正。投诉人不得以投诉为名排挤竞争对手，不得进行虚假、恶意投诉，不得捏造事实、伪造材料或者以非法手段（如收买招标代理工作人员）通过非正当途径取得证明材料进行投诉。如确实难以取得证明材料的，可以提供线索，要求主管部门查实处理。

98 投标文件与评标报告作为政府信息公开受限

【案情】

某电器成套公司向某市住建局申请，公开市轨道交通工程开关柜采购项目中标人及其他投标人的投标文件及评标报告。该市住建局根据《招标投标法》第四十四条、《政府信息公开条例》第十四条规定，以电器成套公司申请公开的信息法律、法规规定不得泄露为由，对电器成套公司所提申请作出了不予公开的答复。

电器成套公司为此起诉，请求法院判令市住建局公开中标人的投标文件、其他未中标的投标人的投标文件及书面评标报告。

法院认为：（1）对于未中标的投标文件，《房屋建筑和市政基础设施工程施工招标投标管理办法》和《工程建设项目货物招标投标办法》等相关法律法规均未规定市住建局对该类文件有保存的义务，不属于政府信息。市住建局作出的不予公开答复虽未就该理由进行详细说明，做法欠妥，但未影响电器成套公司的实体权利。电器成套公司要求市住建局公开此信息，缺乏依据。

（2）对于中标的投标文件，根据《招标投标法》第四十四条第三款、《关于禁止侵犯商业秘密行为的若干规定》第二条的规定，属于涉及第三人商业秘密的信息。对于涉及第三人商业秘密的政府信息的公开申请，市住建局应当按照《政府信息公开条例》第十四条、第二十三条规定，征求相关第三人是否同意公开的意见。本案中，市住建局自行直接决定不予公开，适用法律错误，程序违法。市住建局应重新作出答复。

（3）对于评标报告，根据《招标投标法》第四十四条第三款规定，评标报告中有关"对投标文件的评审和比较、中标候选人的推荐情况以及与评标有关的其他情况"的内容不得泄露。市住建局据此不公开书面评标报告，符合《政府信息公开条例》第十四条规定。

综上，市住建局作出的不予公开决定中涉及未中标人的投标文件及书面评标报告部分符合法律规定，但涉及中标人的投标文件部分违反法定程序，应予撤销。法院判决：①撤销市住建局作出的对电器成套公司申请公开的中标人的投标文件不予公开的决定，并限市住建局依法自判决生效之日起一个月内重新作出答复；②驳回电器成套公司申请公开其他未中标的投标人的投标文件及书面评标报告的诉讼请求。

【分析】

1.招标投标监督部门是招标投标政府信息公开的主体。根据《政府信息公开条例》规定，政府信息公开主体有行政机关，法律法规授权的具有管理公共事务职能的组织（如地震局、气象局、银监会）以及与人民群众利益密切相关的公共企事业单位（如学校、医院、供水、供电、供气、通信等机构）。在本案中，根据《招标投标法》第七条、《招标投标法实施条例》第四条第二款、《政府信息公开条例》第四条的规定，市住建局作为住房和城乡建设主管部门，对市轨道交通工程开关柜采购项目的招标投标工作有依法实施监管的职责，对于其在监管过程中形成的相关政府信息，公民、法人或者其他组织提出公开申请时负有依法进行答复的职责，是该政府信息公开的责任主体。

2.中标人的投标文件、评标报告属于政府信息，但未中标的投标文件不在其列。《政府信息公开条例》第二条规定："本条例所称政府信息，是指行政机关在履行职责过程中制作或者获取的，以一定形式记录、保存的信息。"也就是说，政府信息是与履行行政管理职责密切相关的信息，不仅包括行政机关制作的信息，还包括行政机关从公民、法人或者其他组织获取并保存的信息，根据该条例第十七条关于政府信息公开遵循"谁制作谁公开，谁保存谁公开"原则的规定，前者由制作该政府信息的行政机关负责公开,后者由保存该政府信息的行政机关负责公开。根据《工程建设项目货物招标投标办法》第五十四条规定,案涉工程项目属于依法必须进行招标的项目,住房建设部门有权依法监管,招标人应当将招标公告、招标文件、评标报告、中标人的投标文件等资料交住房建设部门备案,这些资料属于政府信息;但是对于未中标的投标文件,该办法等相关法律法规均未规定招标监督部门对该类文件有保存的义务,也不是必然获取的资料,因此根据《政府信息公开条例》第十七条规定不属于政府信息。

3. 评标报告及中标人的投标文件因涉密不宜公开。《国家工商行政管理局关于禁止侵犯商业秘密行为的若干规定》第二条规定:"本规定所称商业秘密,是指不为公众所知悉、能为权利人带来经济利益、具有实用性并经权利人采取保密措施的技术信息和经营信息。本规定所称不为公众所知悉,是指该信息是不能从公开渠道直接获取的。本规定所称能为权利人带来经济利益、具有实用性,是指该信息具有确定的可应用性,能为权利人带来现实的或者潜在的经济利益或者竞争优势。本规定所称权利人采取保密措施,包括订立保密协议,建立保密制度及采取其他合理的保密措施。本规定所称技术信息和经营信息,包括……招投标中的标底及标书内容等信息……"。显而易见,投标文件符合上述特征,属于"商业秘密"无疑。根据《最高人民法院关于审理政府信息公开行政案件若干问题的规定》第八条、《政府信息公开条例》第十四条规定,中标人的投标文件虽属于政府信息,但因涉及商业秘密,行政机关不得公开,除非中标人同意或者涉及公共利益时可以公开。本案中,对于要求公开中标人的投标文件的申请,市住建局不得自行直接决定不予公开,比较妥当的做法是征求中标人是否同意公开的意见后再作出决定。

对于书面评标报告,根据《招标投标法》第四十四条第三款规定,评标报告中有关"对投标文件的评审和比较、中标候选人的推荐情况以及与评标有关的其他情况"的内容不得泄露,因此一般也不得公开，市住建局据此不公开书面评标报告，符合《政府信息公开条例》第十四条的规定。

【启示】

1. 招标人、评标委员会成员、招标监督部门的人员和参与评标的有关工作人员同样具有保密的义务，都应加强对投标文件、评标报告的保密管理，不得透露对投标文件的评审和比较、中标候选人的推荐情况以及与评标有关的其他情况，不得擅自对外公开上述资料。

2. 招标投标行政监督部门在履行监督职责过程中自行制作的相关处理决定等法律文书，从招标人处获取并保存的招标人申报招标事项、自行办理招标事宜的相关资料以及招标公告（或投标邀请书）、资格预审文件、招标文件、评标报告、中标人的投标文件、合同等都可以作为政府信息，公开与否主要看是否涉及保密、是否投标人同意、是否涉及社会公共利益。但是未中标的投标文件不在政府信息之列。

99 政府采购建设工程项目招标活动也应由建设行政主管部门监督

【案情】

某职业技术学院会计综合实训基地装饰工程组织公开招标，评标委员会发现装饰工程公司的投标文件与建设股份公司的投标文件技术部分存在雷同，否决了其投标，并将情况反映至市公共资源交易监督管理局。市公共资源交易监督管理局将案件移送至市财政局。市财政局依据《政府采购货物和服务招标投标管理办法》第三十七条第四款认定装饰工程公司的行为构成串通投标，并依据《政府采购法》第七十七条第一款第(三)项，作出《行政处罚决定书》，对装饰工程公司处以罚款 483216 元，一年内禁止参加政府采购活动，并列入不良行为记录名单的行政处罚。

装饰工程公司不服市财政局所作《行政处罚决定书》，认为处罚决定书认定事实不清、证据不足，故向市人民政府申请行政复议，请求撤销《行政处罚决定书》。

市人民政府认为：《政府采购法》第二条第一款、第六款规定，在境内进行的政府采购适用本法。本法所称工程，是指建设工程，包括建筑物和构筑物的新建、改建、扩建、装修、拆除、修缮等。"某职业技术学院会计综合实训基地装饰工程"内容包括灯具、洁具的采购和安装、室内装饰以及综合布线等，属于建设工程中的装修工程，而不属于货物和服务的采购，因此本项目的招标投标行为不受《政府采购货物和服务招标投标管理办法》调整。而《政府采购法》第四条规定，政府采购工程进行招标投标的，适用招标投标法。根据上述规定，采用招标投标方式进行的政府采购工程，由《招标投标法》调整，因此装饰工程公司的违法行为应当由有权机关依据《招标投标法》及其实施条例作出处罚。根据《招标投标法》第七条第三款"对招标投标活动的行政监督及有关部门的具体职权划分，由国务院规定"和《国务院办公厅印发国务院有关部门实施招标投标活动行政监督的职责分工意见的通知》（国办发〔2000〕34 号）第三条"各类房屋建筑及其附属设施的建造和与其配套的线路、管道、设备的安装项目和市政工程项目的招投标活动的监督执法，由建设行政主管部门负责"的规定，可知，国务院将对房屋建设类项目招标投标活动的行政监督权授权给建设行政主管部门，本案中装饰工程公司串通投标的违法行为应当由市住房和建设委员会予以处罚，市财政局所作行政处罚超越了法定权限。

综上，市财政局作出的《行政处罚决定书》超越法定权限，根据《行政复议法》第二十八条第一款第(三)项第 4 目的规定，决定：

撤销市财政局所作《行政处罚决定书》。

【分析】

1. 政府采购工程按照招标投标法执行。《招标投标法实施条例》第二条规定："招标投标法第三条所称工程建设项目，是指工程以及与工程建设有关的货物和服务。前款所称工程，是指建设工程，包括建筑物和构筑物的新建、改建、扩建及其相关的装修、拆除、修缮等"；《政府采购法实施条例》第四条规定："政府采购工程进行招标投标的，适用招标投标法。"第七条规定："政府采购工程以及与工程建设有关的货物、服务，采用招标方式采购的，适用《中华人民共和国招标投标法》及其实施条例；采用其他方式采购的，适用政府采购法及本条例。前款所称工程，是指建设工程，包括建筑物和构筑物的新建、改建、扩建及其相关的装修、拆除、修缮等"。两部法规关于"工程"的表述完全一致。在政府采购活动中，《招标投标法》及其实施条例主要适用于政府采购工程以及与工程建设相关的货物、服务项目的招标投标活动。政府采购工程及与工程建设相关的货物、服务通过非招标方式采购的，和与工程建设不相关的货物、服务的采购，都应适用《政府采购法》及其实施条例、《政府采购货物和服务招标投标管理办法》等规定。与工程建设相关的货物和服务的采购未依照前述规定执行，而依据《政府采购法》执行的，属于适用法律错误。《政府采购法》有关招标文件编制、评标方法和评标标准制定、招标信息发布、评标专家抽取、中标信息发布等方面的规定均不同于《招标投标法》。

结合本案例的采购主体、资金性质和项目属性三个维度综合分析，本项目应属于政府采购工程。由于采购数额超过了政府采购工程公开招标的数额标准，本项目依法应当采用公开招标方式采购。依据《政府采购法》第四条和《政府采购法实施条例》第七条之规定，本项目招标活动适用《招标投标法》及其配套法律规范的规定，在招标采购过程中，还应执行政府采购政策。

2. 招标投标行政监督按专业分工由不同部门监督、处理投诉。招标投标投诉受理主体是有权受理招标投标投诉事项并依法作出处理的行政机关。根据《招标投标法》第六十五条规定，投诉受理主体是"有关行政监督部门"。对此，《国务院办公厅印发国务院有关部门实施招标投标活动行政监督的职责分工意见的通知》（国办发〔2000〕34号）对国务院各部门的监督职责有明确的分工，规定："对于招投标过程（包括招标、投标、开标、评标、中标）中泄露保密资料、泄露标底、串通招标、串通投标、歧视排斥投标等违法活动的监督执法，按现行的职责分工，分别由有关行政主管部门负责并受理投标人和其他利害关系人的投诉。按照这一原则，工业（含内贸）、水利、交通、铁道、民航、信息产业等行业和产业项目的招投标活动的监督执法，分别由经贸、水利、交通、铁道、民航、信息产业等行政主管部门负责；各类房屋建筑及其附属设施的建造和与其配套的线路、管道、设备的安装项目和市政工程项目的招投标活动的监督执法由建设行政主管部门负责；进口机电设备采购项目的招投标活动的监督执法，由外经贸行政主管部门负责。""国家发展计划委员会负责组织国家重大建设项目稽察特派员，对国家重大建设项目建设过程中的工程招投标进行监督检查。"

《招标投标法实施条例》第四条也规定："国务院发展改革部门指导和协调全国招标投标工作，对国家重大建设项目的工程招标投标活动实施监督检查。国务院工业和信息化、住房城乡建设、交通运输、铁道、水利、商务等部门，按照规定的职责分工对有关招标投标活动实施监督。县级以上地方人民政府发展改革部门指导和协调本行政区域的招标投标工作。县级以上地方人民政府有关部门按照规定的职责分工，对招标投标活动实施监督，依法查处招标投标活动中的违法行为。县级以上地方人民政府对其所属部门有关招标投标活动的监督职责分工另有规定的，从其规定。

财政部门依法对实行招标投标的政府采购工程建设项目的预算执行情况和政府采购政策执行情况实施监督。监察机关依法对与招标投标活动有关的监察对象实施监察。"各地方政府也有类似职责分工。投诉人应当根据上述规定确定有管辖权的行政监督部门并向其提出投诉。

本案所涉项目属于建筑工程项目，就应由住房和城乡建设行政主管部门负责监督执法。市财政局无权对案涉项目进行监督，无权查处其中的违法行为，根据《行政复议法》第二十八条第一款第（三）项第4目关于行政机关超越职权作出的具体行政行为违法应予撤销的规定，市财政局作出的行政处罚决定无效，应移交市住房城乡建设部门依法查处。

【启示】

政府采购工程以及与工程建设有关的货物、服务，采用招标方式采购的，应当按照《招标投标法》执行，同时在招标采购过程中应同样执行给予中小企业一定优惠、购买节能产品等政府采购政策。对该类项目招标投标活动的行政监督，应当按照《国务院办公厅印发国务院有关部门实施招标投标活动行政监督的职责分工意见的通知》（国办发〔2000〕34号）中规定的职责分工来确定监督部门，而不是按照一般政府采购项目来确定由财政部门行使监督权。如果政府采购工程以及与工程建设有关的货物、服务项目不属于《依法必须招标的项目规定》所界定的依法必须招标的工程建设项目的，应采用招标以外的其他采购方式采购，此时应当按照《政府采购法》执行，对该类采购活动的行政监督由财政部门行使。

100 行政监督部门无权代替评标、定标

【案情】

招标人某县种植业管理局就该县田间工程建设项目公开招标。招标文件对投标人资格条件有一项要求："社保部门出具由投标单位为其购买的上年度末养老保险个人账户对账单或证明原件"。

2014年10月14日公示中标候选人：第1～3名中标候选人依次为某建设公司、某工程公司、某安装公司。后来县招标局接到对第一、第二中标候选人的投诉，经调查核实建设公司提供不实证明材料，工程公司的投标不符合招标文件实质性要求，因此发布"中标结果公告"载明"中标人：安装公司。"

中标结果公告后，工程公司提出异议，县招标局复函：招标文件中明确规定，注册建造师的养老保险须是投标单位为其购买的上年度末养老保险个人账户对账单或证明，工程公司投标文件载明的建造师李某2013年度末并不在该公司参保，而是2014年4月开始在该公司参保，不符合招标文件前述实质性条款规定。

工程公司认为其拟派的建造师李某的养老保险符合招标文件要求，第一候选人建设公司提供不实证明材料，不符合中标条件，招标人就应当按照候选人顺序确定第二候选人工程公司为中标人，为此成讼，请求法院判决撤销县招标局作出的中标结果公告，确认工程公司为中标人。

法院认为：（1）关于县招标局发布中标结果公告的程序是否合法，认定的事实是否正确。《工程建设项目招标投标活动投诉处理办法》第二十一条规定：负责受理投诉的行政监督部门应当自受理投诉之日起三十个工作日内，对投诉事项作出处理决定，并以书面形式通知投诉人、被投诉人和其他与投诉处理结果有关

的当事人；第二十二条规定了投诉处理决定应当包括行政监督部门的处理意见及依据等主要内容。县招标局系依法成立的对招标投标活动实施监督的职能部门，具有依法调查处理招标投标活动过程中的违规行为等职责，其在中标公示期间，接到对第一、第二中标候选人的投诉后予以受理，未告知被投诉人行使相关权利、处理意见及依据即作出处理决定，在本案举证期限内也未能提供中标结果公告中认定工程公司"提供的相关证明材料未响应招标文件的实质性要求"的处理程序及认定事实的证据及依据，故该行政处理决定不符合前述关于处理程序的规定，依法应予撤销。

（2）关于县招标局发布的中标结果公告适用法律是否正确。本案中，县种植业管理局作为招标人，对是否进行资格预审、是否编制标底、何时开标、选择何种评标标准和方法等，属于招标人自主决策的事项，评标后，招标人应当根据评标委员会提出的书面评标报告和推荐的中标候选人确定中标人。根据《招标投标法》第四十条、第四十五条、《招标投标法实施条例》第五十五条规定，确定中标人、发出中标通知书等是招标人应尽的职责和义务。县招标局发布中标结果公告，直接确定安装公司为中标人，明显与法律法规规定不符，该处理决定属于《行政诉讼法》规定的超越职权的行政行为，依法应予撤销。工程公司起诉要求法院确认其为该工程项目中标人，也不符合相关法律规定，不予支持。

综上，县招标局在接到对相关中标候选人的投诉后，所作出的行政处理决定，违反法定程序且超越职权，对该行政处理的内容依法应予撤销。据此，法院判决：撤销县招标局作出的中标结果公告中"工程公司提供的相关证明材料未响应招标文件的实质性要求"及"中标人为安装公司"的行政处理部分。

【分析】

评标、定标是招标人的职责，行政监督部门不能越俎代庖代为评标、定标。《招标投标法》第四十条第二款规定："招标人根据评标委员会提出的书面评标报告和推荐的中标候选人确定中标人。招标人也可以授权评标委员会直接确定中标人。"第四十五条规定："中标人确定后，招标人应当向中标人发出中标通知书，并同时将中标结果通知所有未中标的投标人。"第五十五条规定："国有资金占控股或者主导地位的依法必须进行招标的项目，招标人应当确定排名第一的中标候选人为中标人……"《招标投标法实施条例》第五十一条规定："有下列情形之一的，评标委员会应当否决其投标……（六）投标文件没有对招标文件的实质性要求和条件作出响应。"招标投标是招标人和投标人通过要约邀请—要约—承诺的方式达成交易的民事活动，相关权利义务应由双方当事人享有、行使，包括定标权应由招标人自主行使。

尽管根据《招标投标法》第七条规定，招标投标活动及其当事人应当接受依法实施的监督；有关行政监督部门依法对招标投标活动是否严格执行了《招标投标法》规定的程序、规则，是否体现了公开、公平、公正和诚实信用原则实施监督，可根据监督检查的结果或当事人的投诉依法查处招标投标活动中的违法行为，但这里的监督必须"依法实施"，不能成为变相的行政干预。对不属于行政监督管理范围内，而应由招标投标活动当事人自主决定的事项，行政监督部门不得凭借其行政权力代为作出决定或违法进行干预，否则就是越权或滥用职权。

在本案中，市招标局有权受理投诉，发现存在违法行为时有权要求当事人纠正并可作出行政处罚，但是代替招标人决定中标人、发布中标结果公告，属于《行政诉讼法》规定的超越职权的行政行为，依法应予撤销。对该行政行为，当事人可以依照申请行政复议或者提起行政诉讼。

【启示】

1. 招标人自主组织招标、投标、开标、评标、定标等活动，自主制定招标文件、决定中标人、发出中标通知书并签订合同，并接受行政监督部门依法实施的行政监督，但不受行政监督部门的非法干预。

2. 对依法必须进行招标的项目，投标人、利害关系人如果对招标文件（资格预审文件）的内容、开标活动和评标结果提出投诉的，应当先向招标人（或其委托的代理机构）提出异议，当招标人未在法定期限内作出答复或者对答复内容不满意的，异议人方可向有关部门投诉。投标人或其利害关系人不得就上述三类事项越过异议程序直接进行投诉。

3. 投标人在招投标活动中有异议的，可以依法按照正常途径提起异议或投诉。投标人或者其他利害关系人认为招标投标活动不符合法律、行政法规规定，比如其他投标人串通投标、弄虚作假，招标人未依法开标或评标，可以自知道或者应当知道之日起 10 日内向有关行政监督部门投诉，无须经过异议程序。如对行政监督部门作出的投诉处理决定不满意的，可以依照《行政复议法》《行政诉讼法》的规定申请行政复议，提起行政诉讼。